대한민국
엄 마 표
하브루타

엄마의 질문과 대화로
아이의 스스로 생각을 돕는

# 대한민국 엄마표 하브루타

초판 1쇄 발행 2018년 3월 26일
초판 3쇄 발행 2019년 3월 25일

**지은이**   김수진 김현주 방은정
         이미경 이혜민 윤지영 최윤정
**펴낸이**   김현숙 김현정
**펴낸곳**   공명
**출판등록** 2011년 10월 4일 제25100-2012-000039호
**주소**    121- 904 서울시 마포구 월드컵북로 400, 문화콘텐츠센터 5층 7호,
**전화**    02-3153-1378 | **팩스** 02-3153-1377
**이메일**   gongmyoung@hanmail.net
**블로그**   http://blog.naver.com/gongmyoung1

ISBN 978-89-97870-28-8  03370

엄마의 질문과 대화로 아이의 스스로 생각을 돕는

# 대한민국
# 엄마표
# 하브루타*

**김수진 | 김현주 | 방은정 | 이미경 | 이혜민 | 윤지영 | 최윤정** 지음

## 육아를 공부하는 대한민국 엄마들의
## 힐링을 이야기하자

처음엔 정말 가볍게 시작했어요. '전문 작가
도 아닌 엄마들이 글을 쓰면 얼마나 쓰겠어….' 그런데 원고를 하나하나
읽어가면서 줄 치고 메모하는 내 모습을 발견했어요.

'요즘 엄마들의 육아 방법이 나하고 그렇게 다른 건 아니구나…. 응?
아니네? 정말 현명하게 다르네!' 생각은 왔다갔다 줄타기를 했어요.

그러다가 문득 육아 때문에 고민하는 딸 생각이 났어요. '그래, 내 딸
에게 선배 엄마들의 이야기를 들려주자.' 공부가 가장 쉬워서 육아도 책
으로 익히는 엄마, 책에 있는 대로 잘 되지 않아서 차츰 지쳐가는 엄마,
바로 내 딸에게 들려주고 싶은 이야기들 말이에요.

저는 초등학교에서 아이들과 40여 년간 함께 생활하고 있는 초등학교
교장입니다. 이 책은 요즘 제가 가지고 있는 두 가지 관심에서 시작되었
어요.

저의 첫 번째 관심은 가족이에요. 가족 중에서도 '요즘 아기 키우느라 좌충우돌하는 딸을 어떻게 도와주어야 하나' 하는 고민이 있어요. 두 번째 관심은 학교에서 만나는 아이들과 그 학부모예요. 아이들을 잘 가르쳐야겠다, 학교뿐만 아니라 가정에서도 행복한 환경을 만들어주어야겠다, 그런 직업적 사명감이죠.

제 가족에 대한 관심과 학교에 대한 관심이 딱 만나는 지점에서 이 책이 탄생했어요. 이 두 가지 관심에서 출발한 이 책에 대해 말씀드릴게요.

## 가족에 대한 관심 — 딸의 육아 고민을 지켜보면서

### 나름 성공한 커리어우먼이라고 생각했어요

저는 26살에 첫딸을 낳고 30살에 둘째 아들을 낳았어요. 친정엄마가 육아와 살림을 맡아주신 덕에 공부를 계속할 수 있었지요. 그래서 남들보다 일찍, 35살에 박사학위를 받았어요. 그 후에 장학사, 교감, 장학관, 교장의 역할을 맡아 바쁘면서도 보람 있는 생활을 했어요.

그러면서 다중지능이론을 적용하여 다양한 관점으로 아이를 바라보고 아이의 지능을 키워주자는 《내 아이의 강점은 분명 따로 있다》라는 책을 썼지요. 그것을 시작으로 여러 권의 교육서를 쓰고 출판이 되었어요. 교과서도 많이 썼구요. 〈소년조선일보〉에 아이들을 대상으로 하는 상담, 학부모를 대상으로 하는 상담 칼럼도 운영했어요. 초등학생을 위한 진로교육에 있어서는 나름대로 전문가(?)라고 자부하고 있었어요.

그래서 아이 둘은 공부하는 엄마, 자신의 삶에 충실한 엄마를 모델링 삼아 스스로 잘 자라고 있다고 믿었어요. 그런 믿음이 있었기 때문에 저도 나름대로 성공한 삶을 살았다고 생각했지요. 딸이 "나는 엄마처럼 내 딸을 키우지 않을 거야"라고 제 앞에서 선언하기 전까지는요.

## 나는 엄마처럼 내 딸을 키우지 않을 거야

첫째인 딸은 엄마의 돌봄이 없어도 공부 열심히 해서 성적이 좋았고, 명문대를 나왔고, 연이어 좋은 직장에 취직했어요. 그리고 존경하는 남편을 만나서(우리 딸의 표현에 의하면 '존경'한대요), 침대 들여놓으면 마땅히 앉을 곳이 없는 좁아터진 원룸에서도 부모 도움 받지 않고 자기들끼리 잘 해낼 거라고, 알콩달콩 결혼생활을 시작했어요.

예물도 없이 작은 교회에서 소박한 결혼식을 하는 딸 부부가 참 대견했지요. 딸 시집 보내면서 이것저것 챙기는 친구들에게도 "우리 딸은 말야~" 하며 은근히 자랑하면서요.

그런 제 딸이 자신의 딸을 낳았어요. 딸의 딸은 정말 사랑스럽고 예뻤어요. 그래서 이름이 '사랑'이에요. 그런데 육아 휴직을 마치고 복직했던 딸이 어느 날 갑자기 멀쩡하게 다니던 회사에 사표를 냈다고 했어요. 온전히 육아에 전념하기 위해서래요. 무슨 애는 혼자만 키우나? 요란하게 애를 키운다 싶더니 그 좋은 회사에 사표까지 쓰고…. 저는 도저히 용납할 수 없었어요. '일하는 엄마'가 얼마나 멋진데!

처음에는 조곤조곤 이야기했어요.

1단계 | "엄마 손이 많이 필요한 건 불과 3~4년이야. 나중에 자라봐. 엄마 도움이 귀찮다고 할걸?"

다음에는 조금 겁을 주었어요.

2단계 | "엄마가 학교에 있는 아이들을 보니까 가장 불행한 아이는 '아

이를 위해 자신의 커리어를 포기한 엄마의 아이'더라고. '내가 너를 위해 내 화려한 인생도 포기했는데!' 그러면서 엄마가 집착하니까 아이가 숨이 막힌대."

그래도 설득이 안 되자 '좋다, 내 딸을 위해 나를 희생하자' 마음먹었어요.

3단계 | "엄마처럼 일도 하고 애도 키우면 돼. 육아는 엄마가 도와줄게. 아니, 엄마가 사표를 내고 전적으로 사랑이를 돌볼게."

그렇게 설득하고 협박하고 별별 방법을 다 써도 딸의 의지는 확고했어요. 그리고 마지막 거절의 멘트는 저를 꼼짝 못 하게 했지요. 아니, 내가 뭘 어쨌길래?

"나는 엄마처럼 내 딸을 키우지 않을 거야!"

**초보 엄마 제 딸은 육아 도서 '수집가'예요**

딸은 본격적으로 육아를 전담하고 나서부터, 일단 자기 방식대로 육아에 대한 공부를 하기 시작했어요. 초등학교 때부터 자기주도 학습에는 도가 텄거든요. 영어는 물론 수학도 학원 한 번 안 다니고 집에서 책과 EBS로 공부하면서 우수한 성적을 놓치지 않았어요. 그 학습 방법은 육아에도 그대로 적용이 되었지요. '엄마처럼 아이를 키우지 않겠다'고 선언하더니 세상에 있는 현명한 엄마들의 경험담을 모조리 통달하겠다는 각오로 육아에 대한 공부를 시작하더군요.

그러더니 중고서점에서 이틀에 한 번씩 책이 왔어요. 딸은 옆에서 아이가 자지 않고 보채면 아기 잘 재우는 법에 관한 책을 읽어요. 밤새 젖을 찾으면서 자다 깨다를 반복하니까 또 야간 수유에 대한 책을 읽어요.

이유식을 단계별로 어떻게 만들어야 하는지, 또 책을 읽어요. 애를 키우려고 책을 읽는 건지 육아 책을 읽으면서 육아 스트레스를 해소하려는 건지 옆에서 보는 저는 헷갈렸어요. 공부하는 데 방해된다고 복잡한 색칠공부 책을 아이 앞에 던져놓고 논문을 쓰던 제 모습을 보는 것 같았어요. 딸의 좁은 집 한쪽 벽에는 어느새 육아에 관한 책들이 빼곡히 들어찼어요.

**육아 서적에 집착하는 엄마, 저러다 지칠 텐데…**
한번은 딸아이가 A라는 육아 서적에는 밤에 잘 자는 습관을 들이려면 한꺼번에 몰아서 젖을 주어야 한다고 써 있다면서, 아기가 악을 쓰고 울어도 꾹 참고 젖을 물리지 않더라구요. 그러더니 어느 날부터는 아이가 울면 한 치의 망설임도 없이 즉시 젖을 주는 거예요. 의아했지요. 딸에게 물으니 또 다른 B 책에서 '젖 달라는 시기가 지나면 자연스럽게 젖을 찾지 않으니 울면 무조건 젖을 주라. 젖을 달라고 할 때 주지 않으면 아이가 사회에 대한 불안을 갖게 된다'라고 알려주었대요. A 책을 읽고 젖을 주지 않다가 또 B 책을 읽고 젖을 주었다가….

그렇게 책을 통해 육아의 정석을 터득해나가던 딸이 어느 날 고민을 털어놓았어요. 또 다른 C 책에서는 육아에서 가장 중요한 건 '일관성'이라고 강조했다는 거예요. 이렇게 책마다 해법이 각자 달라서 이 책에 있는 대로 이랬다가 저 책에 있는 대로 저랬다가 하며 갈팡질팡하게 된다는 거지요.

"책마다 왜 이렇게 달라? 그리고 책에서는 이렇게 하면 된다고 했는데 왜 나는 안 돼? 난 엄마 자격이 없는 걸까? 아니면 우리 사랑이가 문제가 있는 걸까? 그런데 돌아보니까 그동안 이것저것 육아 서적 읽느라고 정작 사랑이 육아에는 소홀했던 것 같아."

내가 낳은 아이지만 아이 둘이 모두 달랐어요. 달라도 너무 달랐죠. 아이를 키워본 사람들은 모두 공감하는 내용이에요. 그런데 '아이는 이렇게 키우라'는 육아 서적에 매달려서, 책에 있는 내용대로 안 되는 내 아이를 문제 있다고 바라보지는 않을까? 그 방법은 그 책을 쓴 사람의 아이에게만 맞는 방법일 수 있는데… 문득 육아 서적에 너무 의존하는 딸을 바라보며 불안해졌어요.

**아이를 위해 할 일이 너무 많아! 힐링이 필요해**

딸은 책과의 소통은 일방적이라, 의문이 생기거나 책의 사례와 다른 경우에는 직접 물어보았으면 좋겠다는 생각으로 차츰 육아에 대한 강의를 들으러 다니기 시작했어요. '책보다 훨씬 더 풍부하고 생생한 정보를 얻을 수 있다'는 딸의 말에는 자신감이 느껴졌지요. '이젠 드디어 훌륭한 엄마가 될 수 있다'는 표정이었죠.

하지만 좋은 정보를 얻을수록 더 불안해하는 모습이 안타까웠어요. 아이를 위해 이것도 해야 하고 저것도 해야 하고…. 그러려면 돈도 많이 벌어야 하고, 동생도 있으면 좋다는데 그럴 자신도, 여유가 없고…. 산더미 같은 정보에 걱정도 덩달아 산더미가 되었죠. 그렇게 지쳐갔어요. 아이를 훌륭하게 키우고 싶다면서 정작 자신은 돌아보지 않는 딸이 안타까웠어요. 건강하고 행복한 부모 밑에서 건강하고 행복한 아이가 자랄수 있다는 걸, 아이를 너무 사랑하는 엄마들은 가끔 잊어버리던데 제 딸이 꼭 그랬어요.

책이나 강의는 너무 많은 정보를 주지요. 또 이렇게 열심히 공부하는 엄마들은 정보를 알게 되면 꼭 실천해야 한다는 압박을 받아요. 남들은 저렇게 하는데 나만 안 하면 내 아이가 뒤처질 테니까요. 하지만 얻은 정보 그대로 실천하는 건 너무 힘들고 가끔은 놓쳐요. 그럼 또 불안해요. 내가 엄마로서 자격이 있는 건가…. 다시 고민이 시작되지요. 저는 그렇게 지쳐가는 딸을 보며 육아에 대한 정보보다 자신을 돌아보는 힐링이 더 필요하다고 생각했어요.

## 학교에 대한 관심 — 하브루타 동아리 엄마들의 경험담을 들으며

### 제 딸처럼 아이를 사랑하는 마음만 가득한 엄마들이었어요

제가 근무하고 있는 초등학교에서는 학부모들을 위해 다양한 자녀 교육법 강좌를 열어요. 강의 잘한다고 소문난 강사들을 수소문해서 모셨죠. 그런데 많은 선생님들이 학부모 강좌를 두고 이런 말을 해요. '정작 강의를 들어야 할 문제 있는 학부모는 오지 않고, 들을 필요도 없는 아이 잘 키우는 학부모만 온다.'

정말 학교에서 마련한 학부모 강의에 꼭꼭 빠지지 않고 참여하는 단골 학부모들이 있어요. 그런 분들은 훌륭한 강의를 들으며 고개를 끄덕이고, 받아 적고, 집에 돌아가서는 그대로 실천해 보지요. 하지만 그들이 학교 강의에서 들은 것을 집에 가서 그대로 적용해 보려고 하면 가족들이 이런 말을 한대요.

"엄마, 오늘 무슨 좋은 강의 들었어요? 에이, 그냥 하던 대로 하세요. 어색해요."

물론 갑자기 변하려는 자신도 쑥스럽긴 마찬가지래요. 그러면서도 강의의 좋은 내용을 그대로 실천하지 못해 오히려 더 조바심이 난다고 이야기합니다. 그 말을 들으며, 내 손녀가 초등학교에 들어가고 나면 내 딸이 바로 이런 엄마처럼 되겠구나 싶었어요. 제 딸처럼 방법은 잘 모르지만 아이를 사랑하는 마음만 가득한 엄마들이요.

## 아이의 성장 속도를 따라가기 힘들어요

그들은 언제나 열심히 육아를 공부하는데 왜 항상 허덕일까요? 제 딸을 보고, 그리고 딸의 미래인 우리 학교 학부모를 보며 저는 곰곰이 생각해 보았어요. 그리고 깨달았어요. 엄마의 공부 속도가 아이의 성장 속도를 따라가지 못한다는 걸. 엄마들이 간신히 하나를 배우고 써먹으려고 하면 아이는 벌써 쑥 자라서 저만치 가 있어요. 그래서 엄마가 아이의 성장 속도를 좇아가기 힘들어 허덕여요. 그럼 둘째 아이는 더 현명하게 키울 수 있을까요? 아이들은 각자 다르게 태어나고 다르게 자라기 때문에 또 새롭게 공부하고 허덕임의 연속입니다.

## 하브루타 동아리 1기, 함께 시작하자

유대인의 자녀 교육 방법, 그중에서도 특히 하브루타 교육 방법에 대한 관심이 높아지고 있어요. 그래서 단순히 하브루타로만 접근한 게 아니라 독서와 하브루타를 접목한 '독서하브루타'를 개발한 황순희 선생님을 모시고 강의를 마련했어요. 황순희 선생님은 근무하는 학교에서 학부모들과 함께 독서하브루타 동아리를 만들었는데 나름 보람 있다고 하셨지요.

그 말을 듣고 강의에 참석한 학부모들에게 우리 학교에서도 동아리를 만들어 함께 공부하자고 제안했어요. 역시 학부모 강의에 단골로 오시던 학부모들이 동아리 모임에 참여했지요. '독서하브루타'를 접하고 그 가치를 충분히 경험했지만 막상 가정에서 실천해 보려니 잘 되지 않는다고, 동아리에 참여한 분들이 힘들어 했어요.

'독서하브루타, 의욕만 가지고는 어려운 걸까?' 그래서 황순희 선생님을 모시고 몇 번 더 보충 강의를 들었어요. 하나하나 차근차근 진행해 주시고 잘 안 되는 부분은 정확하게 맥을 짚어주시니 '이제는 자신감이 생긴다, 가정에서 내 아이와 해볼 수 있겠다, 가정을 넘어 교실에서 아이들을 지도해 볼 수도 있겠다' 하고 학부모 동아리원들의 눈이 반짝였어요.

## 우리끼리 문제를 나누고 스스로 방법을 찾아보자

동아리 2기는 황순희 선생님이 시간을 내기가 어려워 딱 한 번 선생님의 강의를 들었어요. 그리고 엄마들끼리 시작해 보라고 하였지요. 물론 1기 학부모 동아리가 도와준다고 했지만, 이미 1기 동아리는 교실 수업 참여 등으로 너무 바빠 2기 동아리를 도와줄 시간이 충분하지 못했어요.

이 책을 쓴 2기 하브루타 동아리 엄마들의 글을 보면 처음의 막막함과 함께 고민해 보고 싶은 열정이 모두 느껴질 거예요. 예상대로 엄마들은 현명했어요. 하브루타에 대한 글을 읽어보고, 동영상 강의도 찾아 들으면서 다양한 내용들을 '내 아이'에 맞게 구성해가는 모습들이었어요. 돌아가면서 강사가 되어 강의도 했지요. 학교에서는 그저 자리만 깔아주었는데 그 위에서 무럭무럭 자라는 엄마들의 모습에 흐뭇했어요. 황순희 선생님이 학교에 오실 수 없으니 몇 분은 한양대학교 평생교육원에서 개설한 독서하브루타 자격증 과정에 등록해서 선생님의 강의를 듣기도 했구요. 1기 동아리보다 시간은 더디게, 그러나 각자의 아이에 맞게, 다양한 문제를 나누고 스스로 방법을 찾아갔어요.

나중에 하브루타에 대한 지식이 좀 더 탄탄한 1기 동아리원과, 맨땅에서 스스로 성장한 2기 동아리원이 함께하면서 하브루타 동아리는 더욱더 단단해졌어요. 이제 이론과 실제가 모두 갖추어졌다고 할까요?

## 열심히 봉사한 엄마에겐 힐링이 필요하다

1기와 2기 동아리가 함께하는 날, 소감을 들어보는 시간을 마련했어요. 1기 동아리원들의 소감은 교실에서 아이들을 가르치면서 어떻게 하브루타를 통해 가족이 함께 소통하게 되었는지, 어떻게 아이들의 세계를 좀 더 이해하게 되었는지에 관한 내용이 주를 이루었어요.

그런데 2기 동아리원들은 '힐링'을 주로 이야기했어요. 어떻게 시작해야 할지 갈팡질팡하면서 결국 자연스럽게 자신의 이야기를 하게 되었고, 가족을 위한 삶 속에서 정작 잃어가고 있는 자신을 발견하게 되었다는 것, 그래서 아이를 위해 시작했지만 결국은 나를 돌아보는 계기가 되고 나를 위한 힐링의 시간이 되었다는 거예요.

1기가 아이들을 대상으로 하브루타를 했다면 2기는 자신을 대상으로 하브루타를 했다고 할까요? 1기는 교실 수업에 들어가는 부담 때문에 '어떻게 책을 통해 아이들에게 하브루타를 적용해 볼까' 하는 관점에서 접근했고, 2기는 교실 수업의 부담이 적었기 때문에 생활 속의 문제를 꺼낼 수 있었다는 점이 그 차이를 가져왔다는 생각이 들었어요. 1기 동아리 엄마들도 2기 엄마들의 이야기를 듣고 '독서하브루타'를 해나가면서 자연스럽게 자신을 돌아보는 계기가 되었다고 고개를 끄덕였어요.

이제 우리 학교에는 3기 동아리가 활동 중이에요. 1기 동아리의 전문성과 2기 동아리의 감성이 3기 동아리에게는 좀 더 조직적으로 다가갈 수 있었죠.

1, 2, 3기 엄마들의 하브루타 활동을 보면서, 열심히 가족을 위해 봉사한 우리 대한민국 엄마들이 이제는 자신의 힐링도 돌아보아야 한다는 것을 깨닫게 되었어요. 그리고 그 방법 중 하나가 하브루타일 수 있겠다는 확신을 가졌어요.

이제 우리들의 행복을 함께 나누려고 해요. 제 딸, 사랑이 엄마를 생각하면서.

2018 서울금북초등학교 교장실에서

남미숙

# 이야기가 살아 있는
# 가정과 교실이 그려져요

이 책은 세상 여느 엄마들만큼 아이들을 무척이나 사랑하고, 40여 년을 학생 교육의 일선에서 활동하고 있는 저자가 교육에 대해 고민하는 엄마들과 교사들에게 유대인의 자녀 교육 방식인 하브루타를 독서와 접목시키는 시도를 보여줍니다. 이를 통해 변화해 가는 아이들의 모습, 그들의 목소리를 엄마들의 입으로 재미있게 들려주고 있습니다.

책장을 넘기면서 절로 고개를 끄덕이고 때로는 자신을 되돌아보게 됩니다. 그리고 또 다시 새로운 고민을 하게 되었어요. 세상과 아이들로부터의 끊임없는 질문과 생각의 나눔들로….

'내 아들에게 적용해 봐야지' 하는 생각과 함께 교실에 있는 우리 아이들이 떠올랐어요. 이야기가 있는 살아 있는 가정, 그리고 교실.

이 책을 통해 구체적으로 실현될 수 있을 거라는 자신감이 들었어요. 아이들과 저의 변화를 느낀 두 아들의 엄마이자 초등학교 현장의 교사로서, 지금 이 순간에도 더 나은 자녀 교육과 아이들의 진로 교육에 대해 고뇌하고 있을 엄마들과 동료 교사들에게 주저 없이 필독을 권하고 싶습니다.

문래초 교사, 김미선

# 육아에 대한 '지식'보다는
# '방법'을 찾았어요

이 책에 가끔씩 등장하는 사랑이 엄마입니다. 이 책을 추천해 주신 남미숙 교장선생님의 딸이기도 해요. 학교에 근무하면서 늘 자신의 삶에 최선을 다하는, 그런 엄마의 모습이 제 삶의 모델이 된 적도 있었어요. 하지만 항상 자신의 일에 최선을 다하고, 차근차근 성취해 가는 엄마 곁에서 외롭기도 했고, 엄마만큼 따라가지 못할까 봐 조바심도 났어요.

제가 "나는 엄마처럼 내 딸을 키우지는 않을 거야"라고 선언했다고, 엄마는 그 말에 충격을 받았다고 하시는데 사실 저는 그 말을 한 기억이 없어요. 자꾸 엄마처럼 일하면서 살라는 강요에 마음에도 없는 좀 심한 말을 했던 것 같아요.

아무튼, 엄마가 나를 키운 것처럼 내 딸을 키우지 않겠다는 생각은 문득문득 했어요. 저는 나 자신의 삶보다는 내 딸과의 삶에서 행복을 찾고 싫거든요. 그런데 그게 그렇게 쉽지 않네요. 학교 공부는 쉬웠는데, 육아는 해도 해도 자꾸 새롭고 힘들어요.

《대한민국 엄마표 하브루타》를 읽으면서, 저는 육아에 대한 '지식'보다는 '방법'을 찾았어요. 그동안 다른 책에서 알게 된 '이럴 때는 이렇게, 저럴 때는 저렇게'는 '방법'인 듯 했지만 사실은 '지식'이더라고요. 아이와 함께하는 책 읽기, 그 책을 소재로 질문으로 시작하는 대화. 아이를 이해하고 관계를 다져가는 방법이 손에 잡힐 만큼 쉽게 구체적으로 보여요. 글쓴이가 나처럼 마음만 급해서 좌충우돌 힘들었던, 선배 육아맘들이기 때문일까요?

엄마처럼 내 딸을 키우지 않게 하는, 그러나 엄마의 마음을 알아가는 소중한 계기가 되어준 이 책을 대한민국 엄마들에게 추천합니다.

대한민국 엄마는 아이를 사랑하는 방법은 각자 달라도 모두 같은 마음이라는 것을 실감하면서요. 엄마, 고맙습니다!

육아로 고민하는 대한민국 엄마들을 대신하여
사랑이 엄마, 김하늘

## Chapter 4

# 아이와 함께하는 하브루타
## 어른보다 나은 아이의 모습을 발견하는 시간 ———————— **188**

# '엄마표 하브루타'
# 사용설명서

이 책은 2015년 12월부터 2017년 12월까지 만 2년 동안 서울금북초등학교에서 함께한 '금북 하브루타' 학부모 동아리의 경험담입니다. 유대인의 성공 비법인 하브루타를 한국의 엄마들이 자기 아이들에게 적용해서 실천해 본 '대한민국 엄마표 하브루타'라고 할까요?

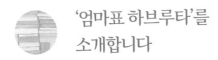

# '엄마표 하브루타'를 소개합니다

이 책은 2015년 12월부터 2017년 12월까지 만 2년 동안 서울금북초등학교에서 함께한 '금북 하브루타' 학부모 동아리의 경험담입니다. 이 책의 저자들은 독서 전문가도 아니고, 아이가 마음에 들지 않으면 소리도 잘 지르는 보통엄마들이에요. 아침에 야단 쳐서 아이 학교 보내고 곧 커피 마시면서 후회하지요. '하브루타가 뭐지? 음식점 이름인가?' 처음 하브루타를 접하고는 이렇게 되물었다는, 우리 주변에 있는 학부모들 모임이라고 생각하면 돼요. 이 책은 가끔 서로 만나서 시어머니 흉도 보고, 학교 선생님들 뒷담화도 하면서 스트레스를 해소했던 그런 엄마들이 하브루타 동아리 활동을 통해 변해가는 모습을 담았어요.

옆집에 사는 그저 평범한 엄마들의 이야기지만 이 책에는 전문가들에게 듣는 전문지식과는 달리, 절로 공감하게 되는 내용이 많다고 자신해요. 저도 나름 교육에 있어서는 전문가인데 저 역시도 이 책을 보면서 고개를 끄덕이며 메모하게 되었거든요. 또, 나와 비슷한 처지의 엄마들 이야기라서 '나도 이 정도쯤은 해볼 수 있어'라는 자신감도 얻을 수 있을 거예요.

유대인의 성공 비법인 하브루타를 한국의 엄마들이 자기 아이들에게 적용해서 실천해 본 '대한민국 엄마표 하브루타'라고 할까요?


## 이 책에는 두 가지 키워드가 있어요

### 첫 번째 키워드 | 질문과 하브루타

검색어로 '오바마, 한국 기자, 질문' 이렇게 세 글자만 써넣으면 쉽게 볼 수 있는 동영상이 있어요. 오바마가 아시아 각국의 기자들과 만난 자리에서 개최국인 한국 기자에게 질문권을 줍니다. 그런데 한국 기자들의 침묵…. 입을 다문 한국 기자들 사이에서 중국 기자가 질문하겠다고 손을 들었어요. 오바마는 "한국 기자들에게 질문권을 주었다"고 하면서 계속 한국 기자들의 질문을 기다리지요. 그러나 한국 기자들은 여전히 침묵합니다. 이 동영상은 '질문이 사라진 교실'로 불똥이 튀었습니다. 정답만 요구하는 대한민국 교실이 질문하지 못하는 기자들을 길러냈다는 비판을 받으며 대한민국 교육이 도마 위에 오르게 됩니다.

선생님의 말씀을 그대로 받아들이는 조용한 교실이 아니라, 아이들이 적극적으로 나서 자신의 생각을 말하는 시끄러운 교실이어야 하지 않을까요?

그래서 조용한 한국의 도서관과는 달리 토론으로 시끄러운 유대인의 도서관이 주목을 받기 시작했지요. 유대인의 탈무드 가치는 이미 우리에게 익숙하지요. 하브루타는 유대인들이 탈무드를 공부하는 방법입니다. '유대인 10명이 모이면 11개의 의견이 나온다'고 합니다. 탈무드 속에는 다양한 생각들이 들어 있습니다. 질문을 통해 이러한 다양성을 자신만의 지혜로 만들어 가는 과정이 하브루타라고 할 수 있습니다. 하브루타는 이미 만들어진 지식을 받아들이는 것이 아니라, 지식을 바탕으로 자신의 질문을 만들고 그 질문으로 대화와 토론을 즐기는 멋진 세계로 안내합니다.

## 두 번째 키워드 | 질문과 독서

대한민국 엄마들의 독서에 대한 믿음은 대단합니다. 실제 독서의 효과는 이미 잘 알려져 있고요. 내 아이가 책을 읽는 모습을 보면 왠지 흐뭇해집니다. 반면 스마트폰에 빠져 책보다 화려한 영상을 더 좋아하는 아이는 엄마의 애를 태우곤 하지요.

독서에 대한 관심은 아이들에게만 해당되지 않습니다. 최근 어른들의 자기계발과 힐링을 위해 다양한 독서토론 모임이 생겨나고 있습니다. 실제로 직장 생활에 지친 어른들이 독서토론 모임에 나가서 책을 읽고 토론하는 과정을 통해 자신을 되찾게 되었다는 간증(?) 같은 고백을 많이 봅니다.

하지만 이러한 고백을 할 수 있는 사람은 그 독서토론 모임에서 끝까지 살아남아 효과를 본 사람이지요. 많은 사람이 독서토론 모임에 참여

하지만 중간에 그만두고 맙니다. 그들은 다른 사람들과의 토론보다는 혼자서 조용히 책을 읽는 쪽이 더 편하다고 해요. 책을 읽고 그 책을 소재로 자신의 생각을 말하고 토론하는 과정이 웬만한 사람에게는 익숙하지 않기 때문입니다. 우리는 교실에서 '토론'보다는 '침묵'을 배웠거든요.

혼자서 책을 읽는 것도 읽지 않는 것보다는 좋습니다. 하지만 '함께하는 독서의 힘'은 강합니다. 다른 사람과의 약속을 지키기 위해 책을 정해진 시간 안에 읽어야 하고, 책을 통해 토론하는 과정에서 나의 생각을 넓혀갈 수 있기 때문입니다. 어른이나 아이나, 그 좋다는 독서와 친해지는 것이 쉽지만은 않네요.

함께 책을 읽되 '토론'보다는 '질문'으로 시작해 보자는 것이 이 책의 키워드입니다. '독서하브루타'를 개발한 황순희 선생님의 《독서하브루타》에 질문과 독서를 연결하는 다양한 방법이 나와 있습니다. '토론'을 하기 위해서는 자신의 생각을 정리하고 조직화하는 여러 가지 단계가 필요합니다. 하지만 '질문'은 그냥 쓰윽 꺼내면 됩니다. 내가 질문하면 다른 사람들이 자신의 생각을 말합니다. 내가 질문하고 다른 사람이 대답하면 그 대답에 따라 또 다른 질문하기 또는 내 생각 말하기… 그렇게 자연스럽게 대화를 이어가기 때문입니다.

질문과 대화가 이루어지는 재료로 독서가 이용되었고 함께하는 독서가 됩니다. 책을 읽고 질문하기, 질문으로 생각하기는 책에 흥미를 느끼지 못하는 아이에게도 책과 가까워지는 적절한 유인책이 됩니다. 독서와 하브루타가 만나면 독서가 단순한 '읽기'에 머무르지 않습니다. 생각 키우기로 효과적인 연결이 됩니다.

# 이 책을 읽으면 이런 효과가 있어요

### 01 나를 되돌아보는 용기가 생겨요

자아발견, 자아개발, 자아실현…. 참 자주 듣는 단어들인데 아이를 키우는 전업주부들에게는 쉽게 다가오지 않아요. 당장 아이 밥 차려주어야지, 공부 봐 주어야지, 가족 행사 챙겨야지 하다 보면 '자아'는 어느새 남의 이야기가 돼요.

> 하브루타를 하면서 스스로에 대한 질문을 던지다 보니 객관적인 시각으로 나를 바라보게 되고, 그러다 보니 가랑비에 옷 젖듯 스스로 당당해지고 단단해진다는 생각이 들었어요.
> — 김수진, 4장

> 남의 눈도 의식되고 나 자신의 의지와 확신도 필요합니다. 또 여러 가지 주변 환경도 고려해야 하고 이것저것 신경 써야 할 일이 늘어나는 것이 새롭게 주어진 고민거리가 되곤 하지요. '그러나 얼마 만에 해보는 나만을 위한 고민인가!' 하며 새로운 행복을 느낍니다.
> — 이미경, 1장

그런데 이 책을 준비하면서 엄마들이 하브루타를 통해 자아를 찾아가는 모습이 가장 먼저 눈에 들어왔어요. 엄마가 먼저 건강한 '자아'를 찾아야 가족이 행복하겠다는 확신도 들었구요.

나를 찾고 싶은가요? 이 책에서 엄마들이 말하는 방법대로 실천해 보세요. 가족 먼저 챙기느라 뒷전에 물러나 있는, 또는 꿈을 잠시 접어두고 웅크리고 있는 자신을 발견할 수 있을 거예요. 그러면 꼬옥 안아주세요. 따뜻하게 가족의 품 안으로 들어가 보세요.

## 02 엄마부터 억척스런 육아에서 벗어나 힐링해요

이 책은 육아에 지친 엄마들의 힐
링이라는 점에 첫 번째 가치를 두
었어요. '애는 혼자만 키우나? 왜
그렇게 요란해?' 그런 눈빛으로 바
라보는 어른들의 곱지 못한 시선
에 위축되는 엄마, 육아를 위해 운

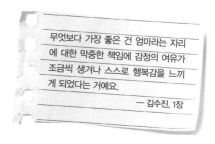

> 무엇보다 가장 좋은 건 엄마라는 자리
> 에 대한 막중한 책임에 감정의 여유가
> 조금씩 생겨나 스스로 행복감을 느끼
> 게 되었다는 거예요.
> — 김수진, 1장

전을 배웠다는 옆집 엄마(절대 운전하지 않겠다던 제 딸도 어느 날 운전을 배우
기 시작했어요. 아이를 학원에 데려다 주려면 필요하다면서요), 밤늦게 퇴근하면
서 '남자는 돈 벌고 육아는 여자 몫'이라는 남편(가끔 도와준다고 하는데 '돕
는다'는 게 뭐죠? 육아는 여자 일인데 '내가 특별히 인심 써서 도와주는 거야', 뭐 그
런 걸까요?)의 무관심에 지쳐가는 요즘 엄마들이 자신을 돌아보고, 자신
의 행복을 찾아가는 안내서예요. 행복해도 돼요. 그리고 마음껏 요란하
게 아이를 키워봐요. 남들은 하지 않는 나만의 방법으로.

## 03 대화가 있는 가정, 작게 시작해요

여행가는 기차 안에서 가족이 《이솝우화》로 독서하브루타를 하는 모습
을 보면 부럽지 않나요? 저는 참 부러웠어요. 이 글을 읽고 아들에게 말
을 걸었다가 논쟁만 불러왔지만요. 하지만 거센 논쟁 끝에 아들이 제 어
깨를 툭툭 치며 "그래도 엄마랑 가장 길게 얘기했네"라고 할 때는 웃음
이 나왔어요.

대화가 없는 가족보다는 아웅다웅하는 가족이 더 정겨워요. 여행 가는 기차 안에서 독서하브루타를 하는 가정도 하루아침에 탄생한 것은 아니에요. 그간 엄마의 꾸준한 노력이 있었죠. 그런 가정이 부럽다면 이 책에서 서툴게 시도한 다른 엄마들처럼 그렇게 작게 시작해 보세요.

> 오늘은 가족여행을 갑니다. 서울에서 부산까지 가기 위해 KTX를 탔어요. 기차를 탄 아이들은 갖가지 놀이를 시작해요. 하지만 아직 한참을 더 가야 하는 상황이에요. 심심하던 차에 딸아이가 독서하브루타를 하자고 합니다. 독서하브루타를 하면서 이런저런 이야기를 하다 보면 시간이 잘 간다면서요. 이야깃거리를 스스로 찾은 거지요.
> — 방은정, 3장

## 04 대화하는 방법을 일부러 배울 필요가 없어요

대화에도 기술이 필요하다고 하지요. '내 아이하고 얘기하는데 무슨 기술이냐'고 생각할지 모르지만 아이 잘 키우는 엄마들을 보면 대화하는 방법이 다르더라구요.

그런데 대화가 기술인가 가만히 들여다보면 사실 그건 그 엄마의 성품이라는 생각이 들어요. 대화의 기술을 배우기 전에 성품부터 매만져야 하는데, 성품 바꾸기가 그리 쉽나요? 그런데 이 책을 읽어 보면 대화의 '기술'보다 하브루

> 아이에게 "용기를 가져봐! 용기를 내!"라고 수천 번, 수만 번 외친다고 해서 용기가 생기는 것이 아니라면 어떻게 하면 좋을까요? 고심 끝에 방법을 바꿔 보았어요. 아이와 책 한 권을 골라 마주 앉은 저. 책 제목은 바로 《용기 모자》예요.
> — 최윤정, 3장

> 우현이가 아침에 일어나자마자 "엄마, 내가 꿈을 꿨는데~" 하면서 자기가 꾼 꿈 이야기를 시작해요. 예전 같으면 별 관심도 없이 "그냥 개꿈이야"라고 대답했을 텐데 "우와! 진짜 재미난 꿈을 꿨네. 또 재미난 꿈꾸면 이야기해 줘"라고 대답했어요. 정말로 우현이의 다음 꿈 이야기가 궁금해졌어요.
> — 이혜민, 1장

타를 통해 질문을 끌어내고 답하는 과정을 통해 자연스럽게 대화가 이루어져요. 기술이 가미되지 않은, 진솔한 내용 중심의 대화라고 할까요? 성품이 좋아져서 대화가 잘되는 게 아니라, 대화가 잘되어서 성품이 좋아질 것 같은 예감이 들어요. 질문을 통한 대화하기, 그게 바로 하브루타의 맛이에요.

## 05  이미 소원해진 가족, 다시 이어져요

사회생활(?)로 바쁜 아들(중2)은 자기가 꼭 함께해야 하는 이유가 뭔지 묻고 '다시 한번 말하지만 듣고만 있겠다'고 강조합니다. 이 모습을 떠올리며 웃음이 났어요. 어느 가정에나 있을 법한 모습이지요. 무서운 중2잖아요. 중2 아이를 둔 부모라면 누구나 그려볼 수 있는 장면이에요. 하지만 이런 아들이

> 나름의 사회생활(?)로 주말이 바쁜 아들은 이렇게 말합니다. "내가 꼭 함께해야 하는 이유가 뭐죠? 다시 한번 말하지만 듣고만 있을게요."
> — 김현주, 3장

자연스럽게 대화에 들어오면서 엄마가 미처 생각하지 못했던 새로운 관점까지 제시하는 부분에서는 뿌듯해졌어요. '이럴 수도 있구나' 싶었죠.

'각자의 영역에 대한 다툼, 토끼를 희생양으로 삼는다'는 남편의 생각을 들으면서 경쟁사회 속에서 치열하게 살아가는 남편을 자연스럽게 만나게 되는 부분도 의미가 있었어요. 김현주 씨의 글을 읽어 보면 하브루타를 통해 가족이 모이고 만나가는 과정을 자세히 알 수 있어요.

초등학교에 다니는 아이는 엄마가 얘기하자고 하면 옆에 와서 앉는 시늉이라도 하는데 중학교에 올라가고부터는 방문을 걸어 잠그는 아이

들이 야속하다는 말을 많이 들어요. 마음이 상하기 때문에 얼굴을 보면 또 잔소리를 하게 되고, 아이는 점점 멀어지고…. 마땅한 주제가 없으니 대화를 한다고 시간을 마련해도 잔소리가 될 수밖에 없죠. 김현주 씨처럼 잔소리 주제와 거리가 먼, 책을 가지고 하브루타라는 방법으로 접근해 보세요.

## 06  아이들의 세계를 아이 눈높이로 바라보게 돼요

'나는 내 아이를 잘 알아. 왜냐하면 나에게도 그 시절이 있어 봤거든.'

그 시절로 돌아가 아이의 눈높이에서 세상을 바라본다고 생각했습니다. 그래서 가끔 그 당시의 나와 다른 생각, 다른 행동을 하는 아이를 보면 의아해 하곤 했지요. 그런데 어느 날부터인가 '나는 정말 아이의 관점이 되어 본 게 맞나' 하는 의심이 들었어요. 그 나이의 나와 아

> 집에서 아이들과 생각 나누기를 하면서 점점 아이들의 솔직한 생각에 놀랐고 '공감하는 법'에 대해 알게 되었어요. 그리고 아이들의 의견과 생각을 진심으로 존중하게 되었어요. 하브루타를 하면서 한창 다양한 생각이 뻗어나가는 순간, 나만의 기준으로 조급하게 끌고 가려 했던 저를 보았고, 그런 상황 속에서 답답하고 힘들었을 아이들을 생각하며 미안하고 부끄러워졌지요.
> — 김수진, 1장

이는 서로 살아온 경험치가 다르다는 것을 깨닫게 된 거죠. 과연 아이는 무슨 생각을 할까 정말 궁금해졌습니다. 이 책을 읽으면서 내 아이 또래의 아이들이 어떤 생각을 가지고 어떤 눈높이에서 세상을 바라보는지 엿보게 될 거예요.

대한민국 엄마표 하브루타

10살짜리 딸과 역사 속 주제를 가지고 대화를 한다면 얼마나 멋질까요? 하브루타를 통한 대화는 일상을 넘어 상상을 자극하기도 하고, 서로 다른 생각을 조율해 가기도 하고, 자신의 생각을 조리 있게 정리하기도 해요. 그리고 무엇보다 관심 없는 공부를 재미있게 하면서, 공부한 내용을 자기 언어로 표현할 수

수아가 자신의 생각을 가지고 역사의 주제에 대해 저와 토론할 수 있다는 점이 큰 의미가 있었어요. 비록 주장을 뒷받침하는 내용이 빈약하고 감정적이라 할지라도 "난 역사가 싫어"라며 역사 그림책도 꺼내 보지 않는 아이와 함께 태종의 업적에 대해 이야기 나누고, 세종대왕이 자신의 아버지에 대해 어떻게 평가할지 함께 생각해 볼 수 있는 시간을 가질 수 있다는 점, 그것이 하브루타의 힘인 것 같아요. 만약 같은 질문을 제가 바로 던졌다면 아이들은 귀찮아하며 "몰라요" 하고 말았을 테지요.

하지만 태종이 좋은 왕이었는지, 세종은 아버지에 대해 어떻게 생각했을지를 묻는 질문들이 엄마가 책이 던져 준 질문이 아니라 자신이 한 질문이기에, 스스로 생각을 키워나가고 싶어지는 것이지요. 질문의 주제가 아이들 자신이라서 재미가 배가 되는 거예요.

— 윤지영, 3장

있는 기회를 주기도 한다는 것을 느끼게 될 거예요. 참 멋지죠?


## 이렇게 사용해 보세요

이 책을 효과적으로 활용하기 위한 팁 몇 가지를 알려드릴게요.

### 1 | 건강한 학부모 수다 모임을 만들어 보세요

그 자리에 없는 사람에 대해 뒷말하는 모임은 헤어진 후에 왠지 씁쓸하죠. '내가 안 나가면 내 흉 보겠지' 싶어서 어쩔 수 없이 꼭꼭 나가야 하

고요. 그런 의미 없는 모임을 좀 바꿔야겠다 싶으면 이 책에 있는 방법을 제안해 보세요. 먼저 엄마들끼리 하브루타, 그리고 각자 집에서 아이와 함께 하브루타, 다시 우리 아이들을 모아 돌아가며 강사가 되는 아이 동아리 하브루타, 이렇게 진행이 돼요.

이 책도 그런 순서로 정리되어 있어요. 하지만 내 아이를 데리고 해야겠다는 생각은 잠시 접어두고 1단계, '엄마끼리 하브루타'부터 해보세요. 의미 없는 수다의 허전함을 떨쳐버릴 수 있어요. 건강한 수다를 끝내고 돌아가는 길에는 뿌듯함을 느낄 수 있을 거예요.

## 2 | 혼자서 하브루타? 저자들과 함께하세요

질문하는 것에 익숙하지 않은 우리들은 질문 만들기가 참 어려워요. 직접 질문을 만들기보다는 주어진 질문에 답하는 교육을 받아왔거든요. 이 글을 쓴 저자들도 처음에는 질문을 만들어내는 것을 참 어려워했어요. 특히 이 책을 통해 혼자 하브루타를 해보려고 한다면 혼자 질문을 만들고 답을 해야 하는데, 질문 만들기부터 어렵다면 더 이상 진행이 안 될 수도 있겠죠? 그래서 활동을 하면서 나왔던 다양한 질문을 실었어요.

처음이라 질문 만들기가 어렵다면 이 책에 있는 질문을 가지고 다양하게 생각해 보세요. 다른 사람들은 그 질문에 어떻게 답했는지도 살펴보고요. 여러 사람과 함께 생각 나누기는 어렵지만, 다른 사람의 생각이 궁금하잖아요. 책 속에 다른 사람의 생각을 많이 실었어요. 저자들과 다양하게 생각 나누기를 한다고 생각하면 멋지지 않나요? 혼자 하브루타 하지 말고 이 책의 저자들과 함께 하브루타해 보세요.

4장은 수업 시간에 하브루타를 통해 아이들을 만난 사례들이에요. 담임 선생님과 코티칭(co-teaching) 방식으로 함께 수업을 진행한 것이지요. 물론 이 책의 저자들은 교사 자격증을 가지고 있지는 않아요. 저자들이 작은 동아리 모임에서 아이들과 함께 하브루타를 한 경험을 교실까지 이어보았는데 매우 성공적이었어요. 세련된 수업이 이루어지지는 않았지만 아이들은 즐거워했고, 신나게 참여했고, 평소 말이 없던 아이들도 적극적으로 자신의 생각을 표현했어요. 이것이 바로 매력이에요.

혹시 교실에서 하브루타를 실천하고 싶은 선생님들은 4장의 사례에 교사의 전문성을 더해서 수업에 적용해 볼 수 있을 거예요. 요즘 진로교육 때문에 고민하는 선생님들이 많은데 하브루타와 진로가 만난 다양한 수업 사례가 4장에 있어요. 이 책을 참고로 해서 더 멋진 '교수-학습 과정안'이 만들어지길 이 책의 저자들도 바란답니다.

## CHAPTER 1

# 하브루타와
# 나의 삶

저에게 독서하브루타를 하는 시간은 잊고 있었던 나를 찾는 시간이고, 앞으로의 나를 계획하는 시간이고, 가족의 미래를 내다보는 시간입니다. 큰 그림 속에 아이들의 교육이 작게 자라고 있을 뿐이죠. 또한 독서하브루타를 통해 만난 사람들과 함께 삶의 지혜를 모으고 기쁨과 슬픔을 함께할 수 있음에 더할 나위없이 행복합니다.

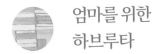

## 엄마를 위한 하브루타

## 그냥 좋아 : 독서하브루타로 힐링하기

독서하브루타를 시작하고 계절이 일곱 번 바뀌었어요.

계절이 바뀐 횟수만큼 저도 변화하고 있지요.

그림책을 가지고 독서하브루타를 하고 나면

그림책은 나에게 의미 있는 꽃으로 다가와 있어요.

이제 동아리 엄마들끼리 독서하브루타를 하는 시간은

저에게 더 이상 공부하는 시간이 아니에요. 힐링의 시간이죠.

주제도 없이 누군가를 뒷담화하던 카페 문화를 벗어나

이제는 또렷한 주제를 가지고 내 인생을 고민해 보는 시간이

되었어요.

독서하브루타를 한다고 하면 주변 사람들은 저에게 물어 봅니다. 아이들 교육에 얼마나 도움이 되느냐고.

하지만 저에게 독서하브루타를 하는 시간은 잊고 있었던 나를 찾는 시간이고, 앞으로의 나를 계획하는 시간이고, 가족의 미래를 내다보는 시간입니다. 큰 그림 속에 아이들의 교육이 작게 자라고 있을 뿐이죠.

또한 독서하브루타를 통해 만난 사람들과 함께 삶의 지혜를 모으고 기쁨과 슬픔을 함께할 수 있음에 더할 나위 없이 행복합니다.

아이들의 교육 때문에 접근한 독서하브루타. 이제는 저의 일상에 '행복'이라는 단어와 함께 제 마음에 다가와 있습니다.

우리집 아이들은 저에게 묻습니다.

"엄마는 독서하브루타가 왜 좋아?"

저는 대답합니다.

"그냥 좋아!"

# 아이에게 먼저 손을 내밀어 보자 : 하브루타와의 첫 만남

아이들 교육을 위해 도서관을 들락거리고, 강의를 들으러 다니고, 시간을 정해 교육방송을 챙겨 보며 열심히 공부하던 어느 날이었어요. 금북초등학교 학부모 연수과정 중에 독서하브루타 강의를 듣게 되었지요. '독서하브루타' 강의는 저에게 새로운 방법론을 제시하는 신선한 내용이었어요.

마침 학교에서 독서하브루타 동아리를 모집한다는 소식을 듣고 동아리에 가입하게 되었지요. 가입과 동시에 독서하브루타에 대한 질문이 시작되었어요. "대체 하브루타가 뭐지요?", "우리끼리 질문을 만들라는 건가요? 어떤 질문을요?", "강의라도 듣고 나서 뭔가 해야 하는 거 아니에요?" 어린 학생들처럼 하브루타에 대한 질문만 늘어놓게 되더군요.

그러던 어느 날, 《부모라면 유대인처럼 하브루타로 교육하라》라는 책을 읽고 제가 15분 세바시 강의를 하기로 했어요. 제가 강의를 한 후, 동아리원들은 하브루타식으로 질문을 만들었어요.

Q. 나는 우리 아이와 평소에 얼마나 대화를 나누는가?
Q. 나는 아이들의 질문에 다시 질문으로 대답할 수 있을까? 어떻게 하면 좋은 질문으로 대답할 수 있을까?
Q. 유대인들은 왜 정답이 아니라 가장 좋은 해답을 찾게 되었을까?

그날은 책 내용으로 질문을 만들고 서로의 생각을 공유하는 시간을 가졌어요. 이렇게 우리는 '하브루타란 무엇인가?'라는 화두에 대해 하브루타식으로 질문을 만들며 빠져들어 갔어요.

또 《유대인 하브루타 경제교육》이라는 책을 읽고는

Q. 아이들이 시험을 잘 봤다고 해서 용돈을 주는 것이 옳은 일일까?
Q. 어느 주기로 용돈을 주는 것이 좋을까?

등등의 질문을 만들면서 유대인의 경제교육 방법에 대한 생각을 나누었어요. 이렇게 질문으로 시작된 모임은 늘 질문으로 끝이 나곤 했지요. 그런데 시간이 갈수록 질문하는 우리가 변해가고 있다는 걸 깨닫게 되었어요. 질문을 만들면서 생각을 하게 되고, 그 생각을 다른 사람들과 나누면서 생각을 하게 되니 뭔가 달라지는 느낌이 들었어요. '아~! 이게 바로 하브루타구나!' 하고 깨닫게 되었지요.

제 자신이 하브루타에 녹아들어 가면서 동아리원들도 함께 하브루타의 매력 속으로 빠져들어 갔어요. 누군가 가르쳐주는 교육이 아닌 스스로 찾아 나선 공부가 (나중에 알게 되었지만) 결국 하브루타식 공부 방법이었어요.

목련이 빼죽 고개를 내밀던 4월의 어느 날, 동아리원들은 '행복'이라는 단어로 '단어하브루타'를 해보기로 했어요. 먼저 '행복'이라는 단어로 질문을 만들어 보았어요.

Q. 내가 가장 행복했던 시간은 언제인가?

Q. 지금 나는 행복한가?

Q. 나는 지금 행복을 어떻게 정의할 수 있을까?

Q. 우리 아이들은 행복할까? 행복의 반대말은 무엇인가?

Q. 최근 내가 가장 행복했던 순간은 언제인가?

등등의 질문을 만들고 자신의 생각을 말하기 시작했어요. 자신의 행복에 대해 처음으로 말문을 연 사람은 너무도 솔직하게 자기 이야기를 쏟아냈어요. '행복'이라는 단어 하나로 자신의 인생을 이야기했고, 자연스럽게 질문을 하고 답을 하는 시간이 이어졌지요.

저 또한 2시간 동안 이 질문에 답하면서 만난 지 한 달도 채 안 된 사람들 앞에서, 40년 인생에 대해 허심탄회하게 쏟아내고 있었어요. 어느새 함께 생각 나누기를 하는 우리들 모두가 자신의 인생에 대해 주저리주저리 말하고 있었어요. 아버지의 죽음을 경험한 누군가는 행복은 그저 일상의 소소함이고 오직 건강만을 바란다고 했어요. 생각 나누기를 하던 우리는 그 말을 듣고 모두 울음을 터뜨리고 말았지요.

또, 고학년 아이들을 둔 어느 엄마는 "자신의 욕망에 귀를 기울이고 아이들과 가족의 행복보다 나의 행복을 먼저 찾아야 한다"는 이야기를 해서 박수를 받기도 했어요.

이 '행복' 단어하브루타를 통해 동아리원들은 한층 가까워졌어요. 몇 년을 알고 지내도 터놓기 힘든 자신의 인생을 이야기함으로써 오랜 벗이 생긴 듯했고, 나의 상처를 진심으로 공감해 주는 생각 나누기를 통해 서로에 대한 믿음이 생겼기에 더 가까워졌어요.

단어하브루타, 그림하브루타, 그림책하브루타, 독서하브루타를 하던 어느 날, 동아리원 한 분이 어려움을 토로했어요. 아이들이 독서하브루타를 해도 좀처럼 입을 열려고 하지 않는다는 것이었지요. 거기에 자신이 뭔가 잘 알고 시작해야 한다는 부담감이 더해져 아이들과 독서하브루타를 하기가 힘들다고요.

우리는 이 날 '우리는 왜 독서하브루타가 힘든가?'에 대해 하브루타를 하며 '엄마들끼리의 하브루타는 쉬운데 왜 내 아이와는 하브루타가 힘들까'에 대해 생각을 나누었어요.

재미있는 것은 집에 있는 아이들이 엄마의 친절하고 부드러운 말투를 들으면 "엄마! 오늘 하브루타하고 왔어요?" 혹은 "엄마! 오늘 하브루타 하려고 그러세요?"라고 말한다는 거예요. 우리는 그 말 속에서 커다란 힌트를 얻었어요. 그동안 엄마는 아이에게 친절하고 상냥한 엄마가 아니었던 거죠. 엄마가 생각하는 엄마와 아이가 생각하는 엄마 사이에는 큰 차이가 있다는 걸 인정할 수밖에 없었어요. 많은 엄마들이 항상 아이들에게 최선을 다한다고 생각했는데, 오히려 아이들은 그런 엄마들을 힘들어하고 있었어요.

그렇다면 '아이들이 힘들어하는 엄마를 사랑하는 엄마로 바꿀 수 있는 방법은 무엇일까?' 우리는 이 과제에 대해 깊이 생각하게 되었어요. 늘 화만 내던 엄마가 갑자기 부드러운 목소리로 "우리 오늘 하브루타할까?" 하는 것은 아이의 입장에선 생뚱맞은 행동이 아닐 수 없었던 거죠. 그래서 갑작스레 친절해진 엄마의 말투를 들으면 "엄마! 오늘 하브루타하고 왔어요?"라는 말하게 된 거예요.

그래서 우리 엄마들은 그동안 아이들에게 해왔던 만행(?)에 대해 사과

하자는 의견이 나왔어요. 그간의 엄마의 잘못된 행동에 대해 아이에게 정중하게 사과하자고요.

이 방법은 대단히 성공적이었어요. 아이의 의견을 먼저 묻지 않고 엄마의 생각대로만 지시받던 아이들은 엄마의 진심어린 사과를 받고 나서부터 변하기 시작했어요. 아이에게 사과한 엄마들의 행동 변화가 아이들의 변화로 이어진 것이지요.

두 번째로는 '독서하브루타'를 하기 전에 '일상하브루타'를 해보자는 의견이 있어 그렇게 해보았어요. 책으로 접근하는 것보다 잠자기 전에 누워 각자의 일상에 대한 주제를 가지고 아이와 생각 나누기를 하는 거예요. 이 방법도 좋은 해결책이 되었어요.

"일찍 일어나야 하니까 그만 자"라고 지시하는 것이 아니라, 불을 끄고 누워 처음에는 그저 아이의 생각을 들어줍니다. 그러다가 점점 아이에게 질문을 유도하는 것이지요. 아이가 질문을 하기 시작하면 조금만 답을 해주고, 그 다음은 질문에 질문으로 답하는 형식으로 바꾸어 나가는 방법을 사용했어요. 이런 방법은 아이와의 관계 회복에 도움이 많이 되었어요.

엄마와의 관계가 회복되면서 아이들은 독서하브루타도 받아들이기 시작했어요. 각 가정마다 다르지만, 관계 회복 후 독서하브루타를 받아들이기 시작한 것은 6개월에서 1년 정도 걸린 것 같아요.

처음에 우리는 빨리 가려고 애썼어요. 하지만 그 빠른 걸음의 주체가 아이가 아닌 엄마라면 그 걸음은 되돌아 와야 한다는 걸 이제야 깨닫게 되었어요.

# 과거의 나를 다시 마주하다 : 하브루타로 하는 심리 치료

## 《행복한 청소부》

모니카 페트 글 | 안토니 보라틴스키 그림 | 김경연 옮김 | 풀빛

이 책은 거리의 표지판을 닦는 청소부 아저씨에 대한 이
야기입니다. 파란색 작업복을 입고 파란색 고무장화를
신고 있어요. 파란색 자전거를 타고 출근해서 표지판을
닦는 일을 하던 아저씨에게 우연한 사건이 일어나게 됩
니다. 그동안 아저씨가 열심히 닦던 거리가 실은 아주 유
명한 작가와 음악가의 거리라는 것을 알게 되었어요.

그 후 아저씨는 음악에 관심을 갖고, 언제나 음악과 함께합니다. 그러던 어느 날, 대학
교수직을 제안받는 행운이 찾아와요. 하지만 청소부 아저씨는 교수직을 거절하고 영
원히 행복한 청소부로 남게 됩니다.

엄마들끼리 모여 그림책《행복한 청소부》로
독서하브루타를 합니다. 책을 읽고 난 우리들은 인상 깊은 장면에 대해
이야기를 나눕니다(내용 파악 단계에서 내용 파악 질문 만들기 외에도 인상 깊은
장면 이야기하기, 책 속 보물찾기 등을 하기도 합니다). 10명이 모이면 10명 모
두 인상 깊은 장면이 다릅니다.

책을 읽고 나서 주인공의 파란색 장화와 파란색 작업복에 대해 말하
기도 하고, 주인공의 눈망울이 인상 깊다고 이야기하기도 합니다(왜냐하
면 글에서는 파란색이라고 하는데, 삽화의 눈망울 색채는 초록색에 가깝거든요).

이야기 전개에 대해서는 아침에 행복한 표정으로 출근하고 행복한 표
정으로 일을 하는 청소부의 일상이 인상 깊다고도 합니다. 가장 많은 의
견이 나온 부분은 청소부가 교수직을 제안받고도 원래의 청소부 일을

계속하는 것이었어요.

내용 파악 단계를 끝낸 후, 질문 만들기를 해보았어요. 오늘은 다른 사람이 만든 질문들을 읽다 어떤 질문에 대한 질문자의 생각이 듣고 싶다면 다시 질문에 대한 질문을 하고 생각 나누기를 합니다. 이제 질문을 바탕으로 생각 나누기를 한 내용을 소개해 드릴게요.

Q. 이 청소부가 내 아들이라면, 그냥 청소부로 남겠다고 했을 때 우리는 어떻게 했을까? 아들의 의견을 존중해 줄 수 있었을까?

그러자 무조건 아이를 설득해서 교수 자리에 앉히겠다는 엄마와, 무언의 압력을 넣겠다는 엄마, 아들의 의견을 존중할 수 있을 것 같다는 엄마의 의견이 팽팽히 맞섭니다. 그러다 다시 또 질문을 던집니다.

Q. 교수의 사회적 명예와 연봉을 모르지 않을 텐데, 행복한 청소부는 왜 청소부라는 직업을 유지하기로 결심했을까?

역시 다양한 생각들이 펼쳐집니다. 이건 현실의 이야기가 아닌 그림책 속의 이야기니까 모든 직업은 고귀하다는 교훈적인 생각을 담기 위함이라는 의견, 청소부는 간판이 깨끗하게 청소되었을 때 느끼는 쾌감 때문에 그 일에 몰입하게 되었을 것이라는 의견, 이 책의 배경이 독일이라서 가능한 이야기이고, 대한민국에서는 불가능한 일이라는 의견도 있었습니다. 또, 간판을 닦으며 취미로 하는 강의는 재미있지만 직업으로써의 강의는 힘든 일이기 때문이라는 의견도 있었지요.

## 청소부는 왜 행복했을까

청소부는 파란색 작업복을 입고, 파란색 장화를 신고, 파란색 자전거를 타고 출근합니다. 웃음을 잃지 않는 청소부는 너무나도 행복하다는 의미이지요. '청소부가 어떻게 이처럼 행복할까?' 저는 갑자기 망치로 머리를 얻어 맞은 느낌이었어요. 주변 사람들은 생각 나누기를 하고 있는데, 혼자만의 생각으로 빠져들고 있었죠.

'행복은 되돌아 봤을 때 느껴지는 것이 아니라, 오늘의 감정이다. 이 행복한 청소부는 매일 아침 눈 뜨는 것이 즐거웠을 것이고, 서둘러 출근했을 것이다.'

그러자 저의 지난 직장 생활이 머릿속을 가득 메우기 시작합니다. 되돌아보니 저는 입사 후 5년간은 행복했지만, 그 이후로는 오직 돈을 벌기 위해 회사에 갔거든요. 감정 노동을 하는 내 직업보다 차라리 청소부가 더 나을 것 같다는 생각이 지배적일 때도 있었지요. 한때 정신적인 스트레스가 너무 심해 '차라리 직업을 청소부로 바꾸면 어떨까' 하는 생각을 해보기도 해서 이 책을 보며 저의 직장 생활이 떠오를 수밖에 없었어요.

직장에 대한 회의가 밀려들던 어느 해 스승의 날, 저는 여고 시절의 은사님을 찾아갔어요. 20년 만에 만난 선생님께 이런저런 고민을 이야기하다가 저는 아직 선생님이 되고 싶다는 꿈을 간직하고 있다고 말씀드렸지요. 하지만 집으로 돌아와서는 적지 않은 나이를 생각해 봤을 때 경제적인 면에서 지금의 직장을 다니는 게 최선이라고 스스로를 납득시켰어요. 그 후, 그저 '돈 버는 일'만이 목적인 일을 7년이나 더 하다 직장을 그만 두었지요.

'그럼, 나는 왜 행복하지 않은 직장 생활을 7년이나 더 했을까?'

이 질문이 떠오르는 순간, 왈칵 눈물이 쏟아졌어요. 그간 힘겹게 살아온 내가 너무 안쓰러워서 하염없이 눈물이 흘러 내렸지요. '나는 왜 바보같이 시간과 돈을 바꾸었을까? 정말 하고 싶었던 것은 선생님이었는데 왜 포기했을까? 누가 내 등을 떠밀었던 것도 아닌데…. 직업에 대한 회의가 들어 선생님을 찾아갔던 그때 다시 공부를 시작했더라면 지금의 나는 어떤 모습일까?'

아이들에게 꿈을 가지라고 말하는 지금의 제 모습은 사실 꿈을 버린 초라한 한 인간임을 인정하지 않을 수 없었어요. 이 책으로 독서하브루타를 하기 전에는 내가 회사 생활 열심히 해서 저축도 하고 사는 바람직한 인간인 줄 알았는데, 사실은 돈을 번다는 명목으로 꿈을 버린 불쌍한 사람이었음을 인식하게 되었어요.

저는 동아리원들에게 털어놓으며 펑펑 울어버리고 말았어요. 그런데 옆에서 누가 "은정 선생님~" 하고 부릅니다. 독서하브루타 동아리원 한 분이 일깨워주셨지요. 독서하브루타 수업을 듣는 아이들에게 이미 저는 '선생님'이라는 사실을요.

'선생님'이라는 단어가 이렇게 따뜻하게 느껴지기는 처음이었어요. 십년지기 친구에게서 걸려온 전화만큼이나 따뜻하고 좋았지요.

독서하브루타를 하다 보면 이런 일이 종종 생깁니다. 독서하브루타를 하면서 나의 과거에 대해 재인식하게 되고, 현실과 적당히 타협한 나의 꿈에 대해서도 다시 상기할 수 있지요. 또, 현재 나의 꿈에 대해 다시 인식할 수 있는 시간도 갖게 되었어요.

《행복한 청소부》로 독서하브루타를 한 지 일 년이 되어갑니다. 하지만 저는 이 책으로 독서하브루타를 한 그 순간을 평생 잊지 못할 것 같아요. 그 사이, 저는 꿈에 한 걸음 더 다가가고 있습니다.

다음은 그 외에 우리가 만든 질문입니다. 함께 생각해 보아요.

Q. 우리는 무엇으로 행복해지는가?

Q. 삶의 질은 어떤 기준으로 정해지는가?

Q. 해야 할 일을 하느라 하고 싶은 일(또는 적성)을 못 하고 살지는 않았는가?

Q. 청소를 잘하는 청소부가 청소를 잘했을 때는 사람들이 아무 관심이 없다가, 왜 지식이 있는 청소부라는 사실로 갑자기 인정받는 걸까?

Q. 청소부는 왜 교수가 되지 않았을까?

Q. 사회적으로 인정받는 직업과 내가 하고 싶은 일을 구분해서 생각할 수 있을까? 그만큼 나의 머리는 깨어 있는가?

Q. 아이가 직업과 꿈을 구분해서 생각할 수 있게 하기 위해 부모가 도울 수 있는 일은 무엇일까?

Q. 우리 아이는 어떤 꿈으로 행복하게 살까?

Q. 만약 청소부가 교수직을 선택했다면 어떻게 되었을까?

Q. 직업에 대한 나의 고정관념은 무엇일까?

Q. 사회적 고정관념을 어떤 식으로 깰 것인가?

Q. 미래의 나는 어떤 직업으로 행복하게 살까?

Q. 행복한 청소부가 유명해진 후에 청소부의 동료들도 행복했을까? 아니면 힘들었을까?

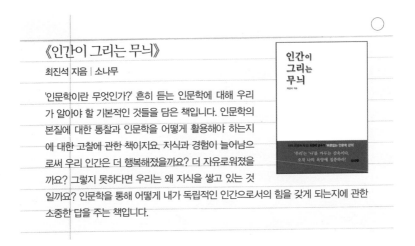

## 《인간이 그리는 무늬》

최진석 지음 | 소나무

'인문학이란 무엇인가?' 흔히 듣는 인문학에 대해 우리가 알아야 할 기본적인 것들을 담은 책입니다. 인문학의 본질에 대한 통찰과 인문학을 어떻게 활용해야 하는지에 대한 고찰에 관한 책이지요. 지식과 경험이 늘어남으로써 우리 인간은 더 행복해졌을까요? 더 자유로워졌을까요? 그렇지 못하다면 우리는 왜 지식을 쌓고 있는 것일까요? 인문학을 통해 어떻게 내가 독립적인 인간으로서의 힘을 갖게 되는지에 관한 소중한 답을 주는 책입니다.

저의 일상은 이제 모든 것이 하브루타와 연결되어 있어요. 독서하브루타를 시작하기 전에는 실용서 위주의 독서를 했고 저에게 책은 그저 정보를 받아들이기 위한 도구였어요. 책을 읽고 생각하는 것이 아니라, 그저 단순 정보만 받아들였지요.

엄마들끼리 1년 정도 그림책으로 독서하브루타를 하던 어느 날, 인문학 책을 느리게, 천천히 읽고 있는 자신을 발견하게 되었어요. 책을 읽고 나서 '생각'을 하고 있었지요. 부끄럽지만 독서하브루타를 하기 전에는 책을 읽고 나서 핵심 내용을 파악하면 그걸로 독서는 끝이 났었죠.

지금은 책을 읽으면서 질문도 생각도 하게 됩니다. 질문을 하고 생각을 하면서 책 내용이 더 쉽게 이해되고 비판적인 시각도 길러지게 되는 것을 경험하게 되었어요. 그림책으로 질문을 만들고 생각 나누기를 하는 훈련을 하다 보니 이제는 모든 책에서 독서하브루타를 만나게 됩니다.

집에서 이렇게 혼자 생각 나누기를 하고 있던 중에 학교 독서하브루타 동아리가 생겼고 저는 생각 나누기를 독서토론 모임을 통해 풀어가고 있었지요. 한 달에 한 번 정기 모임을 진행하게 되었고, 일 년이 지나면서는 한 달에 한 번으로는 부족해서 번개 모임을 주도하기도 했어요. 타인의 다양한 생각들을 듣는 즐거움은 길에서 우연히 오랜 친구를 만나는 기쁨보다 클 때가 많았어요.

물론 처음부터 생각 나누기가 잘된 것은 아니었어요. 독서하브루타를 시작할 때는 그저 물음표만 둥둥 떠다녔거든요. 시작한 지 일 년 반이 지난 지금, 무슨 책을 보아도 질문만 눈에 들어옵니다. 아니 책에 직접적으로 질문을 넣어 놓은 책들을 보면 우연히 친구를 만난 것처럼 반갑기까지 합니다.

최근에 만난 《인간이 그리는 무늬》라는 책이 그 반가운 친구 같던 책이에요. 이 책의 저자인 최진석 교수는 철학과 욕망에 대해 이런 질문을 던집니다.

나에게만 있는 고유한 충동, 힘, 의지, 활동성, 비정형의 감각 등을 '욕망'이라고 정의하면서 '나'로 살아왔는지 '우리'로 살아왔는지를 확인하기 위한 질문을 던진다.
여러분은 지금까지 바람직한 일을 하면서 살았습니까?
아니면 바라는 일을 하면서 살았습니까?
여러분은 해야 하는 일을 하면서 살았습니까?
아니면 하고 싶은 일을 하면서 살았습니까?

여러분은 좋은 일을 하면서 살았습니까?
아니면 좋아하는 일을 하면서 살았습니까?

《인간이 그리는 무늬》, 82P

저는 이 질문을 보면서 바라는 일을 하면서 살았는지, 하고 싶은 일을 하면서 살았는지, 좋아하는 일을 하면서 살았는지 답을 하기 이전에 저를 향한 질문부터 만들고 있어요.

Q. 내가 지금까지 해왔던 일 중 나의 욕망에 가장 충실한 일은
   무엇이었을까?
Q. 내 욕망에 충실하다면 남은 인생 동안 하고 싶은 일은
   무엇일까?
Q. 남편과 우리 아이들이 지금 가장 하고 싶은 일은 무엇일까?
Q. 내 욕망에 충실하며 사는 것이 초3 아이들에게 어떤 영향을 미칠까?

또한 철학자인 저자는 인문학적 통찰과 관련된 질문들을 아래와 같이 쏟아냅니다.

여러분은 지식이 증가하고 경험이 늘어남에 따라서 더 자유로워졌습니까?

대한민국 엄마표 하브루타

여러분은 지식이 증가하고 경험이 늘어남에 따라서 더 행복해졌습니까?
여러분은 지식이 증가하고 경험이 늘어남에 따라서 더 유연해졌습니까?
여러분은 지식이 증가하고 경험이 늘어남에 따라서 더 관용적인 사람이 되었습니까?
여러분은 지식이 증가하고 경험이 늘어남에 따라서 가족이나 이웃들과 더 잘 지내게 되었습니까?

《인간이 그리는 무늬》, 156~157P

이 질문을 보면서 저는 또 질문을 합니다.

Q. 나는 독서하브루타를 하면서 우리 가족, 이웃과 더 소통이 잘 이루어지는가?
Q. 나는 아이들에게 책을 읽으라고 잔소리하는 것보다, 스스로 책 읽는 모습을 더 많이 보여주었는가?
Q. 나는 독서하브루타를 하면서 내 생각을 아이들에게 주입하려는 수업을 하지 않았는가?
Q. 내 뾰족한 질문이 다른 사람의 마음에 상처를 주는 일은 없었는가?

이제는 인문학 서적을 읽으면서도 자동으로 질문이 나오는 일상이 되었어요. 최진석 교수는 그런 저의 질문을 마구 칭찬해 줍니다.

인간의 동선에 대한 질문 없이 어떻게 그 동선이 나아가는 방향을 앞설 수 있겠습니까?

자신에 대한 질문 없이 어떻게 자신을 들여다 볼 수 있겠습니까? 자신을 찾을 수 있겠습니까? 대답은 그 사람의 성숙 정도를 표현하지 못해요. 질문이 표현합니다. 대답은 그 사람의 수준을 반영하지 못해요. 질문이 반영합니다.

《인간이 그리는 무늬》, 262P

질문하는 나. 질문하는 아이들. 이게 독서하브루타인데 이렇게 철학과도 맞닿아 있어요. 늘 그림책으로 질문을 만드는 저는 인문학 책에서도 질문만 눈에 들어옵니다. 신기하게도 질문을 만들다 보면 책이 더 재미있어지고 내용을 깊이 이해할 수 있게 되지요. 질문을 만들다 보면 그 책이 오래도록 기억됩니다.

그림책으로 시작한 독서하브루타가 이제는 모든 책에 적용되고 있는 것이지요. 책을 읽으면서 내용을 파악하고, 생각 나누기, 질문 만들기를 하는 게 이제 습관이 되었어요.

독서하브루타의 생각 나누기 질문은 책의 중심주제로 구성되지 않아도 질문이 될 수 있습니다. 그래서 다양한 질문 모두가 생각 나누기 질문이 될 수 있어요. 모든 질문이 생각 거리이기 때문에 다양한 사람들의 각기 다른 생각을 듣다 보면 어느덧 저도 훨씬 더 다양한 생각을 하게 됩니다.

Q. 내 욕망에 충실하다면 남은 인생 동안 하고 싶은 일은 무엇인가?

저는 이 질문을 떠올리며 혼자서 생각 나누기를 합니다. 그러면 어느 새 현재의 나를 인식하는 과정을 거쳐 미래의 제 모습을 그려보는 자신을 발견하게 됩니다. 내일 아침, 독서하브루타를 하는 동아리원들에게도 똑같은 질문을 하고 그들의 다양한 생각을 들어보고 싶어집니다.

# 내 안의 나 들여다보기: 혼자서 독서하브루타 하기

## 《누에콩의 침대》

나카야 미와 글·그림 | 유문조 옮김 | 웅진주니어

누에콩과 콩알 친구들의 일상에 저절로 미소
가 지어지는 이야기입니다. 자기 침대를 아끼
는 누에콩은 친구들에게 침대를 빌려주지 않
아요. 우리 아이의 어렸을 적 모습과 닮아 있
지요. 반면, 침대를 잃어버린 누에콩은 침대에서 알을 품는 메추라기를 위해 기다려
주고, 아기 메추라기가 태어난 것을 보고는 함께 기뻐하는 사랑스러운 마음도 가지고
있어요. 침대를 잃어버렸다가 찾은 일을 겪은 후에, 누에콩은 침대를 빌려달라고 부탁
하던 콩알 친구들을 초대해서 파티를 벌입니다.

 

이 책으로 독서하브루타를 하면서 '내 인생
의 시행착오와 실패 경험이 나에게 어떻게 도움이 되었는지' 생각해 보
게 됐어요. 친구의 의미도 다시 생각해 볼 수 있었지요. 그래서 《누에콩
의 침대》는 저에게 참 따뜻한 책입니다.

《누에콩의 침대》는 처음으로 독서하브루타를 시작할 때 '한 문장으로
질문 만들기'를 하기에도 좋고, 생각 나누기 질문을 유형별로 만들어 보기
에도 좋은 책이에요. '한 문장으로 질문 만들기'는 문장 하나만 놓고 가능
한 한 많은 질문을 만들어 보는 방법이에요. 예를 들어 "누에콩이 가장 아
끼는 보물은 바로 침대예요"라는 한 문장으로 질문을 만들어 보아요.

Q. 누에콩은 왜 침대를 가장 아끼게 되었을까?

Q. 보물은 침대 말고 또 어떤 것이 있을까?

Q. 누에콩은 어떻게 생긴 콩일까?

Q. 나도 누에콩처럼 가장 아끼는 물건이 있을까?
  그 이유는 무엇일까?

Q. 누에콩은 왜 누에콩이라는 이름을 갖게 되었을까?

Q. 침대는 누에콩에게 어떤 의미일까?

Q. 침대로 할 수 있는 놀이로는 어떤 것이 있을까?

딱 한 문장만으로 이렇게 많은 질문을 만들 수 있다니! 하하 호호하면서 이번에는 또 다른 한 문장으로 질문을 만들어 보았어요. 그러다 제가 만든 질문들을 가만히 들여다보니 '한 문장으로 만든 질문은 문장에서 한 개의 단어만 빼서 질문을 만들었다'는 나름의 규칙이 발견되었어요. 독서하브루타를 처음 해서 질문 만들기가 어려운 사람들은 이 방법으로 질문 만들기를 해도 좋겠다는 생각이 듭니다.

저는 지금 혼자 책상 앞에 앉아 독서하브루타를 하고 있어요.

### 혼자서 독서하브루타를 하는 방법

• 책을 읽는다.  • 질문을 만든다.  • 다시 책을 읽는다.

• 다시 질문을 만든다(책 읽고 질문 만들기를 10회 정도 반복한다).

• 내가 만든 질문에 대해 한 개씩 생각해 본다.

• 생각이 깊게 들어가는 질문에 대해 깊이 생각한다. 메모하며 생
  각을 정리한다.

• 나의 일상에 반영한다.

질문을 만드는 방법에는 특별한 형식이 없어요. 질문이 잘 만들어지지 않을 때는 '생각 나누기에 좋은 질문의 유형'별로 질문을 만들어 보기도 하고 스캠퍼(SCAMPER- 사물을 대체하고〈Substitute〉, 결합하고〈Combine〉, 적용하고〈Adapt〉, 변형하고〈Modify〉, 다르게 활용하고〈Put to other uses〉, 제거하고〈Eliminate〉, 반전시키는〈Reverse〉 과정을 통해 새로운 아이디어를 얻는 것) 기법을 이용해 보기도 하지만 대부분은 생각나는 대로 만들게 되지요.

오늘은 '생각 나누기 좋은 질문의 유형'별로 질문을 만들어 봅니다. 이 방법은《독서하브루타》를 쓰신 황순희 교수님께 배운 방법이에요. 혼자서 책을 읽고 이렇게 질문을 만들어 보세요.

### 느낌을 묻는 질문

Q. 침대를 빌려주지 않았을 때 누에콩의 기분은 어땠을까?

Q. 누에콩의 침대에 들어가 보고 싶었던 콩들은 거절당하고 나서 어떤 기분이 들었을까?

Q. 누에콩의 침대가 없어졌을 때 다른 콩들의 기분은 어땠을까?

### 유추하는 질문

Q. 누에콩은 처음에 자신의 보물인 침대를 다른 콩들에게 빌려주지 않았는데, 혹시 이전에 침대가 아닌 다른 보물을 빌려주었다가 잃어버린 적이 있었던 걸까?

Q. 누에콩이 자신의 침대를 잃어버렸을 때 다른 콩들이 침대를 빌려주자 "너무 작아", "너무 좁아", "너무 얇아", "너무 딱딱한걸" 하

고 부정적인 말만 했는데, 누에콩의 성격은 나중에 어떻게 변했을까?

Q. 약자의 것을 빼앗아 사용했던 메추라기는 자신의 행동을 뒤돌아보았을 때 어떤 기분이 들었을까? 인간 사회에서 메추라기의 위치에 있는 사람들은 이 장면을 어떻게 보았을까?

## 비교하는 질문

Q. 내 것을 공유할 수 있는 사람과 그렇지 못하는 사람 중 누가 더 행복할까?

Q. 다른 사람이 가진 보물이 커 보였을 때, 부러웠을 때는 언제일까?

Q. 보물을 빌려달라고 해서 거절당한 콩과 보물을 빌려주지 않는 콩 중 누가 더 마음이 불편할까?

## 가정하는 질문

Q. 내가 누에콩이라면 처음부터 보물 침대를 빌려 줄 수 있었을까?

Q. 만약 누에콩이 메추라기로부터 침대를 돌려받지 못했다면 누에콩은 새로운 침대를 마련해서 친구들을 모두 초대할 수 있었을까?

Q. 만약 메추라기가 아닌 다른 콩이 누에콩의 침대에서 자고 있었다면 누에콩은 오랫동안 기다리기만 했을까?

## 상대방의 의견을 묻는 질문

Q. 성격상 누군가에게 부탁을 할 때 많이 망설이는 편인가?

Q. 누군가에게 들어주기 싫은 부탁을 받았을 때 어떻게 거절하는 것이 좋을까? 아니면, 솔직하게 이야기하는 것이 좋을까?

Q. 당신의 보물은 무엇인가? 그 이유는 무엇인가?

### 적용하는 질문

Q. 나는 소중한 것을 누군가에게 내어 준 경험이 있는가?

Q. 나에게 없는 물건을 가지고 싶었던 경험은 있는가?

Q. 나는 친구의 무엇을 부러워하는가?

Q. 너무 익숙해서 보물인지도 모르는 것에는 무엇이 있을까?


### 논쟁을 위한 질문

Q. 친한 친구의 부탁을 들어주기 힘들 때, 직접적으로 거절하는 것이 나을까? 우회적으로 거절하는 하얀 거짓말이 나을까?

Q. 일상의 배려는 무조건 나부터여야 행복할까? 조직의 의무와 책임을 먼저 생각해야 할까?

Q. 함께 어려움을 이겨낸 후의 기쁨은 왜 더 크게 느껴질까? 슬픔은 나누면 왜 작아질까?


### 분석적이고 탐구적인 질문

Q. 누에콩은 처음에는 침대를 빌려주지 않다가 나중에는 모든 콩을 초대한 후 제공해서 함께 자게 되었는데 어떤 마음의 변화를 겪게 된 걸까? 사람의 마음에서 변화의 시작은 무엇일까?

Q. 메추라기처럼 자기보다 힘이 약한 사람을 배려하지 않는 사람들을 우리는 어떻게 대해야 할까?

Q. 누에콩과 다른 콩들의 성격을 비교해 보자. 어떤 환경의 차이와 성격 차이가 있을까?

**대안을 찾는 질문**

Q. 침대를 빌려줄 수 있도록 누에콩을 설득하는 방법에는 무엇이
   있을까?

Q. 빌려준 다음 현명하게 돌려받을 수 있는 방법에는 무엇이 있을까?

**종합적인 질문**(메타인지, 시사점)

Q. 상대방을 잘 설득하는 사람이 능력을 발휘할 수 있는 직업에는
   어떤 것들이 있고, 그 이유는 무엇일까?

Q. 배려와 나눔을 어떻게 제도화할 수 있을까?

Q. 사람들이 내 것을 원할 때는 어디까지 공유해야 할까?


이것이 혼자서 독서하브루타를 하는 방법입니다.

질문을 만든 후 혼자 생각 나누기를 하다가 많은 생각들 중 유독 한 가
지 질문에 눈길이 멈추었어요. 그 질문은 바로 '너무 익숙해서 보물인지
도 모르는 것에는 무엇이 있을까?'였어요.

너무 익숙해서 보물인지 모르는 것. 그 순간, 가슴이 철렁 내려앉았어
요. 성실하게 회사를 다니고 주말마다 가족과 여행을 가는 자상한 남편
이 떠올랐지요. 결혼 17년차인 저에게 남편은 그런 존재였어요. 밤 12시
가 넘은 이 시간에도 아직 회사에서 일하고 있는 남편….

가슴 한 구석이 먹먹해집니다. 어렵게 얻은 쌍둥이를 키우느라 힘들
었던 시간에도 남편은 아침에 운동을 하고 책을 읽고 자신을 채워가며
직장생활을 버티고 있었던 거지요. 저는 늘 잠이 부족했고, 아이들에게

세 끼를 챙겨 먹이는 것조차 버거웠던 시간 속에서 그런 남편이 미웠던 순간도 있었어요.

미안한 마음에 눈물이 왈칵 쏟아집니다. 독서하브루타 질문을 통해 남편은 다시 '나의 보물'이 되었어요. 내일 아침에는 남편이 좋아하는 토마토 주스를 만들어야겠다고 생각하며 잠자리에 듭니다.

# 소통의 끈, 하브루타: 아이들과의 관계 회복

사랑이 엄마에게.

육아로 고민하는 사랑이 엄마에게 제 이야기가 도움이 될 수 있을 것 같아 솔직한 마음으로 편지를 써요. 저는 두 번이나 원인을 알 수 없는 자궁외임신이 되어 마음고생이 심했어요. 그런데 주변의 간절한 기도와 마음들 덕분이었을까요. 자연임신으로는 하나도 낳기 힘들다고 했던 제가 아이들을 세 명이나 낳았으니 말이에요! 정말 감격스럽고 기적 같은 일이지요.

그렇게 바라던 첫째를 낳고 잘 다니던 직장도 그만두고 최선을 다해 아이를 키웠지만 꽃길일 것만 같던 육아는 생각보다 쉽지 않았어요. 무엇보다 첫째 아이라 아직 육아에 서툴렀고 내 양육 방식과 아이의 성향이 맞지 않아 관계가 자꾸 틀어져서 힘들었어요.

아이들이 자라 학교생활을 하면서부터는 주변에서 상처를 받으면 속상함을 담아 두었다가 엄마나 가족에게 푸는 것이 반복되다 보니 제 마음은 가뭄에 강 바닥이 쩍쩍 벌어지듯 점점 삭막해져 갔어요.

저는 그때 혼자서 고민을 참 많이 했어요. 자녀와의 관계에 대한 공부도 하고 전문가들의 강의도 들으면서 '이거다!' 싶으면 바로 관계에 적용해 보았지만 효과가 오래가지는 못했어요. 문제는 육아 방법인데 도무지 아이의 성향에 맞는 방향을 찾지 못했지요.

혼자 절박하게 방법을 찾던 중 아이의 학교에서 학부모 연수로 여러 좋은 강사들을 모시고 강의를 한다는 소식을 전해 들었어요. 그중 하브루타 강의가 있었는데 전에 관련 강의를 들었던 엄마들이 추천해 주어서 '혹시나 도움이 될까?' 하는 마음으로 강의에 참석했어요.

'하브루타? 처음 듣는데 뭐지? 독서법인가?' 하며 전혀 배경 지식이 없는 상태에서 참석했는데 강의 내용이 머릿속에 들어올수록 생각이 많아지면서 내 고민을 해결할 수 있는 방법이라는 확신이 들었지요. 흥분된 마음에 당장 집에서 아이들과 시작해야겠다는 생각이 들었어요.

'하지만 어떻게?' 열정은 가득 찼는데 방법을 몰라 고민에 빠졌고 이후 학교에서 하브루타 엄마 동아리를 모집한다는 소식이 들려왔어요. 희망과 함께 '아이들과의 소통'에 좋은 방법을 찾게 된 것에 한없이 기뻤지요.

첫 하브루타 동아리 모임에는 열두 명 정도의 엄마들이 모였어요. 하지만 '하브루타를 어떻게 해야 하는 거지?' 하는 표정으로 서로 얼굴만 쳐다보았지요. 같이 하는 것은 좋은데 강제적이고 의무적인 것은 싫어하는 분위기였어요. 그렇게 하브루타 동아리가 2016년 학기 초, 매주 금요일의 오전 모임으로 시작되었어요.

하지만 학교 강의를 들은 게 우리 지식의 전부였기에 우리는 각자 하브루타에 대해 좀 더 알아보고 이야기를 나누기로 했지요. 이야기를 하다 보니 누군가 자연스럽게 마음에서 솔직함을 꺼냈고 하나 둘씩 자신의 마음을 조심스럽게 꺼내 보이며 '공감'이라는 판에 함께 퍼즐을 맞추며 울고 웃는 시간이 되었어요. 우리는 원래 이렇게 눈물이 많은 사람들이었을까요.

한 달 정도 그런 시간을 보내다 보니 '이제 책으로 하브루타를 해볼까?' 하는 마음이 들었습니다. 그래서 자연스럽게 쉬운 《이솝우화》나 그림책으로 질문 만들기와 생각 나누기를 해보았어요.

책 읽고 질문을 만들면서 질문 한 개 만들기도 어찌나 힘들던지….

그건 그동안 학교와 사회에서 일방적으로 정신없이 주어지는 많은 양의 지식과 대부분의 사람들이 바라보는 방향에 따라 맞춰 살기 바빠서 '왜?'라는 질문을 해보지 않았기 때문이에요. 그 결과, 정체된 생각만 하고 있었다는 것을 느끼게 되었어요. '정체된 나의 생각 기준이 아이들과 나와의 관계에서 그동안 힘든 원인은 아니었을까?' 하고 스스로에게 질문하게 되었지요.

집에서 아이들과 생각 나누기를 하면서 점점 아이들의 솔직한 생각에 놀랐고 '공감하는 법'에 대해 알게 되었어요. 그리고 아이들의 의견과 생각을 진심으로 존중하게 되었어요. 하브루타를 하면서 한창 다양한 생각이 뻗어나가는 순간, 나만의 기준으로 조급하게 끌고 가려 했던 저를 보았고, 그런 상황 속에서 답답하고 힘들었을 아이들을 생각하며 미안하고 부끄러워졌지요.

아직도 아이들을 양육하는 자세는 한없이 부족하지만 꾸준히 아이들과 하브루타를 하면서 보이지 않는 믿음과 사랑의 끈이 생기고, 그 끈의 종류가 점점 늘어난다는 생각이 들었어요. 무엇보다 가장 좋은 건 엄마라는 자리에 대한 막중한 책임에 감정의 여유가 조금씩 생겨나 스스로 행복감을 느끼게 되었다는 거예요.

아이들을 위해 시작했던 하브루타! 지금은 저를 위한 시간으로 변했어요.《조금 부족해도 괜찮아》를 읽고는 '부족해도 당당할 수 있는 나'에 대해 생각해 보게 되었고《반이나 차 있을까? 반밖에 없을까?》를 통해 서로 다른 기준과 생각에 대해 인정하게 되었어요.

사랑이 엄마도 아이들과의 재미있는 소통으로 서로의 생각을 이야기하고 이해하며 '서로의 생각을 배우는' 시간을 가졌으면 좋겠어요. 그리고 무엇보다 '사랑이 엄마의 행복'에 대해 다양한 질문을 만들어 보았으면 좋겠어요.

사랑이 엄마가 궁금해 할 것 같아 하브루타를 하는 딸아이의 생각을 소개합니다.

 생각의 숲, 하브루타

금북초 5학년 김민서

안녕하세요. 저는 초등학교 5학년 김민서입니다. 제가 처음으로 하브루타를 알게 된 것은, 4학년 때 학교 '창체' 시간에 하브루타 동아리 엄마들이 하브루타 수업을 하면서부터예요.

저는 하브루타가 뭐 하는 것인지도 모르고 그냥 무작정 시작하게 되었는데, 내성적이었던 제가 조금씩 외향적으로 변해가는 것을 스스로 느낄 수 있었어요. 그러면서 점점 말도 많아지고 하브루타를 즐기게 되었습니다.

그때 마침 엄마가 하브루타 공부를 하기 시작했는데 엄마는 항상 배운 것을 우리와 함께했습니다. 그러면서 저는 자연스럽게 거의 매일 하브루타를 하게 되었고, 금요일 저녁마다 학교의 하브루타 모임에도 나가게 되었어요.

하브루타를 하면서 제가 평소에는 생각하지 못했던 질문들을 많이 하게 되었어요. 주로 엄마와 잠자리에 누워 동생들과 함께 하브루타를 하는데 재미난 이야기를 듣는 것처럼 즐거운 시간이 되었어요. 그러다 보니 스스로 질문하고 답하기를 반복하게 되는 하브루타를 익히게 되었습니다.

저는 학교에서 처음 하브루타를 배울 때 잘 모르고 시작했던 것이 잘된 일이라고 생각해요. 만약 학교에서 하는 하브루타의 내용을 알고 있었다면 그리 새롭고 즐거운 느낌이 안 생겼을 것이고 생각도 잘 안 났을 것 같아요.

저는 하브루타와 숲을 연관시키고 싶습니다. 숲에 나무가 점점 자라고 늘어나는 것처럼 하브루타를 통해 저의 생각 숲이 점점 자라고 늘어난다는 생각이 듭니다. '생각 나누기'를 통해 저의 생각 숲이 더 늘어나게 되었고 아무래도 생각이 늘어나는 건 좋은 것 같아요.

# 지금 알고 있는 걸 그때도 알았더라면

## : 독서하브루타, 나도 할 수 있을까

지나간 시간은 다시 되돌릴 수 없지만 저는 가끔 이런 생각을 합니다. 지금 알고 있는 걸 그때도 알았더라면 어땠을까?

발그레한 앵두 같은 입술을 가지고 2.5kg의 아담한 몸무게로 태어난 다연이는 친정집에서 처음으로 태어난 손녀였어요. 덕분에 일가 친척의 사랑을 독차지하며 쑥쑥 자랐지요. 하지만 엄마인 저는 덜컥 겁부터 났어요. 예쁘고 사랑스럽기는 하지만 '이 아이를 어떻게 키워야 할까' 고민이 되었어요.

워낙 말수도 적고 내성적이었던 저는 아이에게조차 어떤 말을 해야 할지 몰라 눈만 끔뻑끔뻑하고 말없이 쳐다보기 일쑤였어요. 그러던 중 산후조리원 동기들과 만나며 좋은 아동전집에 대한 이야기를 듣게 되었고 '아이에게 해줄 말이 없다면 책이라도 읽어주자'라는 생각에 거금을 들여 덜컥 전집을 들여놓게 되었어요.

아이가 백일 무렵부터 잠에서 깨어나면 젖을 먹이고 트림을 시킨 후, 곧바로 책을 읽어주기 시작했어요. 그러니 저도 더 이상 걱정할 게 없었어요. 아이가 알아듣는지 못 알아듣는지 모르겠지만 책을 읽어주고 또 읽어주며 시간을 보내다 보니 하루하루 시간도 잘 가고 아이도 무럭무럭 자라났지요.

뒤집기를 할 수 있게 된 어느 날, 목욕을 시킨 후 잠시 눕혀 놓고 화장실에 다녀 온 순간 저는 놀라고 말았어요. 아이는 엎드린 채 작고 귀여운 손으로 책을 잡고 진지한 눈으로 책을 보고 있었어요. 너무 신기해서 잠시 숨을 죽이고 아이를 관찰하며 기다렸는데 제법 오랜 시간 책을 뒤적거려서 정말 깜짝 놀랐어요. 이렇게 책을 좋아하게 된 아이는 그 뒤로도 계속 손에서 책을 놓지 않고 읽었지요. 한글은 24개월에 떼고 36개월부터는 영어책을 읽게 되었고요. 이렇게 아이는 반항 한 번 없이 똑똑하게 잘 자라주었어요.

그때는 그렇게 영원히 반항 없이 자라게 될 줄 알았지요. 우리 착한 아이는 누구나 한 번씩은 겪는다는 사춘기 따위는 없을 것만 같았거든요. 하지만 사춘기가 오고부터는 매일매일이 줄다리기의 연속이었어요. 더군다나 시험 기간이 되면 우리의 팽팽한 기 싸움은 더욱 심해졌어요.

'엄마가 이기나, 딸이 이기나'였다고 할까요. 그 부질없는 짓을 왜 하고 있었는지…. 지금 와서 곰곰이 생각해 봅니다.

잘 알려진 시의 제목처럼 '지금 알고 있는 걸 그때도 알았더라면' 어땠을까요? 그랬더라면 사춘기 따위는 저와 아이가 함께 훌훌 날려버리지 않았을까…. 그러나 이내 고개를 젓게 됩니다. '지금부터라도 잘하자! 어떻게? 그래, 질문으로 시작하자!'

대화가 통하지 않아 평행선을 달리는 것 같고, 대화가 시작되어도 결국은 잔소리로 끝나버리는 모든 이유가 아이 때문이라고 생각했던 저는 어디서부터 어떻게 무엇이 잘못되었는지 그 이유와 방법을 찾아보기로 했어요. 도서관을 다니며 육아와 사춘기에 관한 책을 찾아 읽고, 인터넷을 뒤져 '어떤 좋은 방법이 있을까' 고민하고 또 고민했어요. 그렇게 발견하게 된 것이 하브루타예요!

'그랬구나…. 내가 아이를 헛똑똑으로 키우고 있었구나! 아이를 그저 내 말만 잘 듣는 나의 아바타로 키우고 있었구나!'

하브루타에 관심을 가지고 책을 읽으며, 저는 그동안 아이에게 명령과 지시로 대화를 시도하고, 아이의 의견과 생각을 존중하지 못한 저 자신의 모습을 발견하고 '나부터 바뀌어야겠다'는 생각을 했어요.

Q. 왜? 나는 아이만 잘못하고 있다고 생각했을까?
Q. 왜? 나는 아이의 생각과 의견을 존중하지 못했을까?
Q. 왜? 나는 아이의 등수에 매달렸을까?
Q. 왜? 나는 아이의 행복이 성적에 달려 있다고 생각했을까?
Q. 그렇다면 나는 지금 무엇을 해야 할까?

마음이 바빠졌어요. 더 알아보고 싶었어요. 그런데 이게 웬일일까요? 학교에서 학부모 연수로 독서하브루타 교육을 한다는 소식이 들려왔지요. 그렇게 해서 성격상 빠질 수 없는 최소한의 모임만 나가던 제가 독서하브루타 동아리에 가입하게 된 것입니다. 하지만 주입식, 암기식 교육으로 평생을 자라온 저는 질문을 만들고, 질문으로 생각을 말하는 독서하브루타가 결코 쉽지 않았어요.

'어라! 뭐지? 왜 안 되지?'

배운 것을 집에 와서 아이와 대화로 이어나가면 그 끝은 영락없이 어색하게 마무리되었어요. 혼돈, 좌절, 다시 시도, 실패로 연결되었던 하브루타… 과연 이것도 이렇게 끝이 나는 건가…. 머릿속이 복잡해진 저는 다시 질문을 시작했어요.

Q. 무엇이 문제일까?

Q. 실천이 안 되는 이유는 무엇일까?

Q. 어떻게 해야 할까?

몇 날 며칠을 고민하고 얻은 결론은 이랬습니다.

A. 조금씩, 천천히, 꾸준히 하자!

A. 서두르지 말자!

A. 늦었다고 생각하지 말자!

A. 할 수 있다고 생각하자!

이렇게 하브루타를 시작한 지 2년의 세월이 흘렀어요. 저는 어떻게 변했을까요? 조금씩 천천히 꾸준히, 어제보다 나은 오늘을 살고 있어요. 당연히 매일, 매순간, 행복하지만은 않지요. 그러나 슬프지만도 않아요. 슬픔은 아이와 함께 반으로 나누고 어떻게 이 슬픔을 해결할 수 있을지 아이와 방법을 생각해 봅니다.

저는 아이와의 사춘기 갈등을 해결하려고 하브루타를 시작했어요. 지금은 하루하루 하브루타를 실천하고 있어요. 그러면서 제 삶도 긍정적으로 바뀌고 있어요. '지금 알고 있는 걸 그때도 알았더라면…' 하고 때늦은 생각도 해보지만 지금도 늦지 않았어요. 저와 같은 엉망진창 엄마도 바뀌었고 또 계속 바뀌어가고 있거든요.

# 하브루타는 나·바·시(나를 바꾸는 시간)

## : 내 삶의 터닝포인트

"엄마는 왜 다른 아이들에게는 친절하고 재 있고 웃기게 가르쳐 주면서 우리 셋한테는 무섭게 가르치는 거예요?"

지금은 중학교 3학년인 딸이 초등학교 3학년 무렵 이렇게 따지며 물었지요.

"또 딴소리다. 시끄러워! 공부할 때는 상관없는 말, 하지 말기야. 알았지?" 그렇게 얼버무리며 '내가 언제 그렇게 다르게 행동했다고?' 하고 내심 부정했지만, 이후로도 몇 차례 똑같은 말을 들으니 머릿속에는 '내가 정말 그런가!' 하는 생각이 계속 맴돌았습니다.

아이 셋을 키우면서, 저는 엄마로서 뭐든 잘하고 싶었어요. 한마디로 슈퍼우먼이 되고 싶었지요. 좋다고 하는 것에, 명성이 나 있는 것에 모든 촉각을 곤두세우고 언제 어디서든 다 받아들일 자세가 되어 있다고 생각하는, 나름대로 '좀 괜찮은 엄마'라는 자부심까지 가지고 있었으니까요.

명강사의 강의가 있다는 정보가 입수되면, 하던 일 마다하고 꼭 시간을 내서 듣고 와야 직성이 풀렸고, 강의 도중 토씨 하나 놓칠세라 꼼꼼히 받아 적었습니다. 마치 정보를 하나라도 놓치면 아이들에게 들려 줄 소중한 무엇을 잃어버리기나 하는 것처럼 말이죠.

아이들에게 많은 것을 알려주고 싶은 성급한 생각만으로 마음이 너무 앞서 있다는 것을 인식하지 못한 채, '어떻게 하면 아이들에게 도움이 될까?', '이것만은 꼭 실행해 봐야지' 하고 작정했던 것들에 대해 하루에도 수십 번씩 되새기곤 했습니다.

지금 생각해 보면 상당히 의미 없는 고민들도 많았습니다. 아주 세세한 것까지 기억 저편에서 끌어 올리며 하나라도 더 가르쳐 주고 싶은 욕심이 끓어 오를 때 정작 아이들의 감정을 읽어주는 것에는 무덤덤했고, 어떤 날은 아예 아이들의 의견에는 안중에도 없었으니 말이에요.

이렇게 아이들에 대한 일방통행식 가르침이 잦아지면서 스스로 되묻는 시간을 자주 갖게 되었어요.

'나는 지금 뭘 하고 있는 걸까?'

'누구를 위해 몸부림 치고 있는 걸까?'

'내가 진정으로 원하는 것은 무엇일까? 왜 아이들 감정에는 개의치 않는 걸까?'

이것은 어떤 길을 가는지조차 모르고 새로운 길만 찾으며, 생각은 뒤죽박죽 흩어져 있어 무엇을, 왜 하는지도 모르는 채 앞만 보고 달리는 스스로에 대한 질타이자 회의적 물음이었습니다.

'내 딸이 일찌감치 엄마의 일방적 가르침에 일침을 가했구나!'

'엄마의 교육법이 마음에 와 닿지 않고 아이들에게는 부담스럽고 무서울 수도 있었겠구나!'

'내가 최선이라고 생각하는 것들이 아이들에게는 최악일 수도 있었겠구나!'

이렇듯 점점 내면에 쌓여 온 갈등이 조금씩 수면 위로 드러나기 시작했습니다. 아이들을 엄마가 원하는 대로 만들어 보겠다는 과도한 욕심에 대한 경종이었을까요? 자신의 행복은 잊고 엄마로서 해온 의미 없는 고민들을 이제는 멈출 때가 되어서였을까요?

내면의 갈등이 최고조에 달했을 무렵, 운 좋게 금북초등학교에서 '학부모를 위한 독서하브루타'와 '가족과 함께하는 하브루타' 강의가 있어 듣게 되었어요. 큰아이가 학교를 다닌 햇수만큼 스스로 찾아다니며 들은 강의가 많은 저로서도 처음 듣는 '하브루타'는 참 생소하고 낯선 단어였지요. 큰 기대 없이 들어 두면 나쁘지 않을 여느 강의 중 하나겠거니 하는 생각으로 평상시와 다름없이 들을 준비, 적을 준비를 마치고 자리에 앉았어요.

그런데 독서하브루타 강의를 들으며 질문의 중요성에 대해 점점 자각하게 되었지요. 그리고 '하브루타가 이런 거구나'라는 감을 가지게 되었고, 점점 더 하브루타에 대해 알고 싶고, 더 배우고 싶은 욕구가 마구 샘솟았어요. 요즘도 어떻게 해서 생소했던 '하브루타'에 매력을 느끼고 깊이 빠져들게 되었는지, 또 어떤 점이 내 마음을 움직여 행동하게 하는지에 대해 스스로 되묻곤 합니다.

그날 강의를 들으며 받았던 신선한 충격을 잊을 수 없어요. 강사님이 한 장의 그림을 보여주며 강의가 시작되었습니다.

"어머님들, 이 그림을 보시고 질문들을 만들어 볼까요? 지금 제가 보여주는 그림을 보고 떠오르는 질문을 말씀하시면 됩니다."

그저 호기심이 생기는 대로 질문을 해보라는 뜻 같았습니다. 그런데도 간단한 질문 만드는 것조차 망설여지고, 만든 질문이 잘 만든 것인지 머릿속으로 점검해 보느라 냉큼 말이 나오지 않았어요. 타인의 시선도 너무 신경 쓰이고, '발표 안 하는 아이들이나 못 하는 아이들을 나무랄 게 없구나' 하는 자기반성까지 하게 되었지요.

강사님이 내민 한 장의 그림으로 청중 사이에는 잠시지만 영원처럼 느껴지는 정적이 흘렀어요.

그때, 용감한 한 어머니의 목소리가 들려왔습니다.

"양이 왜 코끼리 다리를 하고 있을까?" 순간 '아! 정말 그렇구나' 하는 생각이 들었어요.

이어서 "남자일까? 여자일까?"라는 질문이 나오고 나서부터는 질문들이 꼬리를 물었습니다.


Q. 결혼은 했을까?

Q. 재산은 얼마나 있을까?

Q. 어디를 보고 있는 것일까?

Q. 친구들과 가족은 어디에 있을까?


등등 다소 엉뚱하다고 느껴지는 질문도 나왔지만 강사님은 많은 질문들이 쏟아져 나올 수 있도록 "옳지, 좋아요"라고 계속 후렴구를 넣어주었어요.

다른 사람들의 질문을 들으며 '나도 그런 생각을 했는데, 발표할걸…' 하고 후회도 했고, 생각지 못한 질문이 나오면 여기저기서 감탄의 소리가 새어 나왔습니다.

"네, 네, 아주 좋아요. 다양한 질문들이 나오네요. 다른 분들도 궁금한 게 있으면 질문해 보세요."

강사님은 우리에게 칭찬을 아끼지 않으며 호기심을 갖고 질문을 만들 수 있도록 이끌어 주었어요. 용기 있게 손들고 발표하면 직접 만든 책갈

피를 선물로 주었지요. 책갈피를 갖고 싶은 마음이 컸는지 저를 비롯한 많은 사람들이 손을 번쩍 들어 질문을 발표하기도 했습니다. 이럴 때는 어른들도 꼭 아이들 같아요.

이 강의를 통해 질문 만들기가 의외로 쉽지 않고, 짧은 시간에도 많은 생각을 하는 질문의 힘을 자연스럽게 깨달았습니다. 요즘 저는 하브루타를 처음 접하는 사람들을 만나면 하브루타의 핵심인 '질문 만들기'에 대한 중요성을 강조하게 됩니다. 문득, 이때 보고 배우고 느꼈던 독서하브루타에 대한 무한감동을 고스란히 전하고 싶어 안달이 난 나를 만나게 되지요.

'질문 만들기'의 맛을 보고 재미도 한껏 느끼게 한 후, 강사님은《하늘을 나는 거북》이라는《이솝우화》읽기자료를 나누어 주었어요. 드디어 하브루타 실전 연습 시간이 주어진 것입니다. 줄거리를 두 부분으로 나누어 읽기자료1과 읽기자료2로 구분지어 각자 읽고 그 내용을 짝한테 설명해 주는 것인데, 읽은 내용을 전달하는 게 결코 쉽지만은 않았어요. 전체적인 줄거리는 대충 알겠는데, 방금 읽은 인물의 행동과 사건들이 자세히 떠오르지 않고 입안에서 뱅뱅 맴돌기만 했거든요.

마음 같아서는 바로 이야기해 줄 것만 같다가도 읽기자료를 덮고 내 차례가 되어 짝꿍한테 설명하려니 마음처럼 잘 되지 않았어요. 살짝 다시 봐야 설명해 줄 수 있기도 했지만 최선을 다해 설명하고 들었지요.

"여러분, 짝에게 자기가 읽은 내용을 설명하는 동안 다른 사람들이 하는 말이 귀에 들어왔나요?"

"아니요."

그러고 보니 짝꿍이 해주는 말 듣느라, 내가 짝꿍에게 설명하느라, 다른 사람들의 이야기는 듣지 못했어요. 아니, 들리지 않았어요. 설명하는 동안 다른 짝들의 대화는 신경도 안 쓰고 오직 내가 설명하고 듣는 것에만 집중했나 봐요. 유대인들의 도서관이 큰소리가 나고 시끄러워도 토론의 장이 될 수 있다는 것을 직접 체험하는 순간이었어요.

이후 한 장의 그림을 보고 질문 만들기 연습을 했던 것처럼 《하늘을 나는 거북》에 대한 질문 만들기를 했는데, 그때 제가 만든 질문이 대표 질문으로 뽑혀 한 권의 책을 선물 받았던 순간이 불현듯 생각납니다.

'바람과 구름을 벗 삼아 하늘을 나는 매는, 엉금엉금 기어갈 수 있고 고개를 넣었다 뺐다 하는 거북이를 부러워하지 않았을까?'라는 질문이었어요. 집으로 돌아와서는 아이들과 남편에게 하브루타 강의에서 받은 선물이라고 자랑을 늘어놓은 다음 곧바로 하브루타를 실천해 보기 위해 책을 읽기도 했습니다.

수없이 많은 강의를 듣고 와서도 평소와 다름없이 그리 달라지지 않았던 제가 그때를 기점으로 조금씩 달라졌고, 처음으로 '나를 바꾸는 시간'을 만나게 된 것이지요.

'더 이상 내 자신이 빠져 있는 고민은 의미가 없다…'

'내가 행복해야 내 주변이 행복할 수 있다…'

'마음의 여유가 없으면 값비싼 무엇을 가져도 여유가 없다…'

이렇듯 내면의 격동적인 몸부림을 감지하며, 생소했던 독서하브루타의 매력에 점점 빠져들고, 흩어진 생각들을 모아 중심을 잡고, 보고 싶은 것만 보고, 듣고 싶은 것만 들으려 했던 자신을 돌아보는 성찰의 시간을 자주 갖게 되었어요.

한마디로 하브루타가 '나를 바꾸는 시간(나·바·시)'이 되어 주고 제 삶의 터닝포인트가 되어 주었지요. 변화는 참 놀랍고 위대합니다. 40대 중반에 새로운 무엇을 시작한다는 게 어디 그리 쉬운 일인가요?

남의 눈도 의식되고 나 자신의 의지와 확신도 필요합니다. 또 여러 가지 주변 환경도 고려해야 하고 이것저것 신경 써야 할 일이 늘어나는 것이 새롭게 주어진 고민거리가 되곤 하지요.

'그러나 얼마 만에 해보는 나만을 위한 고민인가!' 하며 새로운 행복을 느낍니다.

하브루타는 어느새 제 삶 깊숙이 자리 잡고 있어요. '시작이 반'이라는 말을 증명이나 해주듯 하브루타로 인해 삶의 각도를 조금씩 틀기 시작하여 지금은 꽤 방향을 틀었습니다. 차 안에서, 가족들과 TV 볼 때, 카페에서 수다 떨 때, 감명 깊게 읽었던 책이나 영화를 볼 때 하브루타는 저의 일상으로 스며들었어요. 자신을 바꾸는 일로 서서히 시작했던 하브루타가 이제 생활 속에 함께하게 된 것입니다.

요즘도 저는 세 아이를 데리고, 때로는 남편과 함께, 때로는 이웃집의 학년이 다른 10명의 아이들과, 학교 학부모들과 함께 하브루타를 꾸준히 하고 있어요. 하브루타를 통해 초심을 잃지 않고 앞으로도 변함없이 꾸준히 노력하여 좋은 엄마 선생님으로 계속 활동하고 싶습니다.

# 마음이 끌리는 책으로 시작하자 : 하브루타의 첫 책 선택

학교 내의 학부모 독서하브루타 동아리로 시작한 저의 하브루타는, 독서하브루타 지도사 과정을 신청하면서 학생들에게 수업할 수 있는 기회까지 얻게 되었어요. 설렘과 두려움이 뒤섞인 긴장감을 안고 했던 첫 수업! 학생들이 예상치 못한 다양한 질문을 마구 쏟아내 주어서 '역시 독서하브루타구나!' 하고 마음속으로 뿌듯함을 느끼며 수업을 마칠 수 있었습니다.

그래서 두 번째 수업은 좀 더 수준 높은 독서하브루타를 맛보여 주고 싶은 욕구로 가득했지요. 게다가 두 번째 수업으로 준비한 책은 수업 연구를 함께하는 동아리 내에서 '독서하브루타 하기 정말 좋은 책'이라고 손꼽은 책이었기 때문에 더욱 의욕이 불타올랐어요.

동아리에서는 독서하브루타에 적합한 책들을 같이 선정해서 직접 하브루타를 해보며 수업 아이디어도 공유하고 연구합니다. 두 번째 수업의 책은 실수를 다른 관점으로 바라보게 해주는 마음을 키워주고 싶어 선정한 책이었어요. 동아리 모임에서는 책 내용에 나오는 '실수로 인한 다리미 자국'을 이용한 그림을 그리고 엮어 새로운 이야기를 만들어 보기로 했어요. 저는 지난 시간에 비슷한 게임을 하기도 했고 학생들이 하브루타를 잘 따라와 주었기 때문에 좀 더 심화된 내용으로 수업을 해보고 싶었어요.

그러나 질 높은(?) 수업 욕구에 비해 학생들이 흥미롭고 재미있게 하브루타를 할 수 있는 실천적 방법들을 찾아내기란 쉽지 않았지요. 그래서 이런저런 책들을 찾아보았지만 대부분 하브루타에 대한 전반적인 설명이나 이론 연구에 대한 것들이었어요. 그러던 중 동아리원의 추천으로 한 책을 읽게 되었는데 지금까지의 고민이 한 방에 날아가는 기분이었어요. 한 초등학교 수석 교사가 하브루타로 진행했던 실제 수업 내용을 엮어 놓은 책인데 하브루타를 수업에 적용하는 다양한 방법들이 구체적인 사례들로 나와 있었어요. 숨도 쉬지 않고 단숨에 책을 읽어가며 머릿속은 다음 수업의 구상들로 넘쳐났고 학생들과 즐겁게 수업하는 모습을 즐겁게 상상했지요.

드디어 부푼 마음으로 수업을 시작했어요. 그러나 책 읽기가 끝나자마자 수업이 꼬이기 시작했어요. 지난 시간에 서로 질문을 발표하겠다며 다투어 손을 들던 아이들이 마치 전혀 다른 아이들인 것처럼 두 눈을 껌벅거리며 질문 하나도 제대로 만들지 못했거든요. 수업은 독서하브루타의 핵심이자 시작인 질문 만들기가 잘 이루어지지 않으니 다음 활동들로 자연스럽게 연결되지 않아 어정쩡하게 끝나고 말았고요.

집으로 오는 내내 마음이 바닥으로 가라앉는 기분이었어요. 학습계획안을 읽고 또 읽고 머릿속으로 수업을 다시 재생해 보며 스스로 계속 질문했지요.

'어디서부터 잘못된 것일까? 수업 활동들은 노래도 부르고, 빙고 게임도 있고 재미있는 활동들인데… 책의 내용도 참신하고 생각할 내용들도 많은 책인데….'

안타까운 마음에 하루를 꼬박 질문하고 생각하고, 질문하고 생각하기를 반복하다 보니 드디어 그 답을 찾을 수 있었어요. 그간 수업에만 몰두하여 학습 방법만 찾으려고 애썼을 뿐, 그 책을 읽고 나서 스스로 하브루타를 해보지 않았던 거예요. 그걸 깨닫고 나니 한 가지 더 솔직한 마음이

들었어요. 사실, 저에게는 그 책이 썩 마음에 와 닿지 않았거든요. 분명히 정말 좋은 내용의 책이고 하브루타를 적용하기에도 적합한 책이었지만 왠지 모르게 끌리지 않고 수업을 준비하면서도 마음속에 뭔가 꺼림직함이 남아 있었는데 바로 그 점 때문이었어요.

대부분 엄마들이 처음으로 독서하브루타를 시작할 때, 어떤 책을 선택할지가 가장 첫 번째 고민이 될 듯해요. 상을 받은 책, 유명 작가의 책, 추천받은 책 등등 많은 훌륭한 책들이 있지만 하브루타를 시작하는 단계이거나 하브루타가 어렵다고 느껴진다면 내 마음이 끌리는 책, 아이가 재미있어 하는 책부터 시작하는 것이 좋아요. 하브루타는 질문을 통해 자신의 생각을 표현하고 다른 사람과 생각을 나누는 일이에요. 그래서 다른 어떤 책보다 내 마음과 통하는 책이라야 더 많은, 더 깊은, 더 진솔한 질문을 할 수 있고 그런 질문이 바로 하브루타의 시작이거든요.

물론 하브루타를 하다 보면 나는 별 느낌을 받지 못했던 책이 다른 사람의 생각을 통해 예상치 못한 감동을 주는 경우도 있고, 같은 책으로 하브루타를 하더라도 누구와 하느냐에 따라 전혀 다른 책이 되는 경우도 많아요(하브루타에 빠질 수밖에 없는 여러 매력 중 하나지요).

마음이 끌리는 책을 정했다면 다른 사람들과 하브루타를 하기 전에 자신과 먼저 하브루타를 해보세요. 하브루타를 통해 책을 다르게 바라볼 수 있게 되고 다른 사람과 나누고 싶은 생각들도 더 많아질 거예요. 또, 아이들과 재미있게 하브루타를 할 수 있는 나만의 아이디어들도 생겨나게 될 거예요. 그러니 너무 어렵게 생각하지 말고 우선 엄마부터 마음이 끌리는 책으로 하브루타를 시작해 보세요.

# 주인공에게 말을 걸어 볼까?: 질문을 쉽게 만드는 방법

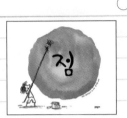

## 《점》

피터 H. 레이놀즈 글·그림 | 김지효 옮김 | 문학동네어린이

미술 시간이 싫었던 베티.
흰 종이에 화풀이 하듯 점 하나를
내리 꽂아 제출해요.
이름도 안 쓴 점 그림에 선생님은 이름을 쓰라고 하셨고,
그 점 그림은 다음날 액자에 걸려 전시되었죠.
그때부터 베티의 점들은 멋진 예술 작품으로 변화하게 돼요.

큰아이 우현이가 초등학교에 입학한 후, 학부모 강의를 통해 하브루타를 만났어요. 부끄럽게도 하브루타를 만나기 전에는 나를 위해 읽는 책이 거의 없었고, 아이들이 책을 읽어 달라고 할 때마다 속으로는 아주 싫었지만 '부모는 책을 읽어 주어야 한다'는 의무감으로 마지못해 책을 읽어 주었죠.

책을 가까이 하지 않던 저에게 책은 그저 의무였고 하기 싫은 부담의 대상이었어요. 책 읽기는 저에게 절대 재미있는 행위가 아니었지요. 독서하브루타를 시작하게 된 것도 딱히 책 읽기가 좋아서 한 것은 아니었어요. 아이와 끊임없이 소통하게 해주는 것, 그 점이 너무 매력적으로 다가와 시작하게 된 거였어요.

6개월 동안 동아리원들과 함께 하브루타에 대한 이야기를 나누고 생각을 나누고, 드디어 책으로 하브루타를 시작하게 되었어요. 첫 번째 시작은 책을 읽고 질문을 만드는 것이었는데 너무 어려웠어요.《괴물들이 사는 나라》를 읽고 드디어 시작!

"자, 이제 질문 만들기를 해볼까요?"

'질문을 만들라니?'

저의 머릿속은 하얘졌고 애꿎은 볼펜 돌리기만 계속되었죠. 아주 어렵게 질문을 하나 만들었어요.

'괴물들은 왜 화가 났을까?'

부끄럽지만 제가 적어 놓은 질문으로 우리 동아리원들은 깊이 있는 토론을 해주었고 또 생각을 나누어 주었어요. 제 질문으로 생각을 나눌 수 있다는 것이 고마웠죠. 하지만 '질문을 잘 만들고 싶다'는 고민은 항상 숙제로 남았어요. 하브루타 안에서 질문 만들기는 저에게 넘어야 할 큰 산처럼 느껴졌어요. 그리고 그 산을 꼭 넘어 보고 싶었죠. 그건 질문 만들기를 해보지 않은 우리 아이들에게도 마찬가지였어요.

'어떻게 하면 질문 만들기를 좀 더 쉽게 할 수 있을까?'

'재미있게 질문 만들기를 할 수 있는 방법은 없을까?'

이런저런 고민 끝에 찾은 저의 질문 만들기 방법은 '주인공에게 말을 걸어 볼까?'였어요. 그러자 자연스럽게 질문이 생각났어요. 제가 주인공에게 말을 건넨 첫 책은 피터 H.레이놀즈의 《점》이에요.

'주인공 베티에게 말을 걸어볼까?' 하면서 인상 깊게 보았던 장면을 보고, 하고 싶은 말을 쭉 적어 보았어요. 먼저 주인공 베티에게 질문을 해보았지요.

Q. 베티야, 왜 화가 났니?

Q. 무엇이 하고 싶니?

Q. 다른 친구들은 모두 어디로 갔니?

Q. 네가 그림을 그리지 않은 이유는 뭐니?

Q. 너의 장점은 뭐니?

Q. 나는 하고 싶지 않은 일을 할 때, 무엇을 어떻게 하고 있나?


다음엔 선생님에게 말을 걸어 보았어요.


Q. 선생님은 왜 베티의 행동을 보고 화를 내지 않았을까?

Q. 선생님의 웃음의 의미는 무엇일까?

Q. 선생님은 점이 찍힌 도화지를 보고 무슨 생각을 했을까?

Q. 내가 선생님이었다면 베티에게 어떻게 행동했을까?

Q. 관심 없고 하기 싫어하는 친구를 앞에 두고 나는 어떤 행동과
말을 할까?


다시 베티에게 질문을 던져 보았어요.


Q. 베티야, 너는 점을 그리면서 무슨 생각이 들었니?

Q. 점은 너에게 어떤 의미니?

Q. 네가 그린 점을 보면 너는 어떤 기분이 드니?

Q. 너는 미술 시간이 어려운 아이들에게 어떤 말을 할 것 같아?

Q. 베티에게 본받을 점은 무엇이 있을까?

질문을 쭉 적으면서 '아차!'했어요. 얼굴이 달아오르는 것을 느꼈지요. 부끄러운 마음이 들었거든요.

'고집대로 하고 싶어 하는 아이에게 나는 어떻게 대하고 있었나?'

'나는 우리 아이에게 어떻게 말했었지?'

아이들에게 너무 미안한 시간들이 머릿속을 스쳐 지나갔어요. 아이들이 싸울 때 무조건 화만 내는 저를 발견하게 되었죠. 조금만 짜증나도 신경질을 부렸고요. 아이들이 조금만 실수를 해도 역정을 내는 자신을 발견하게 되었어요.

'아이들은 무조건 엄마 생각대로 따라 해야 하는 걸까?'

엄마가 생각한 대로만 아이가 움직여야 하는 건 아닌데, 저는 왜 그 상황이 되면 무조건 "해!" 혹은 "안 돼!"로만 대답했을까요?

점점 더 아이들에게 미안한 마음이 들었어요.

"우현아, 래현아, 엄마가 미안해."

아이들은 갑작스러운 사과의 말에 당황했나 봐요.

"왜? 엄마, 왜 미안하다고 하는 거야?"

"응, 책을 읽으면서 엄마가 너희들한테 미안한 마음이 들었거든."

"아, 그랬구나. 괜찮아요."

독서하브루타의 과정에서 그동안 꿈꿔 온 엄마와는 전혀 다른 모습의 나를 발견하고는 '그러지 말아야지' 하는 생각이 자연스레 들었어요. 주인공에게 질문을 던지면서 알게 된 그림책 《점》이 말해 주는 칭찬과 긍정의 힘 그리고 인내, 아이들의 무한한 가능성이 마음에 더욱 와 닿아요. 그냥 서평을 읽고 이해하는 것과는 또 다른 느낌이죠.

그림책에서 나를 발견할 때 그 책은 나의 이야기가 돼요. 독서하브루타도 그때부터 또 다른 의미가 되지요. 선생님이 베티의 모습, 즉 있는 그대로의 아이로 보아 준 것처럼 나도 아이들을 있는 그대로 바라보게 되는 것, 베티가 무심코 찍은 점이 멋진 작품이 되는 것처럼 우리 아이들의 움직임이 모두 의미 있게 다가오게 되는 것 말이에요.

질문을 나누는 행위 자체가 책을 읽어주는 엄마에서 생각을 나누는 엄마가 되게 합니다. 독서하브루타를 2년 동안 했는데 큰아이는 아직도 질문 만드는 것을 어려워하고 싫어해요. 하지만 엄마가 아이들의 말을 잘 들어줄 준비가 되어 있다는 것, 여유롭게 바라보고 있다는 것 자체가 우리 아이들에게 큰 의미로 다가오는 듯 합니다. 저는 아이들이 질문을 해주는 그때를 기다리기만 하면 돼요.

우현이가 아침에 일어나자마자 "엄마, 내가 꿈을 꿨는데~" 하면서 자기가 꾼 꿈 이야기를 시작해요. 예전 같으면 별 관심도 없이 "그냥 개꿈이야"라고 대답했을 텐데 "우와! 진짜 재미난 꿈을 꿨네. 또 재미난 꿈 꾸면 이야기해 줘"라고 대답했어요. 정말로 우현이의 다음 꿈 이야기가 궁금해졌어요. 질문쟁이 둘째는 나에게 "지구는 뭐야?" "아프리카 사람은 왜 까매?" 하며 폭풍 질문을 쏟아내요. 조잘조잘 거리는 입이, 생각이 쏟아져 나오는 그 머리가 너무 사랑스러워요.

하브루타를 하고 나면 화로 가득 차 잔뜩 부풀어 있던 마음에 편안한 휴식을 주는 느낌이 들어요. 독서하브루타는 이제 나를 천천히 변화시키고 있어요. 아이들이 저에게 말을 건네고 질문하는 그 시간이 이제는 정말 기대가 되고 행복한 순간이 되었습니다.

## CHAPTER 2

# 엄마들과
# 함께하는 하브루타

질문들은 매우 단순하지만 이것으로 생각 나누기를 하다 보면 상대방의 가치관도 보이고, 인생의 희로애락에 관한 이야기도 들을 수 있어요. 멋진 카페에서의 수다보다 학교 꿈나눔터에서의 독서하브루타가 더 즐거운 이유가 여기에 있어요. 단순한 질문이지만 누군가의 인생을 함께 나누기에 충분한 질문이 아닐 수 없죠.

# 함께 생각 나누기 좋은
# 하브루타

## 단어로 하브루타 해볼까? : 단어하브루타의 즐거움

### 《오늘 내 기분은…》

**메리앤 코카-레플러 글·그림 | 김영미 옮김 | 키즈엠**

이 책은 다양한 기분을 표현하는 단어들을 소개하
고 있어요. 어떤 기분에 어떤 표현을 해야 할지 잘
알려줍니다.
주인공 테오는 체크무늬 조끼를 입고 있어요. 하나
의 단어로 표현할 수 없는 감정을 체크무늬의 여러
가지 색깔로 표현하고 있지요. 그러다가 다시 감정에 맞는 여러 색깔 옷으로 갈아입기
도 해요.

'독서하브루타는 나에게 무엇일까'에 대해 생각하다 보면 저는 김춘수의 〈꽃〉이 떠오릅니다. 도서관에 꽂혀 있는 수많은 그림책들은 그저 잘 그린 그림과 잘 쓴 글이지요. 하지만 독서하브루타를 하고 나면 그 책은 나에게 와서 '의미 있는 무엇'이 됩니다. 그 의미 있는 무엇이 된 책 중 하나가 《오늘 내 기분은…》이에요.

이 책은 2017년 《초등학교 국어》교과서 2-1 (가)에 수록된 책인데, 어른이나 아이나 독서하브루타를 시작하기에 매우 좋은 책입니다.

첫 번째로 좋은 이유는 책의 면지에 나열되어 있는 '슬퍼', '지루해', '즐거워', '뿌듯해' 등의 단어로 질문 만들기가 수월하기 때문이에요. 두 번째는 질문을 만들다 보면 평소에 들여다보지 않던 자신의 감정을 볼 수 있기 때문이지요. 마음속 깊숙한 곳에 있는 감춰진 나와 만나게 되는 특별한 경험이 생기기도 하거든요. 세 번째는 그 단어들이 감정 상태에 관한 단어들이라 만들어진 질문으로 생각 나누기를 하다 보면 독서하브루타 구성원들 간에 자연스럽게 유대감이 형성되기 때문이에요.

이 책으로 처음 독서하브루타를 시작한다면 면지에 있는 감정 상태 단어들로 질문 만들기를 권해봅니다.


### '슬퍼' 단어로 질문 만들기

Q. 너는 언제 가장 슬프니?

Q. 최근에 가장 슬펐던 기억은 무엇일까?

Q. 우리 아이는 언제 가장 슬플까?

Q. 내 슬픔의 가장 큰 이유는 무엇일까?

### '기뻐' 단어로 질문 만들기

Q. 내가 가장 기쁠 때는 언제일까?

Q. 네가 가장 기쁠 때는 언제일까?

Q. 너의 인생에서 최고로 기뻤던 때는 언제였을까?

Q. 나의 기쁨을 나눌 수 있는 방법은 무엇일까?


이 질문들은 매우 단순하지만 이것으로 생각 나누기를 하다 보면 상대방의 가치관도 보이고, 인생의 희로애락에 관한 이야기도 들을 수 있어요. "내가 가장 기뻤을 때는 아이를 낳았을 때"이고 "지금 내가 가장 즐거운 시간은 하브루타를 하는 시간"이라는 말도 들었어요. 그리고 "내가 가장 슬펐을 때는 아버지가 돌아가신 날"이었고 "지금 우리 아이는 엄마가 화 내는 순간이 가장 슬플 것"이라는 말들도요.

멋진 카페에서의 수다보다 학교 꿈나눔터에서의 독서하브루타가 더 즐거운 이유가 여기에 있어요. 단순한 질문이지만 누군가의 인생을 함께 나누기에 충분한 질문이 아닐 수 없죠.


### '즐거워' 단어로 질문 만들기

Q. 느낌 : 지금 이 순간이 즐겁니?

Q. 유추 : 행복은 가랑비에 옷 젖듯 자주 반복적으로 경험해야 느낄 수 있다고 하는데, 오늘을 행복하게 사는 것은 미래를 망치는 일일까? 도움이 된다면 어떤 도움이 될까?

Q. **비교** : 몸이 즐거운 것과 마음이 즐거운 것은 어떻게 다를까?

Q. **가정** : 지금 즐겁지 않다면 어떻게 하면 즐거울 수 있을까?

Q. **상대방의 의견을 묻는 질문** : 너는 지금 즐겁니?

Q. **적용** : 내가 가장 즐거울 때는 언제일까?

Q. **논쟁을 위한 질문** : 즐거움이란 항상 긍정적인 감정일까? 나에게는 즐거움인데 다른 사람에게는 즐거움이 아닌 것에는 어떤 경우가 있을까?

Q. **분석적이고 탐구적인 질문** : 인간은 태어날 때부터 즐거움을 느낄 수 있을까? 아니면 자라면서 배우는 걸까?

Q. **대안을 찾는 질문** : 나의 즐거움을 다른 사람과 공유할 수 있는 방법에는 무엇이 있을까?

Q. **종합적인 질문** : 즐거운 감정을 많이 느끼는 사람은 그 감정이 인생에 어떤 영향을 미칠까?

동아리원들과 독서하브루타를 해보기 전날, 저는 이 책으로 집에서 혼자 질문 만들기를 해보았어요.

그리고 나서 다음날 같은 책으로 동아리원들과 독서하브루타를 해보았어요. 질문 중 신선하게 다가온 질문들을 소개합니다.

Q. 모든 상황이 준비되면 행복할까?

Q. 나는 아들을 보면 왜 화가 날까?

Q. 질투가 좋은 방향으로 발전된 경험이 있을까?

Q. 질투라는 감정을 다스리는 방법에는 무엇이 있을까?

Q. 질투를 그대로 받아들이는 편인가, 외면하는 편인가?

Q. 현재의 나에게 질투를 느끼는 사람도 있을까?

Q. 즐거움의 시간은 얼마나 유지될까?

Q. 두려움을 알고 나면 두렵지 않을까?

Q. 질투는 부러움에 무엇을 더한 감정일까?

Q. 더 행복해지기 위해 더해야 할 것과 빼야 할 것은 무엇일까?

Q. 두려움을 해결하고 나면 또 다른 두려움이 생기지는 않을까?

Q. 자존감이 높은 사람은 부정적인 감정이 덜 생길까?

Q. 감정의 주체는 타인인가, 나 자신인가?

Q. 나의 감정을 어느 정도까지 남에게 표현하는 것이 좋을까?


확실히 여러 사람이 만든 질문에는 훨씬 깊이 있는 것들이 많이 보여요. 혼자만의 생각에 갇혀 있다가 열 사람의 생각이 모이면 훨씬 풍성하고 다양해진다는 것을 오늘 또 느끼게 됩니다.

생각 나누기는 어떤 기술이 필요한 건지 궁금한가요? 하지만 그 질문은 질문 만들기를 수십 번 해본 이후로 미뤄두어도 괜찮을 것 같아요. 질문 만들기를 오랫동안 연습하다 보면 자연스럽게 질문에 깊이가 생기고, 깊고 다양한 질문으로 생각 나누기를 하다 보면 요령은 전혀 필요하지 않다는 걸 경험하게 되거든요.

다양한 질문을 가지고 생각 나누기를 하는 것은 너무도 자연스러운 과정이 됩니다. 생각 나누기를 하는 동안 편견과 오만을 버리고, 다양한 사람들의 생각을 받아들이는 시작점에 서 있는 자신을 발견하게 돼요.

이 글을 읽는 분들도 책 읽기를 멈추고 자신을 향해 질문을 던져 보면 좋겠어요. 다음은 위의 질문 중 대표질문입니다.

Q. 질투를 그대로 받아들이는 편인가, 외면하는 편인가?
Q. 더 행복해지기 위해 더해야 할 것과 빼야 할 것은 무엇일까?

**'질투를 그대로 받아들이는 편인가, 외면하는 편인가?'에 대한 생각 나누기**

"나는 그동안 누군가에게 느낀 질투라는 감정을 받아들이지 않으려고 외면하고 있었어요"라는 말을 들었습니다. 하지만 이것은 저에게는 너무나 낯선 이야기였어요. 저는 너무 외향적인 성격이라 질투라는 감정이 생소하게 느껴졌어요. 감정 단어 속에서 미처 인식하지 못했던 저를 만나게 된 것이지요. 당분간 질투라는 단어를 옆에 두고 좀 곱씹어 봐야겠다는 생각이 들었어요. 내 마음속 어딘가에 있지만, 스스로도 모르고 함께 지냈을 '질투'라는 녀석을요.

**'더 행복해지기 위해 더해야 할 것과 빼야 할 것은 무엇일까?'에 대한 생각 나누기**

빼야할 것은 '몸무게, 집안의 물건, 시댁', 더해야 할 것은 '건강, 돈, 행복, 자존감'이라는 의견을 내놓았어요.

빼야할 것에 대해 언급한 단어 하나하나마다 얼마나 많은 의견이 나왔을지 한번 상상해 보세요. '시댁'이라는 단어에 여기저기서 "악!!" 하고 비명이 이어졌죠. 왜 그랬는지는 상상에 맡기겠습니다.

또, 더해야 할 것들이 나에게 모두 생긴다고 상상해 보았어요. '건강과 돈, 행복과 자존감이 모두 생긴다면 나는 과연 무엇을 하며 시간을 보내고 있을까?' 하는 생각만으로도 너무 흐뭇했어요.

사랑이 엄마는 이 모든 것들이 생긴다면 무엇을 하며 시간을 보내겠어요? 저는 그래도 독서하브루타를 하고 싶어요. 집 근처에 건물을 하나 지어 1층에는 책과 커피가 있는 공간을 만들고, 2층에는 강연과 하브루타를 할 수 있는 공간을 만들고, 3층부터 꼭대기 층까지는 임대를 해주는 거죠. 그래서 뺄 것보다 더하고 싶은 것이 더 많은 긍정적인 마음을 가진 이들과 독서하브루타를 계속하고 싶어요. 오늘처럼 글쓰기도 하면서 말이죠.

# 생각 나누기의 놀라움 : 다양한 생각을 있는 그대로 인정하기

## 《돌멩이 수프》

아나이스 보즐라드 글 | 최윤정 옮김 | 파랑새어린이

배고픈 늑대가 어깨에 자루를 메고 마을을 향해 내려갑니다. 늑대는 닭의 집으로 들어가 돌멩이 수프를 끓여주겠다고 합니다. 이 모습을 지켜본 돼지는 걱정이 되어 닭의 집에 찾아가지요. 그 다음에는 거위, 말, 양, 염소, 개까지 닭의 집으로 찾아가요. 계속해서 찾아오는 동물 친구들과 늑대. 긴장감이 감돌지만 결국 수프가 다 끓고 나자, 모두 함께 돌멩이 수프를 나누어 먹습니다.

독서하브루타를 시작한지 얼마 되지 않은 어느 날. 우리는 집에서 아이들과 《돌멩이 수프》를 읽고 독서하브루타를 하고, 모여서 다시 같은 책으로 어른들끼리 독서하브루타를 하기로 했어요. 집에서 아이들과 제가 책을 읽고 함께 만든 질문을 소개할게요.

Q. 네가 닭이었다면 늑대가 문을 두드렸을 때 열어주었을까?

Q. 닭은 문을 열어 준 것을 후회했을까?

Q. 늑대는 정말 닭을 잡아먹을 생각이 없었을까?

Q. 늑대는 왜 돌멩이를 다시 싸가지고 갔을까?

Q. 나만의 상상 수프는 무엇일까?

Q. 닭은 평소에 마을 동물들과 친하게 지냈을까?

"늑대는 왜 돌멩이를 다시 싸가지고 갔을까?"라는 저의 질문에 예진이는 "다음에 다시 놀러 오려고요"라고 대답했어요. 서진이는 "아니죠. 이 마을에서 동물을 못 잡아먹었으니 다른 마을에 가서 동물을 잡아먹으려고 싸가지고 가는 거예요"라고 다른 생각을 제시했지요.

그래서 제가 "그럼, 이 마을에서는 왜 동물을 못 잡아먹었을까?" 하고 다시 질문을 던졌어요. 그러자 이번에는 아이들이 동시에 "그거야 다른 동물들이 자꾸 찾아오니까 잡아먹을 수가 없지요"라고 대답했어요.

다시 질문을 합니다. "그런데 동물들은 왜 자꾸 닭의 집에 찾아 왔을까?" 그러자 아이들은 "닭은 친구가 많은 것 같아요"라고 한참 만에 대답했어요. "아~ 그랬구나. 그럼 닭은 왜 친구가 많을까?" 하고 묻자 한 아이가 "닭이 평소에 다른 동물들한테 친절하게 대해주지 않았을까요?"라고 갸웃하며 말했어요. 저는 다시 "평소에 친절하게 대해주면 친구가 많아?"라고 물었지요. 아이들은 "네. 그럼요!"라고 활짝 웃으며 대답했어요.

저는 질문을 계속 던지고, 아이들은 질문에 답을 하면서 생각 나누기를 합니다. "늑대는 왜 돌멩이를 싸가지고 갔을까?"라는 단순한 질문으로 생각 나누기를 했는데 '친절하게 대해주면 친구가 많아진다'는 사실까지 생각이 닿은 것이지요.

다음날, 동아리원들과 함께 모여 독서하브루타를 합니다. 우선 내용 파악 과정으로 책 속 그림 중에서 보물찾기를 합니다.

보물찾기 내용들과 함께, 독서하브루타를 하면서 우리가 만든 질문들을 소개해 드릴게요.

보물1 동물들은 의자에 앉아 식사를 하고, 와인 잔에 와인을 마시며, 수프를 먹고 있는 모습이 있어요. 동물조차도 서양식 문화 속에 젖어 있는 모습이 너무 재미있어요.

보물2 늑대의 눈빛 표현과 등장하는 모든 동물들의 눈동자는 동물들의 심리를 재미있게 드러내 줍니다. 이야기를 이끌어가는 요소로 작용하고 있기도 하고요.

보물3 나쁜 남자한테 끌려 본 적 있나요? 동물의 눈빛 중 최고는 마지막 부분에서 양이 늑대를 바라보는 눈빛이에요. 어쩌면 양이 늑대에게 반한 것일 수도 있다는 생각이 들었어요.

그림책에서 나쁜 남자에게 끌리는 여자의 심리를 찾아내는 순간, 한바탕 웃다가 다시 질문 만들기를 합니다.

Q. 늑대가 닭의 집에 들어 온 이후, 아무도 오지 않았다면 닭은 어떻게 되었을까?

Q. 닭이 위험에 처했을 때는 도우러 오는 동물이 많았는데, 내가 어려울 때 나를 도와줄 수 있는 친구는 얼마나 될까?

Q. 만약 호랑이(다른 동물)가 방문했다면 닭은 문을 열어 주었을까?

Q. 닭은 문을 열어 준 것을 후회했을까?

Q. 늑대는 왜 처음으로 닭을 찾아갔을까?

Q. 돌멩이 수프는 어떤 맛이었을까?

Q. 늑대는 왜 닭을 바로 잡아먹지 않고 수프를 끓이느라 시간을 지체한 걸까?

Q. 늑대는 정말 나쁜 동물일까?

Q. 왜 하필 돌멩이 수프일까?

Q. 늑대가 문을 두드리지 않았다면 어떤 방법으로 닭의 집에 들어갔을까?

Q. 닭은 늑대에게 문을 열어 주었을 때 어떤 마음이었을까?

Q. 면지에 있는 연기 나지 않는 굴뚝은 무엇을 의미하는 걸까?

Q. 늑대는 자기가 끓인 수프를 먹었을까?

Q. 등장하는 동물 중 가장 용기 있는 동물은 누구일까?

혼자 만든 질문은 단순하지만, 함께 모여 만든 질문은 다양하고 풍성합니다. 이제 질문에 대해 생각 나누기를 한 내용을 들려 드릴게요.

동아리원들이 각자의 집에서 "네가 닭이었다면 늑대가 문을 두드렸을 때 열어 줄 것 같니?"라는 질문을 아이들에게 해보았어요. 이 질문을 하면서 엄마의 가슴은 두근두근합니다. 왜냐하면 우리 일상에서는 엄마가 집에 없을 때 낯선 사람이 문을 두드리면 문을 열어 주지 말아야 한다고 가르쳐 왔거든요.

1학년 엄마의 이야기가 전개됩니다. 과연 아이가 문을 열어 줄까, 말까 하고 가슴을 졸이고 있는데 아이가 선뜻 문을 열어 주겠다고 대답했답니다. 엄마는 난감한 표정을 지었지요. 《빨간 모자》에 나오는 늑대처럼 이 책에 나오는 늑대도 닭을 잡아먹으려고 찾아 온 게 분명한데, 아이는 늑대의 말을 믿고 덜컥 문을 열어준다고 했으니 말입니다.

이 시점에서는 아이와 어떻게 생각 나누기를 해야 할까요? 먹이 사슬에 대한 설명을 해야 할까요? 아니면, 위험에 대한 경고를 할까요? 혹은 아이의 무한한 상상력을 가로막지 않는 재미난 이야기 만들기를 해야 할까요?

여기서 다른 가족들이 똑같은 질문으로 아이들과 생각 나누기를 한 내용도 들려 드릴게요.

1학년 아이는 돌멩이 수프가 뭔지 너무 궁금해서, 돌멩이 수프를 함께 끓여 먹으려고 문을 열어 준다고 했어요. 그러자 3학년 아이는 "문을 열어 주면 안 되지. 늑대한테 꿀꺽 잡아 먹히고 말걸"이라고 했다지요. 그걸 본 2학년 아이는 "엄마, 어떻게 해야 해?" 하고 엄마에게 되물었다고 하고요.

이 질문에 대해 아이들과 생각 나누기를 한다면 어떻게 하면 좋을까요? 아이들의 질문에 어떻게 다시 질문을 하면 좋을까요? 생각 나누기를 하다 보면 우리는 종종 이런 갈등에 휩싸입니다.

우리는 싱겁고 짧게 끝날 것만 같던 질문에 대해 의외로 격렬한 논쟁을 했습니다. 20여 분간의 논쟁 끝에 우리의 머릿속에 정리된 생각들은 이런 것들입니다.

'저자가 이 책을 통해 아이들에게 전달하려는 것은 먹이 사슬에 대한 교육이 아니었구나. 편견과 선입견을 갖지 않고 이웃과 잘 어울려 살면 어려움을 극복할 수 있고, 의도하지 않은 행복도 얻을 수 있다는 걸 알려 주고 싶었던 거야.'

독서하브루타를 하면서 우리는 아이들에게 특정한 교훈을 전달하려는 의도를 가지고 접근하는 것조차 지양해야 한다는 생각을 하게 되었어요. 그리고 생각 나누기를 하면 왜 생각이 깊고 다양해지는지를 경험하게 되었어요.

그러다 우리가 또다시 발견한 '생각 너머 생각들'입니다.

- 늑대는 파티를 열러 온 산타입니다. 산타처럼 보따리를 메고 있는 그림이 있고, 마을 동물들이 모여 파티를 열게 해주었으니까요.
- 늑대는 거지입니다. 돌멩이를 끓여 따뜻하게 데워서 꼭 안고 잘 거예요.
- 늑대는 교사입니다. 돌멩이 수프에 넣으려고 한 재료들을 잘 받아서 사용해 주었기 때문이죠.

독서하브루타의 묘미는 '이 생각들 중 무엇이 정답일까?'에 대해 생각하는 것이 아니라, 늑대에 대해 더 다양한 정의를 내려보는 것입니다.

그러다 또 이런 질문을 던져요.

"만약 닭이 평소에 다른 동물들과 사이좋게 지내지 않았다면, 다른 동물들은 닭의 일에 관심을 기울이지 않았을 거야. 그렇다면 나는 지금 누군가에게 좋은 이웃이 되고 있을까?"

그러자 대부분 반성의 말이 이어집니다.

그러다가 우리는 다시 '현대 사회에서 좋은 이웃이란 뭘까?', '우리는 어떻게 하면 좋은 이웃이 될 수 있을까?'에 대한 생각 나누기를 또 시작해요. 이렇게 2시간의 독서하브루타는 짧기만 합니다.

# 여러 사람과 생각 나누기를 하면? : 함께 육아 방법 찾기

## 《꿀벌 나무》

패트리샤 폴라코 글 · 그림 | 서남희 옮김 | 국민서관

책을 읽기보다 밖에 나가서 놀고 싶어 하는 초롱이. 할아버지는 초롱이에게 꿀벌 나무를 찾아가자고 합니다. 초롱이와 할아버지는 벌들을 쫓아가며 꿀벌 나무를 찾아나서고 마주치는 동네 사람들이 모두 함께 따라가지요. 결국 그들은 꿀벌 나무를 찾아내고 할아버지는 모두를 집으로 초대해 가져온 벌꿀로 파티를 열었어요.

조용히 초롱이를 부른 할아버지는 책에 꿀을 얹어 맛을 보라고 해요. 그러고는 책 읽기란 사람들이 꿀벌 나무를 찾기 위해 벌을 쫓아가듯 책장을 넘기며 그것들을 찾아가는 거라고 말해 줍니다.

사랑이 엄마! 우리가 금요일 저녁마다 아이들과 하브루타를 하게 된 계기가 궁금하죠? 그 이야기를 들려 드릴게요.

이번 동아리 모임 활동은 《꿀벌 나무》 책으로 정했어요. 미리 읽어보려고 책을 빌렸는데 그림이 눈에 띄지도 않았고, 내용도 어디선가 들어본 유대인의 교육방식인 '책 속에는 꿀처럼 달콤한 내용들이 있고, 그건 저절로 얻어지는 것이 아니다'라는 익숙한 교훈을 담고 있어 별다른 질문도, 생각도 나지 않는 특별할 것 없는 책이었어요.

그런데 이 책도 혼자 읽었을 때와는 다르게 동아리원들과 질문 만들기와 생각 나누기를 하면서 시큰둥했던 생각이 완전히 변했고, 이야기할 내용이 무궁무진한 '완전 소중한 책'이 되었어요. 여럿이 생각을 모으다 보면 사고가 확장하며 쫙 펼쳐지기도 하고, 깊이 있게 들어가기도 하면서 서로가 각자 다른 생각을 가졌다는 사실이 얼마나 재미있게 느껴지는지 몰라요. 다양한 생각들이 많을수록 생각 더하기를 통해 더 큰 덩어리가 된다는 것을 다시 한 번 느꼈어요.

절대 혼자서는 만들 수 없는 덩어리…. 이것이야말로 '함께의 힘'이 아닐까요. 우리는 먼저 한 명씩 돌아가며 책을 읽었어요. 그림책을 읽다가 책 속 인물들에 대해 파악해 보기도 하고, 작가의 의도는 무엇일지 상상해 보았어요. 아이들과 할 때는 시간이 길어지면 재미가 떨어지기 때문에 주로 짧게 내용 파악을 하고 생각 나누기에 초점을 둡니다. 하지만 어른들끼리 할 때는 긴 시간도 재미있어서, 그림과 내용을 가지고 자유롭게 이야기하며 내용 파악을 통해 생각을 열어요. 그러고 나서 내용 파악을 하고 다함께 질문 만들기를 했지요.

그중 재미있는 질문들을 소개할게요.

Q. 다 함께 꿀벌 나무를 따라갔는데 꿀벌 나무가 없다면 사람들은 어떤 반응일까?

Q. 나에게 책은 무슨 맛일까?

Q. 책 읽는 즐거움을 알게 해줄 다른 방법은 무엇일까?

Q. 아이들의 '함께! 즐겁게!' 하는 책 읽기를 어른들이 만들어 줄 수 있는 방법은 무엇일까?

Q. 꿀벌 나무를 외쳤을 때 함께 뛰어간 어른들의 마음은 무엇일까?

Q. 꿀벌 나무를 찾아갈 때 어른들이 함께 적극 동참하는 것을 보고 초롱이는 어떤 기분이 들었을까?

Q. 초롱이는 그 후 책 읽는 것을 좋아했을까?

Q. 주변사람들과 함께 육아를 한다면 어떤 방식이 있을까?

Q. 유대인의 또 다른 생활 교육방식에는 어떤 것이 있을까?

처음에는 질문이 잘 떠오르지 않았지만 단순한 질문을 끄적이다 보니, 점점 깊이 있는 질문이 나와 더 재미를 느끼게 되고 몰입되면서 질문의 수가 점점 늘어나는 것을 느낄 수 있었어요. 질문을 만들면서 '내가 가만히 있으면 생각도 가만히 있고, 내가 움직이면 생각도 움직인다'는 것을 느끼게 되었지요.

이번에는 만든 질문을 가지고 둘씩 짝을 지어 생각 나누기를 했어요. 질문을 같이 공유하고 대표질문 하나를 선정해서요. 짝과 생각 나누기를 하다 보니 질문 내용이 더 정리되고 구체화되는 것을 느낄 수 있었어요. 그리고 짝의 질문을 통해 또 다른 방향으로 생각을 넓히고 다른 사람의 '생각 세상'에 들어가 보는 재미를 알게 되었지요.

하브루타의 매력은 대부분의 질문에 '정답이 없다는 것'과 서로의 생각에 대한 '긍정적인 피드백'이라고 생각해요.

동아리원들의 생각을 들으며 느낀 것은 '정말 기발한 사람들이다! 다양한 생각들이 너무 재미있다!'는 거예요. 늘 쏟아지는 생각들 속에서 재미있고 창의적이며 솔직한 생각들을 주워 담기 바쁘지요. 내일 이 책을 가지고 다시 생각 나누기를 하면 또 어떤 새로운 생각들이 나올지 궁금해져요. 가장 집중되었던 이야기는 엄마들답게 '공동육아'에 관한 내용이었어요. 먼저 공동육아의 개념에 대한 이야기부터 나누어 보았어요.

그리고 '공동육아는 모든 사람이 함께 돌보는 것'으로 우리만의 개념이 정리되었어요.

    Q. 우리도 공동육아를 하면 어떨까?
    Q. 우리가 공동육아를 한다면 어떤 방법이 있을까?


육아에 지쳐 있던 저에게 눈이 번쩍 뜨이는 질문들이었지요. 우리는 공동육아의 시도로 매주 금요일 저녁에 아이들과 하브루타를 하기로 했어요. 이 생각 나누기를 계기로 엄마 초보선생님들과 아이들의 수업이 시작되었습니다.

엄마 선생님들은 그림책으로만 수업을 하다가 차츰 각자의 전공을 살려 음악, 미술, 시, 영상 등 다양한 방식으로 하브루타를 하게 되었어요. 지금까지 함께할 수 있는 가정은 모여서 하브루타를 하고 있지요. 우리가 꾸준히 할 수 있었던 것은 역시 '함께'했기 때문이라고 생각해요.

엄마들도 아이들도 2년 가까운 시간 동안 함께하면서 서로 공감하고 협력하는 방법을 알아가고 있어요. 아이들은 감을 익혀서인지 마냥 장난치고 즐겁던 분위기에서 이제는 제법 진지하게 생각 나누기를 하고 있어요. 함께 즐거운 육아를 할 수 있는 방법을 알려준 《꿀벌 나무》야, 고맙다.

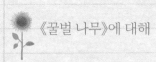

# 《꿀벌 나무》에 대해

금북초 5학년 김민서

저는 이 책을 쓴 패트리샤 폴라코의 그림을 아주 좋아해요. 이 그림의 색깔과 선들이 마음에 들고 왠지 고급스러운 느낌이 들어요. 그래서 패트리샤 폴라코가 쓴 다른 책도 찾아서 읽어 보았는데, 특히 《꿈꾸는 레모네이드 클럽》과 《고맙습니다, 선생님》을 가장 감명 깊게 보았어요. 그래서 엄마가 《꿀벌 나무》를 보여 주셨을 때 무척 반가웠어요.

책을 읽고 내용 파악을 하면서 사람들이 어떤 순서대로 따라갔는지 추리해 보는 것도 무척 흥미로웠어요. 특히 등장인물들의 이름이 참 독특한데 그림에서 그 인물을 찾아보는 것도 또 다른 재미를 주었어요.

책을 읽으면서 초롱이가 이 마을에서 할아버지와 함께 사는 것인지 아니면 방학이라 잠시 놀러온 것인지 궁금했어요. 저는 초롱이가 이 마을에서 산다고 생각해요.

왜냐하면, 초롱이가 이 마을 사람들의 이름을 다 알고 있기 때문이에요. 저는 책에 나오는 마을을 보고 처음에는 참 조용하고 평화로운 마을이라고 생각했는데, 꿀벌 나무를 찾으러 가는 길에 만나는 사람마다 다 같이 뛰어가고 옥수수밭까지 쓰러뜨리며 간 걸 보면 그렇게 조용하지만은 않은 것 같아요. 그래서 활기차고 재미있는 마을인 것 같다는 생각으로 바뀌었어요.

또, 꿀벌 나무를 찾아 아이들과 동네 어른들이 함께 적극 동참하고 흥겹게 마을 파티를 하는 모습을 보고는 '이 마을의 오랜 전통이 아닐까?'라는 생각을 했어요.

책을 보며 저도 이 마을처럼 이웃과 사이가 좋은 마을에서 살고 싶다는 생각이 많이 들었어요.

**질문 만들기**

Q. 벌을 잡을 때 위험하지 않았을까?

Q. 옥수수밭 주인은 사람들 때문에 옥수수가 쓰러져서 화가 나지 않았을까?

Q. 마을 사람들은 왜 하던 일을 멈추고 위험할 수 있는 일을 따라갔을까?

이 질문 중 저의 대표질문은 이것입니다.

Q. 마을 사람들은 왜 하던 일을 멈추고 위험할 수 있는 일을 따라갔을까?

대한민국 엄마표 하브루타

생각 나누기를 하면서 저의 생각은 이렇게 정리됐어요. 마을 사람들은 이 마을의 '아주 오래된 전통'으로 이어져 내려오는 축제의 날에 참석하기 위해 하던 일을 멈추고 갔을 거예요. 아이들이 뭔가 궁금해 하면 마을 사람들이 모두 함께 적극적으로 찾아보고 나누는 날이니까요.

내가 무엇을 하려고 할 때 주변 어른들이 이렇게 적극 함께해 준다면 정말 신날 것 같아요. 그런 마을 사람들의 모습은 지금 하브루타를 가르치는 엄마들이 우리와 함께하는 모습과 비슷하다는 생각도 들어요.

그리고 초롱이와 할아버지가 책에 대한 맛을 표현한 부분에서 저도 생각해 보았어요. 저에게 책은 무지개 맛입니다. 시기도 하고 달기도 하고 짜기도 하고… 책에 따라 참 다양한 맛이 나요.

# 작가에 대해 알고 책을 읽으면? : 작가 소개 먼저 읽기

## 《괴물들이 사는 나라》

모리스 샌닥 글·그림 | 강무홍 옮김 | 시공주니어

1963년에 발간되어 무려 50여 년 동안 꾸준히 사랑받고 있는 책입니다. 어느 날 밤, 늑대 옷을 입고 장난치던 맥스는 엄마에게 벌을 받아 방에 갇히게 되었어요. 그런데 맥스의 방이 밀림과 강으로 변하는 것이 아니겠어요? 맥스는 배를 타고 괴물들이 사는 나라로 가서 괴물들의 왕이 되어 함께 즐겁게 놉니다. 그러다가 맛있는 음식 냄새에 이끌려 다시 배를 타고 돌아오지요.
맥스는 상상 나라 속에서 과연 어떤 종류의 괴물들과 즐겁게 놀았을까요?

첫째를 낳고 제가 생각한 육아 방향은 책을 좋아하는 아이로 자라게 하는 것이었어요. 그래서 하루에 몇 시간씩 아이에게 책을 열심히 읽어주었고 첫째 아이는 시간 있을 때마다 책을 보게 되었지요. 하지만 늘 책을 쓴 작가에 대한 관심은 없이 그저 다독에만 집중했는데 그동안 얼마나 알맹이 없이 동화를 보았는지 일깨워 준 책이 칼데콧 상을 받은 《괴물들이 사는 나라》였어요.

이 책은 동아리 활동 초반에 접했는데 작가에 대한 이야기를 많이 나눈 책 중 하나예요. 작가인 모리스 샌닥에 대한 소개를 읽고 그림책을 보니 그림 속에 숨겨놓은 작가의 생활도 유추해 보고 작가의 생각과 의도를 찾는 재미를 알게 해주었지요.

글과 그림을 작가가 모두 표현해서일까요. 글과 함께 그림을 통해서도 많은 이야기를 하고 있어 그것만으로도 다양한 이야기를 나누기에 좋았어요. 고전이 된 이 책은 지금 읽어도 글과 그림이 촌스럽지 않은데, 현 시대 아이들이 여전히 공감을 느끼고 재미있게 읽을 수 있는 것은 작가의 깊이와 생각을 잘 녹여냈기 때문이라는 생각이 들어요.

동아리원들과 생각 나누기를 하다 보니 이 책은 아이들의 무한상상과 현실, 내적 욕구에 대한 아이들의 다양한 심리에 대해 잘 표현하고 있어, 아이들의 심리와 환상에 대해 이야기 나누기 좋은 책이라는 것을 알 수 있었어요.

책을 읽기 전, 먼저 엄마들과 함께 작가에 대해 읽고 이야기 나누며 작가의 어린 시절에 대해 알게 되었어요. 작가의 어린 시절은 외롭고 병약해서 쓸쓸했어요. 그래서 작가는 내면 세계에 관심이 많았던 거라고 생각해요. 우리는 한 장씩 돌아가며 책을 읽고 그림을 다시 보며 작가의 생각과 각 괴물들의 특징에 대해 서로 이야기를 나누었어요.

이렇게 그림책을 읽고 내용과 그림에 대한 자유로운 생각을 충분히 나누고 나니, 질문이 많이 떠올랐어요.

Q. 책에 있는 여자, 남자 괴물은 엄마, 아빠의 모습일까?
Q. 첫 장면의 맥스 손에 있는 망치와 포크는 어떤 의미일까?
Q. 맥스의 방은 아이 방 같지 않게 왜 삭막한 느낌이 들까?
Q. 유독 침대를 크고 높게 그린 이유는 뭘까?
Q. 맥스는 왜 길이나 철길, 하늘이 아닌 바다를 선택했을까?
Q. 괴물들은 맥스의 여러 자아들을 표현한 걸까?
Q. 어른들 입장에서 아이들이 즐겁게 노는 것이 소동으로 보인 건

아닐까?

Q. 이 책은 작가 자신의 성장 과정을 드러낸 작품일까?

Q. 사랑을 음식과 배고픔으로 나타낸 걸까?

Q. 마음의 상처가 있을 때 이 책을 읽으면 어떤 생각, 어떤 느낌이 들까?

Q. 우리 아이와 나의 마음속에는 어떤 괴물들과 환상이 있을까?


질문들이 많이 나와 '질문 너머 질문' 형식으로 연결되었어요.


Q. 책에 있는 여자, 남자 괴물은 엄마, 아빠의 모습일까?

Q1. 아이들에게는 엄마, 아빠가 언제 괴물로 보일까?


Q. 첫 장면의 맥스 손에 있는 망치와 포크는 어떤 의미일까?

Q1. 맥스가 엄마, 아빠의 모습을 흉내 내며 노는 모습은 아닐까?

Q2. 위험해서 금지하는 물건은 더 가지고 놀고 싶어 하는 아이의 마음일까?


Q. 맥스의 방은 아이 방 같지 않게 왜 삭막한 느낌이 들까?

Q1. 맥스의 방은 맥스의 마음속을 표현한 걸까?

Q2. 어린 시절, 작가의 방은 어땠을까?


Q. 유독 침대를 크고 높게 그린 이유는 뭘까?

Q1. 작가가 어린 시절 병약해서 거의 침대에서 지내서일까?

Q2. 방에 있는 침대만 커다랗게 표현한 것은 침대가 배로 변하기 때문일까?

Q. 맥스는 왜 길이나 철길, 하늘이 아닌 바다를 선택했을까?

Q1. 정처 없이 자유롭게 떠다니는 마음을 표현한 걸까?

Q. 괴물들은 맥스의 여러 자아들을 표현한 걸까?

Q1. 각 괴물들의 눈빛은 어떤 마음을 나타낸 걸까?

Q2. 맥스는 왜 괴물 나라에서 떠나왔을까?

Q3. 맥스는 자기 방으로 돌아와서 기분이 어떻게 변했을까?

Q. 어른들 입장에서 아이들이 즐겁게 노는 것이 소동으로 보인 건 아닐까?

Q1. 아이들은 어떤 식으로 놀 때 즐겁게 놀았다는 마음이 생길까?

Q. 마음의 상처가 있을 때 이 책을 읽으면 어떤 생각, 어떤 느낌이 들까?

Q1. 혼자 집에 있을 때 사람들은 어떤 생각을 주로 할까?

Q2. 나는 어떤 여행을 꿈꾸고 있을까?

책의 내용뿐 아니라 작가와 연결된 질문들도 많이 나왔어요. 그리고 '질문 너머 질문' 형식으로 이야기를 하다 보니 질문의 폭이 더 넓어지는 느낌을 받았어요. 하브루타의 시작은 질문을 많이 만들어 보는 거예요.

질문을 많이 만들다 보면 자연스럽게 생각 나누기로 이어져요. 생각 나누기를 하다 보면 평소 막연히 궁금해 하던 내용 중에 생각이 깊이 들어갈 때가 있는데, 그때 여러 사람의 생각이 모아져 명쾌하게 정리되면 무한 재미와 감동을 느끼게 되지요.

본문 그림으로 이야기를 나누다가 각 괴물들의 특징에 대해 함께 상상해 보았는데 특히 괴물들의 눈빛에 집중되면서 재미있는 이야기들이 많이 나왔어요. 괴물들이 서로 바라보는 눈빛을 보며 각 괴물의 성향과 서로를 어떻게 생각하는지에 대한 유추를 하며 재미있는 상상을 많이 하게 되었지요. 이렇게 그림책을 통해 마음껏 상상하다 보니 동심으로 돌아간 느낌이었어요. 아이들의 마음속 이야기가 궁금할 때, 함께 그림을 보며 다양한 괴물의 입장에서 이야기 하다 보면 솔직한 이야기를 나눌 수 있을 거예요.

아이들은 이 책을 읽고 어떤 생각이 드는지 궁금하죠? 그래서 딸의 생각을 첨부했어요.

## 《괴물들이 사는 나라》에 대해

금북초 5학년 김민서

작가 소개를 읽고 엄마와 작가에 대해 이야기를 나눈 후 그림책을 읽으니, 내 마음을 다 이해해 줄 수 있는 작가처럼 느껴졌어요. 그래서 만약 기회가 주어진다면 꼭 한 번 작가와 이야기를 나누고 싶어요. 작가는 어린이들의 마음을 잘 이해할 것 같아서 이야기를 나누면 제 마음이 조금 편안해질 것 같다는 생각이 들었어요. 그래서 저는 모리스 샌닥을 '내가 만나고 싶은 작가 베스트 3'에 올렸어요.

그리고 맥스의 《괴물들이 사는 나라》처럼 나만의 상상 나라가 있으면 좋겠다는 생각을 했어요. 만약 나에게도 상상의 나라가 있으면 속상하거나 기분이 안 좋을 때, 그곳에 가서 친구들과 신나게 놀고 오면 마음이 편안해질 것 같아요. 그래서 저의 상상 나라에 대해 엄마와 이야기를 나누었어요. 그리고 엄마가 괴물처럼 보일 때 어떤 모습과 가장 비슷한지도 이야기를 나누었는데 참 재미있었어요. 솔직한 이야기를 주고받으니 기분이 좋아지기도 했지요.

맥스는 참 상상력이 많은 아이예요. 괴물들과 놀고 나서 시간을 다시 거슬러 오른다는 대목에서는 맥스의 엄청난 상상력을 엿볼 수 있어요.

"일 년을 거슬러 오르고, 석 달, 두 달, 한 달을 거슬러 오르고, 하루를 거슬러 오르면서 항해를 했어." 저는 이 문구가 가장 인상 깊어요. 저도 맥스처럼 상상력이 많은 어른으로 자랐으면 좋겠어요. 그래서 이 책을 읽고 질문을 만들어 보았어요.

Q. 나에게도 나만의 세계가 있나?
Q. 맥스의 엄마는 언제 저녁밥을 주었을까?
Q. 맥스는 다시 괴물을 만나러 갈까?
Q. 내가 맥스라면 괴물들을 만났을 때 어떻게 했을까?
Q. 괴물들은 맥스가 왕이 된 것에 모두 만족했을까?

대한민국 엄마표 하브루타

# 공부 때문에 잊혀진 이름, 배움 : 함께 생각하고 함께 대화하며 깨닫기

## 《배운다는 건 뭘까?》

채인선 글 | 윤봉선 그림 | 미세기

'배운다는 건 뭘까?'라는 질문으로 시작하는 책입니다. 우리가 일상생활에서 보는 것, 질문하는 것, 읽는 것, 따라하는 것, 흥미를 가지는 것 모두가 배움이라고 이야기하는 책이에요. 그래서 한 발 더 배움에 쉽게 다가갈 수 있고 재미있게 배울 수 있도록 해주어요. 우리가 생각했던 배움이란 무엇인지 이야기하며 배움의 의미를 다시 생각해 보게 합니다.

아이들을 가르치며 느끼는 것 중 하나가 의외로 마음속에 화와 분노를 품고 있는 아이들이 많다는 거예요. 물론 밝고 긍정적인 아이들도 많지만 자기가 손해 보는 일은 참지 못하고 쉽게 흥분하며, 불평·불만이 많은 아이들도 쉽게 눈에 띄었어요. 아이들이 아주 사소한 일에도 폭발하곤 했지요.

'왜일까? 아직 초등학교 3~4학년일 뿐인데 아이들의 마음에 단단히 자리를 차지하고 마음의 주인인 채 행세하는 미움, 분노, 부정적인 감정들은 왜 생겨난 것일까?'

저는 곰곰이 생각해 보았어요. 아이들과 대화를 나누며 알게 된 원인은 바로 '공부'였어요. 우리나라에서는 '모든 길이 로마로 통한다'는 게 아니라 '모든 길이 공부로 통한다'는 식이잖아요. 아이들은 "우리 엄마는 성적이 잘 나오면 내가 원하는 것은 무엇이든지 들어준다"고 말해요.

반대로 공부를 안 해서 성적이 좋지 않으면 누렸던 모든 걸 내려놓아야 한다고 하지요. 하지만 진짜 억울한 것은 공부를 열심히 했지만 성적이 좋지 않을 때도 아이는 모든 걸 내려놓아야 한다는 거예요. 내려놓는 것만으로 그치는 것이 아니라, 엄마의 폭풍 잔소리에 시달려야 하지요.

하기 싫은 공부. 억지로 엄마가 시켜서 하는 공부. 엄마가 모든 걸 결정하고 아이는 무조건 해야만 하는 공부. 부모님 모두 일하러 나가야 해서 할 수 없이 학원에 가서 해야만 하는 공부. 알고 싶지 않은데도 억지로 해야만 하는 공부. 학년보다 앞서 어려운 내용을 미리 해야만 하는 공부. 관심이 없어도 끌려 다녀야 하는 각종 체험학습 등등 막상 지식에 대한 순수한 호기심은 발동하기 어렵지요.

공부! 공부! 공부!

아이들은 무거운 마음에 마음 편히 놀지도 못하는 혼돈의 카오스 상태예요. 또 몇몇 아이들은 착각에 빠져 있어요.

"저는 초등학교 6학년 것도 미리 다 공부해 놔서 문제가 없어요."

"그래? 대단하다! 너는 초등학교 3학년인데, 초등학교 6학년 과정을 어디서 배웠어?"

"학원 여기저기서 배웠어요!" 아이는 자부심에 가득 차 대답해요.

초등학교 3학년이 벌써 6학년 과정을 모두 배웠다니 놀랍기도 했지만 한편으론 그 효과를 확인해 보고 싶은 마음이 들기도 했어요. 과연 선행학습이 정말 효과가 있는지 말이지요. 그런데 그 아이의 '욱' 하는 행동이나 사용하는 어휘는 자기 학년의 수준보다 떨어졌어요. 행동도 산만했지요. 또, 자기 이야기를 말하는 건 좋아하지만 남의 이야기는 귀담아 듣지 않았어요. 비단 이것은 아이 한두 명의 문제가 아니었지요. 그래서 엄마들과 함께 '공부'라는 주제로 이야기를 나눠 보기로 했어요. 아이들이 싫어하는 공부를 억지로 시키는 건 결국 엄마니까요.

조기교육이 되었건 선행학습이 되었건 학원에 보내는 건 99퍼센트 이상 엄마의 결정이에요. 하지만 엄마들도 정말 원해서 많은 학원비를 지출해 가며 공부를 시키는 건 아닐 거란 생각이 들어요.

엄마들끼리 이야기하다 보면 어떤 결론이 나올 것만 같았어요. 딱히 명쾌한 결론이 나오지 않아도 서로의 생각을 공유해 보고 싶었어요. 어떤 공통분모가 있는지도요.

"아이 공부 문제로 진지하게 고민해 본 적 있어요?"

미취학 아동이나 초등학교 저학년을 둔 엄마들이라 아직은 별다른 고민이 없을 거라고 생각하고 툭 던져보았는데 완전히 저의 착각이었어요. 미취학 자녀를 둔 엄마들은 한글과 예체능에 대한 고민이 많았고, 초등 저학년도 교과 공부와 영어, 수학 선행학습에 대한 고민이 많았어요. 시간 가는 줄 모르고 오고 간 대화 속에서 엄마들 마음속에는 '불안'이라는 공통된 감정이 자리 잡고 있다는 걸 알 수 있었어요.

그 불안은 눈덩이처럼 불어나 학년이 올라가면 갈수록 더 커져요. 우리 아이만 뒤처지는 것 같아 점점 더 불안해져요. 그래서 엄마들은 그 불안을 어쩔 수 없다며 합리화하고 있었어요.

"질문을 만들며 구체적으로 접근해 볼까요?"

그날은 여느 독서하브루타 때보다 더 많은 질문들이 쏟아져 나왔어요. 그만큼 질문을 통해 이 문제를 해결하고 싶은 마음이 간절했던 것은 아닐까요.

Q. 공부란 무엇일까?

Q. 공부는 왜 해야 할까?

Q. 내가 좋아하는 공부만 하면 안 될까?

Q. 학교에서 배우는 모든 과목이 우리 삶에 모두 필요한 것일까?

Q. 학교 공부만 공부일까?

Q. '공부'를 다른 단어로 표현할 수 있을까?

Q. 공부는 언제까지 해야 할까?

Q. 학교 공부 외에 어떤 공부가 있을까?

Q. 사교육 없이 공부를 잘할 수 있을까?

Q. 4차 산업혁명을 대비해서 어떤 공부를 해야 할까?

"공부는 왜 해야 할까?"라는 질문에 "우리 아이의 자존감을 위해 공부해야 하고, 대학을 위해 공부해야 하고, 결국 공부는 평생 해야 한다"는 대화가 오갔어요. 하지만 채워지지 않는 그 무엇이 있었지요.

공부를 해야 한다는 건 모두 알고 있지만 '얼마나 해야 하는지'와 '왜 해야 하는지'는 쉽게 정의 내릴 수 없었어요. 그러나 공통된 의견은 '이 방법은 아니다!'였어요.

우리는 질문 중에 '공부를 다른 단어로 표현할 수 있을까?'라는 질문에 집중했어요. '공부' 대신 '배우다'라는 표현을 쓰면 어떨까? 그래서 읽게 된 책이 《배운다는 건 뭘까?》예요.

쉽게 지식을 쌓는 한정적인 부분만 '공부'라는 이름으로 즐거움 없이 하다 보니 아이도 어른도 모두 '배우다'라는 말을 잠시 잊은 게 아닐까요. 아이들은 '공부'에 대한 안 좋은 추억이 쌓여가면서 다른 그 무엇도 배우려 하지 않는 건 아닐까요. 아이들에게서 이미 호기심이 멀리 사라져버린 건 아닐까요.

배운다는 건 무엇일까요? 배운다는 건 보는 것, 궁금한 것을 묻는 것, 듣는 것, 읽는 것, 따라하는 것, 네가 잘할 수 있는 것은 흥미를 갖고 계속 배우고 싶은 것일지도 모른다고 말하는 책. 배우는 방식은 저마다 다르다고 말하는 책. 마음으로 배워야 하는 것도 있다고 말하는 책. 배운다는 것은 자라난다는 것과 같다고 말하는 책. 배운다는 건 멋진 일이고 멋진 인생을 사는 거라고 말하는 이 책을 함께 읽고 엄마들은 '진짜 배움'에 대해 생각해 볼 수 있었어요. 그리고 우리는 말하지 않아도 느낄 수 있었어요. 공부보다 '배우는 것'이 먼저이고 공부 때문에 '배움'이라는 것 자체가 싫어지면 안 된다는 것을요.

우리는 그림책 한 권으로 마음껏 이야기하고 그 속에서 미처 깨닫지 못했던 해답을 찾았어요. 우리가 잊고 있었던 것, 즉, 배운다는 것은 공부와 다르다는 것을요.

그리고 우리는 집에 가서 아이들과 '공부'와 '배움'에 대해 이야기해 보았어요. 일주일 후, 우리는 다시 만났지요.

"이 책은 아이들과 대화하기 너무 좋아요. 7살 아이에게 '배운다는 게 뭘까?'라고 물었더니 영어공부, 수학공부라고 하는 거예요."

엄마는 상기되어 있었어요. 7살 아이의 입에서 '공부는 곧 영어, 수학'이라는 대답이 나올 거라는 건 상상도 하지 못한 일이었죠. 그 아이는 아직 영어, 수학을 공부하지도 않았는데 주변에서 보고 들은 것으로 대답한 거예요. 그 엄마는 아이와 책을 보며 배운다는 것이 무엇인지 이야기할 수 있어서 참 좋았다고 말했어요.

미취학 어린이, 초등학생, 중학생, 고등학생들은 배운다는 것을 무엇이라고 생각할까요? 대학생이나 어른들에게 배움은 무엇일까요?

깨달음은 멀리 있는 것이 아니겠지요. 나와 아이가 배움을 즐겁고 긍정적으로 받아들일 때 공부도 즐겁게 할 수 있지 않을까요. 억지로 시켜서 하는 공부가 아닌 나를 위해 스스로 하는 공부라야 배움의 즐거움이 있지 않을까요. 내가 하는 모든 것들이 배움을 향한 손짓이 되어야 해요.

그래서 저는 오늘도 아이와 함께 듣고, 보고, 묻고, 읽고, 따라해요. 이렇게 배운다는 건 멋진 일이고 덕분에 멋진 인생이라고 생각해요. 공부 때문에 힘든 아이들, 공부 때문에 불안한 엄마들 그리고 공부 때문에 지친 모든 가정에서도 꼭 해답을 찾기 바랍니다.

## CHAPTER 3

# 가족과 함께하는 하브루타

하브루타는 유대인 가정에서 가족과 함께하는 것으로 시작된 것이라 저 역시 누구보다 가족과
나누고 싶은 마음이 컸지요. 그러던 중 방학을 기회로 이번에는 꼭 가족 모두와 함께 하브루타
를 해봐야겠다고 마음먹었어요. 사춘기 아들은 앉아만 있겠다더니 툴툴거리면서도 책도 읽고
질문도 만들고 자신의 생각도 이야기했어요. 남편도 아이들의 공격적인(?) 질문이 오히려 재밌
었다며 주말 저녁에 정기적으로 가족 하브루타 시간을 정하자고 제안했지요.

# 가족을 모이게 하고,
# 대화를 나누게 하는 하브루타

## 어떤 방법으로 달에 가볼까?

: 지식 그림책으로 학습하브루타 접근해 보기

### 《달에 가고 싶어요》

**마쓰오카 도오루 글·그림 | 김경원 옮김 | 한림출판사**

이 책은 '사다리부터 로켓까지 달에 가는 36가지 방법'
에 대한 상상 속에서 신나게 놀게 해줍니다. 그러나 마
냥 즐거운 상상만 있는 것이 아니라 눈높이 과학도 들어
있어요. 지식 그림책인 만큼 지식 전달도 하고 있지요.
우주선 안에서 우주인들은 어떻게 화장실을 가고 똥은
어떻게 처리되는지, 로켓의 구조와 각 부분의 역할, 그
리고 달까지 갔다 오는 시간과 방법에 대한 지식과 재미있는 그림까지 단번에 아이들
의 눈을 사로잡는 책이에요.

독서하브루타를 처음 접하고 나면 '우리 아이들과 집에서 어떻게 독서하브루타를 할까'부터 고민하게 됩니다. 저의 첫 고민도 지금 진행 중인 고민도 모두 다 여기에서 출발해요.

독서하브루타를 하면서 제가 변한 부분은 욕심을 버리게 되었다는 거예요. 이전에는 아이가 자기 전에 5~6권의 책을 읽어주면 마음이 뿌듯했지만, 지금은 한 권의 책을 다 읽지 못하더라도 아이와 많은 이야기를 나눌 수 있다면 그것으로 충분히 행복해요. 아이와 집에서 독서하브루타를 하려면 우선 내려놓음이 필요합니다.

오늘의 책은 과학적 지식을 재미있게 알려주는 책, 《달에 가고 싶어요》예요. 그림책을 두고 아이와 마주앉은 저는 책장을 넘기지 않고 표지만 멀뚱히 바라봅니다. 책 제목을 가린 상태로요. 그렇게 표지 그림만 보고 질문을 만들어 보았어요. 다음은 서진이가 만든 질문입니다.


Q. 달을 왜 이렇게 크게 그렸을까요?
Q. 책상에 엎드려 자면서 어떤 꿈을 꾸고 있을까요?
Q. (표지의 로켓 그림을 가리키며) 이 로켓은 직접 만든 걸까요?


표지 그림을 보고 질문을 만들면서 아이에게 책에 대한 호기심을 한층 키워줍니다. 이번에는 책 제목을 가린 상태에서 우리가 책 제목을 만들어 보았어요.

"달에 가 볼까?", "우주에 가 볼까?", "나는 무슨 꿈을 꾸고 싶을까?" 하고 질문을 통해 책 제목에 대해 이야기합니다. 아이는 접착식 메모지를 떼고 책 제목을 확인하며 "와~ 달에 가고 싶어요!"라고 외칩니다. 그러고 나서 다시 확인한 책의 제목만으로 질문 만들기를 해봅니다.

Q. 달에 가는 방법이 36가지나 있을까요?
Q. 엄마도 달에 가고 싶어요?
Q. 달에 가서 무엇을 하고 싶을까요?
Q. 달에 가는 데 얼마나 오래 걸릴까요?

제목만으로 질문 만들기를 하다 보면 아이들은 어떤 행동을 보일까요? 아이들은 책 내용이 궁금해서 어느새 스스로 책장을 넘깁니다. 책에 대한 호기심이 폭발하는 것이지요. 이제 엄마와 아이가 책을 함께 읽어요. 한 장씩 나누어서 책을 읽어요. 아이는 읽다가 자꾸 질문을 합니다.

"엄마, 자동차로는 달에 갈 수 없는데, 자동차로 달에 가는 시간을 어떻게 알 수 있어요?"

"달에 가려면 사다리를 계속 올라가야 해서 엄청 힘들 텐데, 엄마는 그래도 달에 가고 싶어요?"

책을 읽다 자꾸 질문을 하는 아이에게는 어떻게 해주면 좋을까요? 한 페이지 넘겼는데 아이가 책 속의 이야기를 만들어 내서 자꾸만 혼자 상상 속으로 빠져든다면요? 저는 책장을 넘기지 못할 정도로 아이가 자꾸 질문을 해도 계속 질문으로 답을 해줍니다. 비록 질문 내용이 책의 핵심 내용에서 벗어난 질문이라도요.

여기에서 중요한 것은 질문하는 아이에게 엄마도 질문으로 답해야 한다는 것이에요. 질문하는 아이에게 정답을 말해 주던 습관에서 질문에는 다시 질문으로 답하는 습관으로 바꾸면 좋은 변화가 일어납니다. 제가 집에서 아이와 함께한 이야기를 들려 드릴게요.

**아들** 엄마! 달에 가려고 비행기를 타면 몇 시간이나 걸릴까요?

**엄마** 그 말은 비행기를 타고 달에 갈 수 있다는 이야기네! 그런데 정말 비행기를 타고 달에 갈 수 있을까?

**아들** 아, 맞다. 로켓을 타고 가죠? 그런데 왜 달은 비행기로 안 가고 로켓을 타고 갈까요?

**엄마** 글쎄…. 엄마도 잘 모르겠다. 왜 로켓으로 달에 갈까?

**아들** 엄마, 여기 나와 있어요. 비행기는 빙글빙글 돌기만 하고 지구를 떠날 수 없대요. 비행기는 공기가 있는 곳에서만 날 수 있기 때문이래요.

**엄마** 그럼 로켓은 공기가 없어도 날 수 있는 거야?

**아들** 그런가 봐요. 로켓은 공기가 없는 곳에서 어떻게 날 수 있을까요?

**엄마** 로켓은 힘이 센가? (엄마도 정말 궁금함)

**아들** 속도도 엄청 빠르지 않을까요?

**엄마** 로켓은 무거운데 어떻게 속도를 빠르게 해서 날아갈까?

**아들** 그래서 달에 갈 때 많은 사람을 못 태우는 걸까요?

　　　(이후 아들도 엄마도 계속 서로 질문만 했습니다.)

이렇게 대화를 하다가 다시 책을 읽어요. 자신의 질문과 엄마의 질문에 대한 답을 전혀 모르는 상태라서 책에 대한 호기심은 점점 더 증가하고 그 답을 책에서 발견했을 때 아이는 무척 신기해합니다. 이 부분이 독서하브루타가 학습하브루타로 연결되는 고리인 것 같아요.

책을 읽으면서 아이가 계속 질문을 하게 하고, 그 질문에 부모는 계속 질문으로 답을 하다 보면 호기심이 계속 늘어나는 선순환을 하게 됩니다. 지식을 전달하는 책의 경우, 그 내용이 더 오랫동안 머릿속에 남는 이유는 '질문' 덕분이에요. 질문을 하기 때문에 생각을 하게 되죠. 책을 읽으며 적극적으로 생각을 했기 때문에 책의 내용이 머릿속에 많이 남아 있게 되고, 새롭게 알게 된 지식은 자꾸 말하고 싶어져요. 이 과정에서 자신이 알고 있는 내용을 남에게도 설명할 수 있는 메타인지(Meta-cognition) 과정을 자연스레 거치게 되는 것 같아요.

지식 그림책, 과학, 예술, 역사책의 경우에는 책을 읽기 전이나 책을 읽다가 내용 파악 질문을 하게 되면, 아이 스스로 책 속에서 질문에 대한 답을 찾아가며 자연스럽게 학습하는 과정을 거치게 됩니다. 그래서 책을 읽으면서 질문을 만드는 것은 아주 커다란 변화를 가지고 왔어요.

지식 그림책의 경우, 아이가 책의 표지를 보고 하는 질문에는 내용 파악 질문과 생각 나누기 질문이 섞여 있어요. 책을 읽으면서 답을 찾은 질문은 내용 파악 질문이고, 책에서 답을 찾지 못한 질문은 '생각 나누기 질문'이라고 설명해 줍니다. 책에서 언급되지 않은 내용에 대한 답은 인터넷으로 찾아보는 것도 좋은 방법입니다.

그럼, 아이가 책을 읽으면서 만든 생각 나누기 좋은 질문을 들여다볼까요?

Q. 지구는 처음에 어떻게 생겨났을까요?

Q. 태양에도 갈 수 있을까요?

Q. 달나라 여행은 무엇을 하면 재미있을까요?

Q. 지구는 왜 스스로 계속 돌고 있을까요?


책을 덮고 잠자리에 들어서도 아이는 엄마가 답할 수 없는 심오한 질문을 던져요. 저도 상상의 나래를 펼치며 생각 나누기를 합니다.


Q. 우주는 어떻게 생겨났을까요?

Q. 지구 외에도 사람이 살고 있는 곳이 또 있을까요?

Q. 지구에는 언제까지 사람이 살 수 있을까요?


어떨 땐 너무 심오하여 쉽게 생각 나누기를 할 수 없는 질문도 쏟아집니다.


Q. 외계인이 있다고 생각해요?

Q. 사람은 왜 말을 하기 시작했을까요?

Q. 남자들은 대부분 게임을 좋아하는데, 왜 여자들은 대부분 게임을 안 좋아하는 걸까요?

가끔은 너무 당황스러운 질문이 나오기도 하지만 저는 아이의 눈높이에서 생각하고 모두 다 존중해 주려고 최대한 노력합니다.

이 책에서 독자에게 던진 질문은 '너는 어떤 방법으로 달에 가고 싶니?'입니다. 이 책은 로켓을 타고 지구에서 달까지 가는 방법을 쉽게 설명하기도 하지만, 최대한 상상력을 동원해야 풀 수 있는 질문을 제공하기도 합니다. 달에 가는 36가지 방법을 생각하며 가능한 한 오랜 시간 동안 아이들이 많은 상상을 할 수 있도록 시간을 주면 좋을 것 같아요. 아이들의 상상 속 이야기가 그들이 성인이 되었을 때는 이미 현실이 되었을지도 모르는 시대에 살고 있으니까요.

저는 지금도 아이와 독서하브루타를 하다 보면 그동안 전혀 궁금하지 않았던 질문들 앞에서 당황스러울 때가 많아요. 이럴 때 아이는 혼자서 상상의 나래를 펼치는데 머나 먼 우주에서 라면을 먹기도 하고, 달나라 여행을 갈 때 가방에 넣을 간식도 생각해요. 잠자리에 누운 저는 정말 행복합니다. 아들은 꿈속에서 자신만의 우주여행 영화를 찍고 있을 테니까요.

다음날 아침, 서진이는 가족들과 아침을 먹으며 어젯밤 엄마와 함께 읽었던 책 이야기를 합니다.

"아빠, 로켓은 달에 갈 때 1단, 2단, 3단 로켓을 바다에 버린대요. 왜 그런지 알아요?"

"아빠는 로켓을 바다에 떨어뜨리고 가는 것도 몰랐는데…. 왜 떨어뜨리는 거야?"

"로켓이 달에 가기 위해서는 엄청난 속도가 필요해서 거대한 엔진이 달린 로켓을 만들어요. 그런데 로켓이 너무 무거우면 빨리 날 수 없을 것

아니에요? 그러니까 연료를 다 쓰면 로켓을 분리시켜버리는 거래요. 가벼워야 속도가 더 나잖아요."

"그럼 바다에 떨어진 3단 로켓은 어떻게 되는 거야?"

"과학자들이 다시 주워 오지 않을까요?"

"어떻게 주워 올까?"

"음…, 엄청나게 큰 배를 타고 주워 와서 다음 여행 때 다시 쓰지 않을까요?"

"그럼 달까지 가는 데는 얼마나 걸리는 거야?"

질문은 서로 이어지고 이야기는 이미 저기 달나라까지 슈웅!

# 기차 안에서 아이들과
## 무슨 이야기 할까? : 《이솝우화》 하브루타

　　　　　　　　　오늘은 가족여행을 갑니다. 서울에서 부산까지 가기 위해 KTX를 탔어요. 기차를 탄 아이들은 갖가지 놀이를 시작해요. 하지만 아직 한참을 더 가야 하는 상황이에요. 심심하던 차에 딸아이가 독서하브루타를 하자고 합니다. 독서하브루타를 하면서 이런저런 이야기를 하다 보면 시간이 잘 간다면서요. 이야깃거리를 스스로 찾은 거지요.

　그런데 여행가는 곳은 책이 아주 많은 친구 집이라서 그 집에 있는 책을 볼 생각으로 아이들 책은 빼놓고 왔지 뭐예요! 왜 엄마 책만 가져왔느냐며 입을 삐죽 내밀고 있던 아이가 좋은 생각을 했어요. 바로 《이솝우화》 하브루타!

　이전에도 《이솝우화》로 독서하브루타를 해본 적이 있었거든요. 스마트폰을 이용해서 《이솝우화》 중 《여우와 두루미》를 찾아 읽어 보았어요. 이어서 내용 파악 퀴즈내기도 해 보았지요.

　다음은 '생각 나누기 – 질문 만들기' 시간입니다. 초등학교 3학년인 딸이 KTX에서 만든 생각 나누기 질문을 볼까요?

**금북초 3학년 조예진의 질문**

Q. 여우는 두루미를 처음 초대했을 때, 의도적으로 납작한 접시에 음식을 주었을까?

Q. 만약 여우가 두루미에게 병에 담은 음식을 줬다면 두루미는 어떻게 했을까? 또, 그걸 본 두루미의 마음은 어땠을까?

Q. 만약 두루미가 납작한 접시에 담긴 음식을 보고 화를 냈다면 뒷이야기는 어떻게 되었을까?

Q. 여우와 두루미는 언제부터 만났고, 언제 친구가 되었을까?

Q. 좋은 친구란 어떤 친구일까?

Q. 친구의 뜻은 무엇일까?

Q. 여우와 두루미가 사는 마을에는 어떤 동물이 살고 있을까?

Q. 여우와 두루미는 어떤 교양 있는 동물이 되었을까?

Q. 두루미는 어떤 음식을 만들었을까?

Q. 어떻게 하면 좋은 친구를 사귈 수 있을까?


저는 '여우와 두루미는 어떤 교양 있는 동물이 되었을까?'라는 질문이 궁금했어요. 그 내용은 '여우와 두루미는 교양 있는 동물이 되었는데, 과연 어떤 교양이 있을까?'라는 것으로 비록 문장은 부드럽지 못하지만, 꽤 참신하다는 생각이 들었거든요.

"예진아, '여우와 두루미는 어떤 교양 있는 동물이 되었을까?'라는 질문은 왜 만들었어?"

"음, 엄마는 집에 아무나 초대해요?"

"아니, 친한 친구만 집으로 초대하지."

"그렇죠? 여우와 두루미도 그래요. 집에 초대할 만큼 친한 친구였던 여우와 두루미는 그릇 사건으로 힘들어졌어요. 하지만 여우와 두루미는 이 일 덕분에 상대방을 더 잘 알게 되었어요. 오히려 더 친한 친구가 된 거지요."

"그런데 교양은 왜 필요해?"

"접시에 담긴 음식을 본 두루미와 여우는 배려에 대해 생각해 보게 되었잖아요. 그래서 여우와 두루미는 교양도 갖추게 된 거지요."

"그래서?"

"여우와 두루미는 너무 친한 친구여서 이런 일을 겪고 교양 있는 동물이 된 거예요. 그래서 이 질문을 만든 거예요."

"와! 듣고 보니 정말 멋진데!"

"여우와 두루미는 어떤 교양 있는 동물이 되었을까?"

"그릇 사건을 통해 여우와 두루미는 상대방의 마음을 잘 배려하는 동물이 되었을 것 같아요. 나중에는 모든 동물들의 마음을 잘 헤아려서 동물 마을의 상담사가 되었을지도 몰라요."

"여우와 두루미가 같이?"

"같이 하면 더 재미있지 않을까요?"

"응. 그럴 것 같아. 같이 하면 재미있는 일은 또 뭐가 있을까?"

"숨바꼭질, 보드게임, 줄넘기…. 뭐든지요."

"상담사가 된 여우와 두루미는 어떻게 살았을까?"

"상담사가 된 여우와 두루미는 상담 내용을 그림책으로 만들어서 작가도 되고, 돈도 많이 벌어서 행복하게 살아요."

가끔은 이렇게 질문을 만든 이유를 설명하는 생각 나누기가 더 재미있는 경우가 있어요. 《이솝우화》를 그토록 많이 읽었지만, 여우와 두루미는 원래 어떤 친구 사이였는지 한 번도 생각해 보지 않았는데 오늘 생각해 보게 되었어요.

우리가 함께 뽑은 대표질문은 '어떻게 하면 좋은 친구를 사귈 수 있을까?'였어요.

"엄마는 어떻게 하면 좋은 친구를 사귈 수 있다고 생각해요?"

"좋은 친구를 찾아다녀서는 좋은 친구를 만날 수 없어. 내가 먼저 누군가에게 좋은 친구가 되어주면, 나에게 좋은 친구가 생기는 거지."

엄마인 제가 좋은 친구를 사귀는 방법에 대해 40년 노하우를 풀어 놓았어요. 한참을 듣고 있던 딸아이가 저에게 질문을 합니다.

"나는 한 친구가 내 친한 친구라고 생각하는데, 그 친구는 나를 친한 친구로 여기지 않을 수도 있을까요?"

"그럴 수도 있지. 그래서 '사랑은 받는 것이 아니라니까~' 하는 노래도 있는 거야. 하지만 사람의 진심은 언젠가는 통하게 되어 있거든. 엄마가 옛날이야기 하나 들려줄까?"

"네! 너무 궁금해요."

"엄마가 중학교 시절 이야기야. 그때는 에버랜드가 '자연농원'으로 불리던 시절이었어. 한번은 거기로 소풍을 갔는데 그날 예진이가 한 질문 같은 일이 벌어졌어. 엄마는 소풍을 가면 당연히 단짝인 유경이와 함께 버스에 앉아서 가려고 했거든. 그런데 그 친구가 먼저 버스에 타서는 다른 친구 옆에 앉아버린 거야. 할 수 없이 엄마도 다른 친구와 함께 앉았지. 소풍을 가서 함께 놀고 사진을 찍으면서도 속상했던 기억이 나."

"그래서 어떻게 됐어요?"

"소풍을 다녀온 후에 그 친구의 행동을 잘 살펴봤지. 평소에는 어떤가

하고 말야. 그러면서 엄마는 그 친구의 성격을 알게 됐어. 그 친구는 원래 많은 친구들과 두루두루 친한 성격이었어."

"그래도 속상했겠는데!"

"속상한 적이 많았지. 또 한 친구는 아빠가 한국에서 청소부였는데, 살기가 너무 힘들어서 미국으로 이민을 간 친구도 있어. 엄마는 그때 단편 소설을 많이 읽었어. 사람들 심리를 이해하려고. 그런데 앞에 말한 그 친구는 아직도 내 친구야. 예전에 우리집에도 오고 어린이대공원도 같이 놀러 갔었지! 그래서 엄마는 현재 좋아하는 마음이 얼마나 큰가 하는 것보다는 그 마음을 어떻게 잘 지켜내고 키워내는지가 더 중요하다고 생각해."

이렇게 대표질문으로 이야기를 나누다가 우리 딸이 현재 제일 친한 친구는 누구인지 궁금해졌어요.

"예진이는 제일 친한 친구가 누구야?"

"세아! 세아는 나랑 제일 친한 친구라고 생각해서 나보다 어리지만 친구라고 부르라고 했어요. 나도 세아를 친구라고 불러요."

참 기특합니다. 나이를 따지고 적절한 호칭을 붙이지 않으면 기분 나빠하는 한국 문화에서, 아이는 나이에 상관없이 친구가 되는 법을 깨닫고 있으니 저는 그런 아이가 예쁘고 사랑스러워 뽀뽀를 해줍니다. 그리고 한참 동안 그 친구의 좋은 점에 대해 이야기를 들었어요.

"세아는 일단 내 의견을 잘 들어줘요. 오늘은 병원놀이 하자고 하면 그러자고 하고, 학교놀이 하자고 하면 그러자고 하고요."

간단한 하브루타지만 일상의 중요한 주제를 생각해 보기에 《이솝우화》는 손색이 없어요. 우리가 흔히 알고 있는 《이솝우화》는 도덕, 윤리에 관한 다양한 주제들을 가지고 있어서예요. 또한 질문을 만드는 과정에서 기존의 편견을 벗어버리고 다양한 생각을 하기에도 매우 좋아요.

"재미있어요, 엄마. 이번에는 《탈무드》 이야기 하나 해주세요."

"좋아. 두 사람의 상인이 사막을 지나가게 되었어. 그런데 한 사람만 물병을 가지고 온 거야. 이 물병의 물은 나눠 마시면 둘 다 죽고, 혼자 마시면 한 사람은 살 수 있어."

이렇게 우리는 다시 《탈무드》로 이야기를 시작합니다.

# 통쾌한 즐거움: 네 가족이 함께하는 하브루타

## 《샘과 데이브가 땅을 팠어요》

**맥 바넷 글 | 존 클라센 그림 | 서남희 옮김 | 시공주니어**

저자 맥 바넷과 그림을 그린 존 클라센은 환상적인 짝 꿍입니다. 이 책의 그림만으로 글을 써 보는 작업은 어른들에게도 흥미진진한 일이 될 것 같아요. '어마어마하게 멋진 것'을 찾아 땅을 파고 있는 샘과 데이브는 보석의 위치를 모르지만, 존 클라센의 그림은 독자들에게 보석들의 위치를 알려주고 있습니다.

엄마와 아이가 독서하브루타를 하다가 일주일에 한 번씩 네 가족의 아이들이 모여서 함께 하브루타를 한지 1년이 되어갑니다.

네 가족의 엄마들이 돌아가며 선생님이 되기도 하고, 아이들이 수업 책을 정하고 수업 계획을 만들어 직접 수업 진행을 하기도 합니다. 아이들은 자기가 직접 수업을 진행하고 나면 수업에 대한 몰입도가 갑자기 높아져요. '역지사지(易地思之)'를 경험해서일까요?

《샘과 데이브가 땅을 팠어요》는 실패를 경험하고도 그것이 어마어마하게 멋진 일이라는, 결과보다 과정을 더 중요하게 생각하는 자세를 배울 수 있는 책이에요. 존 클라센의 다른 책들도 그렇지만 이 책 또한 그림만으로 이야기를 읽을 수 있는 책이에요. 이 책의 그런 특징을 살려 독서하브루타를 진행해 보았어요.

우선 책의 처음 세 페이지는 아이들이 작가가 되어 글을 써봅니다. 작가의 글은 접착식 메모지로 가려두고 그림만으로 내용을 만들어 보는 거예요. 샘과 데이브를 넣은 아이들의 이야기를 들어보았지요. 작가와 비슷한 내용의 글이 나옵니다. 나머지 페이지는 책을 넘겨가며 천천히 읽어줍니다.

책을 읽어주다가 잠시 주인공의 대사를 생각해 봅니다. 한 장면에서 어느 문장을 가려놓고 샘과 데이브가 한 말을 서로 생각해 봅니다. 그 부분에는 "정말 어마어마하게 멋졌어"라고 적혀 있어요. 이것이 이 책의 가장 중요한 메시지입니다. 힘든 과정을 거쳤지만 아무런 수확도 없는 상태에서 '정말 어마어마하게 멋졌다'는 대화는 그야말로 멋진 대답이 아닐 수 없습니다.

샘과 데이브가 한 말을 유추하는 과정에서 아이들은 "실패는 성공의 어머니!", "어마어마한 것이 나올 때까지 땅을 파자", "내일도 다시! 파이팅" 등의 대답을 합니다. 긍정적인 대답입니다.

'아이들이 실망하고

금북초 3학년 조예진의 질문

포기하는 대답을 하면 어쩌지?' 하고 걱정했던 마음이 가라앉습니다. 책을 다 읽은 후 인상 깊은 장면에 대해 들어 봅니다. 아이들은 강아지가 너무 인상 깊다고 하고, 샘과 데이브가 다이아몬드 없는 곳만 땅을 파는 장면이 재미있었다고 합니다. 이제는 생각 나누기 질문 만들기 시간. 앞 페이지에 소개된 예진이의 생각 나누기 질문을 들여다볼까요?

아이들은 3명씩 2개의 모둠으로 나누어 생각 나누기를 해보기로 했어요. 예진이와 수아, 서진이가 있는 모둠의 생각 나누기를 하는 모습을 지켜보았어요. 자신의 대표질문을 뽑는 방법으로 번호를 선택하라고 합니다. 자신의 질문 앞에 적혀진 번호를 친구가 부르면 그 질문으로 생각 나누기를 하는 방식입니다(이 방식은 아이들이 즉석에서 생각해 낸 방법이에요. 간단하게 대표질문을 뽑는 방법이 게임식이라서 이 과정 자체도 즐거워해요).

이제 모둠별로 생각 나누기를 한 내용을 들어볼까요?

'긍정적으로 생각하면 무엇이 좋을까?'는 예진이의 질문입니다. 예진이가 생각만 이야기하는 생각쟁이가 되고 수아랑 서진이는 질문만 하는 질문쟁이가 되어 생각 나누기를 해보았어요(우리끼리 생각쟁이는 계속 자신의 생각을 말하고, 질문쟁이는 친구의 답에 질문만 계속하는 규칙을 정했어요).

예진  생각이 맑아지고, 마음이 좋은 방향으로 변하니까 좋아요.

수아  그런데 긍정적으로 생각해서 어떤 친구가 나를 좋아한다고 생각했는데, 사실은 그 친구가 나를 싫어하고 있다면 기분이 어떨까요?

예진　내 생각대로 되지 않으니까 기분이 나쁘겠지요.

서진　그럼, 모든 일이 다 자기 생각대로 이뤄진다고 생각해요?

예진　아니요. 하지만 긍정적으로 생각하는 건 좋은 일을 만든다고
　　　생각해요.

서진　긍정적으로 생각을 했지만 이렇게 아닐 때가 있어도요?

예진　아닐 때도 있지만 그럴 때가 더 많기 때문에 긍정적으로 생각
　　　하면 계속 좋은 일을 만들 수 있다고 저는 생각합니다.


'샘과 데이브는 아무것도 찾지 못했는데 왜 멋지다고 했을까?'는 수
아의 질문입니다. 이번에는 수아가 생각쟁이가 되고 서진이와 예진이는
질문만 하는 질문쟁이가 되어 보아요.


수아　제 생각에는 뭔가를 해본 경험만으로 뿌듯할 수 있다고 생각
　　　해요.

서진　그런 경험이 있나요?

수아　수영대회를 나가서 비록 메달은 받지 못했지만 그 경험이 소중
　　　하다고 생각했어요. 그리고 동생이 메달을 받아서 좋았어요.

예진　본인이 메달을 받지 못했어도 좋았나요?

수아　함께 어려운 걸 해냈다는 느낌이 들어서 좋았어요.


'보물의 가치는 무엇일까?'는 서진이의 질문입니다. 이번에는 서진이
가 생각쟁이가 되고 수아랑 예진이가 질문쟁이가 되어 생각 나누기를
합니다.

서진  그냥 보물을 보는 걸로 끝이에요.

수아  예? (놀람) 그럼 다이아몬드를 찾아도 안 가지고 나오겠다는 거예요?

서진  네. 저는 안 가지고 올 거예요. 왜냐하면 그걸 가지고 오면 방송국에서 여러 사람들이 찾아오고 귀찮게 할 것 같으니까요.

예진  오! 부자 되는 게 싫다는 사람은 처음 봤어요. 그럼 부자가 좋아요? 거지가 좋아요?

서진  중간이요.

수아  왜 중간이 좋아요?

서진  거지가 되면 아무것도 못하고, 부자가 되면 여러 사람들이 찾아오고 해서 놀고 싶어도 놀지 못할 것 같아서요. 그럼 당신들은 무조건 부자가 좋나요? (생각쟁이가 감정이 격해서 질문을 하고 있음)

수아  저는 서진이가 말한 중간과 부자 사이에 3칸이 있다면 중간 바로 위의 부자가 좋을 것 같아요. 왜냐하면 더 큰 부자가 되고 싶어서 맨날 아끼면서 살다가 그냥 늙어서 죽으면 가장 큰 부자는 불행할 수 있잖아요.

예진  저는 당연히 최고로 큰 부자가 되고 싶어요. 그리고 큰 부자들도 서진이가 말한 것처럼 자기가 하고 싶은 일을 하면서 살 수 있을 것 같아요. 모든 돈을 5만 원짜리로 바꾸면 요만큼밖에 안 되니까, 돈을 숨기면 사람들이 찾아오지 않을 것 같아요. 그러면 집을 사고, 사고 싶은 걸 다 사면서 살면 되니까요.

서진  돈을 숨기는 일로 끝나지 않아요. 이미 사람들이 다이아몬드를 찾았다는 걸 알고 있기 때문에 계속 힘들 거예요.

예진  그럼 계속 숨어버리죠.

> **서진** 그래서 힘들 거라는 거예요.
>
> (생각 나누기를 했지만 생각이 좁혀지지 않은 상태)

이런 식으로 개인의 대표질문을 가지고 2개의 모둠을 나누어 생각 나누기를 해보았어요. 그런데 생각 나누기를 하고 있는 중에 "크흐흐흑, 크흐흐흑" 하는 소리가 들립니다.

"세아야, 어디 아파?"

"아니요! 송민 오빠가 다이아몬드 찾는 기계를 만들어서 다이아몬드를 찾아간다고 하는데… 흐흐. 너무 웃겨서 그래요."

생각 나누기의 내용은 마냥 진지한 내용은 아니라 즐거운 상상의 나래를 펼쳐 아이들 생각이 우주까지 다녀와도 그것마저 열어 둡니다. 그 또한 아이들의 상상력을 키워줄 테니까요.

모둠별 발표 대신에 이제는 전체 생각 나누기 시간도 가져보았어요. '샘과 데이브처럼 결과는 좋지 않았지만 즐거웠던 경험이 있었는가?'에 대해 각자의 생각을 들어 보았어요.

"철인 3종 경기에 도전했을 때 열심히 연습을 했지만 7등을 했는데, 그래도 즐겁고 뿌듯했어요.", "액체괴물을 자주 만드는데 실패하는 경우가 더 많아요. 그렇지만 성공하지 못해도 만드는 것 자체가 재미있어요.", "인라인 스케이트를 탔는데 초보자라서 자꾸 넘어졌어요. 그래도 새로운 경험을 했다는 그 느낌이 좋았어요.", "교육감배 수영대회에 나갔는데 결과가 안 좋았는데도 다녀와서 자꾸 웃음이 났어요.", "마라톤을 나갔는데 친구들이 계속 앞질러 갔는데도 내가 힘든 걸 하고 있구나

**생각 나누기를 하는 아이들 모습**

하는 생각이 들어서 뿌듯했어요."

　이렇게 아이들은 그림책 한 권으로 생각 나누기만 30분을 했습니다. 2개의 모둠이 한 공간에 앉아 생각 나누기를 하고 일어서면서 아이들이 오늘 정말 재미있었다고 합니다. 그 말을 듣는 엄마의 입에도 미소가 번집니다.

집에서 내 아이와 셋이서만 할 때의 가족하브루타는 잔잔한 즐거움이 있다면, 여러 가족이 집에서 모여 하브루타를 하다 보면 통쾌한 즐거움이 파도처럼 와 닿는 경우가 종종 있습니다. 생각 나누기가 깊어지다 보니 재미있고, 거기에 다양한 생각이 있기 때문에 여러 번의 파도가 철썩 철썩 와 닿아서 우리의 모난 생각이 동글동글해지는 것 같아요.

누군가와 30분 대화하기도 힘든 우리 아이들. 하지만 독서하브루타를 하는 시간만큼은 이렇게 마음껏 이야기를 하고 즐거워할 수 있어서 다행이에요.

아주 큰 부자와 중간 부자를 꿈꾸는 아이들. 또 그 중간과 부자 사이를 3칸으로 나누어 중간의 첫 번째 칸을 택하는 아이들을 보면서 나는 어디를 선택할 것인지 고민해 보게 됩니다.

상상 속에서라도 무조건 아주 큰 부자를 선택하는 저는 아이들에게 오늘 또 배웁니다. 때 묻지 않은 아이들의 다양한 생각을요. 깊어가는 가을과 함께 아이들의 질문도 깊어가고 생각 나누기도 무르익어갑니다.

# 아이들과 처음으로
## 하브루타를 하려면? : 쉬운 이야기부터 시작하기

　　　　　동아리원들과 '하브루타란 무엇일까?'에 대해 한 달 정도 생각 나누기를 해본 다음《서울 쥐와 시골 쥐》내용으로 각자 집에서 아이들과 하브루타를 해보기로 했어요.

　아이들에게 "하브루타 할까?"라고 말을 건네면 '또 다른 공부의 시작인가?' 하고 부담을 가질까 봐 간식 먹을 때 책을 읽어 준다고 하니 다행히 반겨주었어요. 아이들과 돌아가면서 책을 읽고 내용에 대해 간단하게 이야기했어요.

　"우리가 읽은 내용으로 하브루타라는 것을 해볼까? 생각 나누기 놀이인데 엄마가 동아리 활동을 해보니 재미있더라고."

　엄마가 동아리 활동을 재미있게 하는 것을 보고 궁금했는지 다행히 아이 둘 다 하고 싶어했어요. 그러나 둘째 아들은 글쓰기를 부담스러워하는 편이라 생각나는 질문을 글로 쓰지 않고 수다 떨 듯 소파에 앉아 생각나는 대로 편안하게 서로 말했어요.

　아이들과 처음으로 하는 거라 이야기 전체 내용을 가지고 질문을 만드는 건 어려울 것 같았어요. 그래서《서울 쥐와 시골 쥐》가 우리 반에 전학 와서 내 짝이 되어 이야기를 나누어 보는 설정을 만들어 상상질문을 해보기로 했지요. 처음에는 생각 나누기 어려운 질문(그림책 내용에 답이 있는 질문)이 나왔고 엉뚱한 질문에는 아이들이 서로에게 좋지 않은 반응을 보였어요.

　그래서 먼저 하브루타의 중요한 규칙을 설명했어요.

첫째, 질문 만들기나 생각 나누기를 할 때는 서로의 의견을 존중해 주는 것이 가장 중요하다.

둘째, 우리가 만드는 질문에는 대부분 답이 없다. 생각의 옳고 그름을 따지는 것이 아니라 내 생각에 다른 사람의 '생각을 더하는 것'이므로 잘 경청해야 한다.

아이들이 온전히 이해하는 것 같지는 않았지만 질문을 할 때 자신의 생각을 인정해 주니 점점 질문 만들기에 재미를 느끼기 시작했어요. 많은 질문을 만드는 것보다 아이들과 이야기를 주고받는 것에 기준을 두고 진행하니 재미있는 질문이 자연스럽게 나왔지요.

먼저 전학 와서 짝이 된 '서울 쥐'에게 질문 만들기를 했어요.

Q. 왜 남의 음식을 훔쳐 먹니?
Q. 서울 생활의 어떤 점이 좋니?
Q. 서울에서 도망 다니며 위험하게 사는 생활에 만족하니?

이번엔 짝이 된 '시골 쥐'에게도 질문 만들기를 했어요.

Q. 주변에 있는 건강하고 좋은 재료로 맛있게 요리를 해서 먹는 건 어떠니?
Q. 서울에서 도망 다니느라 많이 배고팠을 텐데 도망칠 때 음식을 들고 집으로 왔으면 어땠을까?
Q. 집에 가서 뭘 먹었니?

그리고 나서 아이들과 생각 나누기를 하고 싶은 대표질문을 뽑아 이야기를 나누었어요.

**서울 쥐에 대한 대표질문 : '서울 생활의 어떤 점이 좋니?'**

민서  서울 쥐가 서울 생활을 좋게 생각하는 이유는 맛있는 음식이
      많아서라고 생각해요.

민재  음식 때문에 서울을 좋아하는 거라면 서울 쥐가 왠지 좀 불쌍하다.

엄마  그래. 그런데 서울 생활을 하는 진짜 이유는 서울 쥐만이 알
      지 않을까?

아이들 서울 쥐를 만나면 물어보고 싶어요.

민서  서울 쥐에게 시골의 좋은 점을 말해 주고 싶어요. 시골 쥐가
      어떻게 사는지를 알려주면 서울보다 시골이 더 편하게 살 수
      도 있다는 점을 생각해 볼 수 있을 것 같아요.

엄마  뭐라고 이야기해 주고 싶니?

민서  서울 쥐야! 서울도 살기 편한 점이 있겠지만 시골도 살기 좋
      아. 시골은 평화롭고 자연이 아름답고 서울보다 공기가 좋단
      다. 그리고 거기에도 맛있는 음식이 있어. 된장찌개, 육개장
      처럼 구수한 시골 음식은 건강식에 맛도 좋단다. 사실 네가
      좋아하는 음식은 별로 몸에 안 좋은 것 같아.

엄마  생각들이 너무 재미있다. 서울 쥐가 시골에 가서 며칠 살아보
      고 싶겠다. 너희들은 시골이 좋니? 서울이 좋니?

민재  전 시골이요. 공기 좋고 나가면 놀 게 많아서 좋아요. 예전에
      친척집에 갔을 때 소에게 열심히 먹이를 준 생각이 나요.

민서  전 둘 다 살아 보고 싶어요. 다 장단점이 있으니까요. 서울 쥐

가 왜 서울을 못 벗어나는지는 모르겠지만 도시, 산, 바다…
다양한 곳이 있다는 것을 말해 주고 더 좋은 곳에서 살 수 있
도록 선택하는 데 도움을 주고 싶어요.

엄마  민서 말대로 사람들이 사는 곳은 정말 다양하고 사는 곳마다
장단점이 있네. 서울 쥐와 짝이 되어서 이야기 나누어 보니 어
땠니?

민재  진짜 만나서 물어보고 싶어요. 서울 쥐의 생각이 궁금해요.

민서  상상 속에서 서울 쥐와 질문하며 이야기 나누어 보니 부쩍 친
해진 것 같고 물어보고 싶은 것이 더 많아졌어요. 그냥 책만 읽
었던 것보다 책을 읽고 이야기 나누니까 책이 더 재미있고 느
낌이 달라요.

엄마  엄마도 너희들하고 이야기 나누니까 짧은 이야기가 소설처럼
느껴진다. 이번에는 시골 쥐와 짝을 해볼까?

**시골 쥐에 대한 대표질문 : '주변의 건강하고 좋은 재료로 맛있게 음식을 해서
먹어보는 건 어떠니?'**

민서  시골의 신선한 유기농 식재료로 맛있는 음식을 다양하게 만
들어 보면 좋을 것 같아 질문했어요.

엄마  재미있는 이야기가 나올 것 같다! 어떤 재료로 어떤 음식을
만들어 먹을 수 있을까?

민서  옥수수 알갱이를 버터와 설탕을 넣어 볶으면 맛있어요. 고기
국물을 우려서 요리를 하면 국수도 해먹을 수 있고요.

민재    요즘 요리 프로그램들이 엄청 많은데, 보고 배우면 해먹을 게 많겠어요.

민서    인간들이 먹고 남은 소 뼈를 깨끗이 씻어 푹 삶은 국물로 국수를 만들면 어떨까요? 아니면 직접 농사지은 채소들로 쌀국수를 만들어 팔면 돈을 벌 수 있지 않을까요? 그 돈으로 서울에 가서 당당히 음식을 사 먹으면 되죠.

엄마    시골에서 신선한 재료로 요리를 하면 더 맛있겠다. 시골 음식을 팔아 서울 가서 당당히 음식을 사 먹는다는 생각을 엄마는 전혀 해보지 못했네.

민재    요리 안 하고 농사지어서 팔아도 돼요.

엄마    그렇구나. 직접 재배하거나 장사를 하면 같이 일하며 살려는 쥐들도 모여들 수 있지 않을까?

민재    쥐들이 너무 많아지면 사람들한테는 좋지 않을 것 같아요.

민서    쥐가 음식을 훔쳐 먹기보다는 사람들이 먹고 남긴 음식물쓰레기를 먹으면 쓰레기 처리가 쉬워지지 않을까요? 쥐들이 먹으면 배가 불러 좋고, 사람들은 음식물쓰레기가 해결되어 좋고, 환경오염도 줄어들어 좋을 것 같아요.

민재    나도 햄스터를 키우고 있지만 돌아다니는 쥐는 무서울 것 같아.

민서    쥐들이 음식물쓰레기를 처리해 줘도? 그래도 사람들이 쥐를 징그럽게 생각할까?

엄마    만약 그렇다면 엄마는 쥐에 대한 생각이 바뀔 것 같아.

민재    음식물쓰레기를 처리할 수 있는 방법 중 하나로 연구되었으면 좋겠다.

민서    하브루타를 하기 전에는 '서울 쥐가 틀렸고 시골 쥐가 맞다'라고만 생각했는데, 하브루타를 하고 나서는 서울 쥐와 시골 쥐

| 민재 | 다른 질문으로도 한참 이야기할 수 있을 것 같아요. |
|---|---|

의 입장에서 생각할 수 있었어요.

| 민재 | 다른 질문으로도 한참 이야기할 수 있을 것 같아요. |
|---|---|
| 엄마 | 엄마는 상상도 못했던 생각들을 너희들이 술술 이야기하니 대단하다는 생각이 든다. 생각 주머니 안의 다양한 생각들을 계속 들어보고 싶어. 다음에는 그림책으로 해볼까? |
| 민서 | 좋아요. 질문 만들기는 잘 안 떠올랐지만 질문을 만들다 보니 재미있는 생각이 자꾸 나서 계속 이야기할 수 있을 것 같아요. |

어떤 식으로 흘러갈지 약간의 걱정과 어색한 기분으로 시작했지만 아이들은 거부감 없이 즐겁게 생각을 이어갔어요. 그래도《이솝우화》는 잘 알려진 쉬운 내용이라 부담 없이 시도해 볼 수 있었지요.

아이들은 저보다 질문도 쉽게 만들고 재미난 생각들을 많이 만들어 냈어요. 아이들과 하브루타를 하다 보니 저는 생각하지 못했던 기발한 표현을 접하며 아이들의 생각을 가볍게 생각했던 것을 깊이 반성했어요. 그리고 아이들의 의견과 생각을 진심으로 존중하게 되었지요.

대단한 이야기들이 오간 건 아니었지만 그냥 단순히 읽고 지나갔던 《이솝우화》로 질문을 만들고 생각 나누기를 하니 아이들과 다양한 방향의 생각을 하게 되었어요. 무엇보다 내 생각에 서로의 생각을 더하며 이야기를 재미있게 이어갈 수 있는 방법을 알게 되었어요. 생각 나누기를 하고 나서 아이들은 질문을 더 만들었어요.

Q. 내가 서울에 살면서 느낀 좋은 점은 무엇일까?

Q. 시골 쥐와 서울 쥐가 함께 좋을 수 있는 방법은 무엇일까?

Q. 내가 서울 쥐라면 음식을 먹기 위해 어떻게 했을까?

 

처음 만들었던 질문보다 생각 나누기에 좋은 질문들이 많이 나와서 더 이야기해 보고 싶었지만 아이들에게 '하브루타＝재미'라는 공식이 깨질까 봐 한창 재미있을 때 다음 그림책에 대해 이야기하며 마무리 지었어요.

사랑이 엄마도 처음 하브루타를 할 때 간단한 《탈무드》나 《이솝우화》로 주인공의 입장에서 문장으로 질문을 만들면 쉽고 자연스럽게 시작할 수 있을 거예요.

# 엄마가 먼저 하브루타를 하면? : 깊이 있게 확장해서 들어가기

## 《슈만의 특별한 구두》

존 데이날리스 글 | 스텔라 데이날리스 그림 | 백원영 옮김 | 여유당

한 마을에 손님들의 사랑을 듬뿍 받는 구두장이 슈만이 살았어요. 슈만은 구두가 완성되면, 가게 밖에 걸린 구두 모양의 간판 끈을 우아한 리본으로 묶었어요. 그러면 사람들은 거리에서 멋진 새 작품을 볼 기대에 설레었죠. 그런데 어느 날 마을에 커다란 신발 공장이 들어서고, 밤 낮없이 신발을 쏟아냈어요. 오직 한 가지 모양에 살구색 뿐인 신발이었지만, 사람들은 이내 공장 신발만 신기 시작했지요. 기억 속에서 사라진 슈만은 숲속으로 들어가 동물 친구들에게 멋진 구두를 만들어 주었어요.

엄마들과 《슈만의 특별한 구두》로 다양한 하브루타를 하고 나니 아이들에게 작가가 책 속에 숨겨놓은 이야기들을 알려주고 싶었어요. 돌아가며 한 장씩 책을 읽고 내용 파악은 서로 책 내용 문제 내기 게임으로 했는데 문제가 꽤 난이도가 있어서 함께 책을 찾아보며 답을 확인했어요.

이제는 자연스럽게 책 읽고, 내용 파악하고 질문을 만드는 아이들을 보며 하브루타가 아이들의 생활에도 함께 물들어 간다는 느낌이 들었어요.

아이들은 어른들과는 또 다른 방향으로 새로운 질문들을 만들었어요. 사람마다 다른 질문이 무궁무진하게 나올 수 있음을 다시 한 번 느끼게 되었지요.

Q. 사람들은 왜 다 똑같은 공장 신발만 좋아했을까?

Q. 공장장이는 왜 슈만이 꾸민 신발을 싫어했을까?

Q. 끝에 나온 아이가 구두 장인이 되었다면 공장은 어떻게 되었을까?

Q. 슈만은 왜 수염을 깎지 않았을까?

Q. 슈만은 왜 다리가 100개인 지네의 부탁을 들어줬을까?

Q. 사람들이 슈만의 신발을 잊었을 때 어떤 기분이었을까?

Q. 만약 내가 슈만이라면 어떤 구두를 만들었을까?

Q. 왜 슈만의 볼 색깔과 모자는 자꾸 달라질까?

Q. 공장장이나 토끼, 사자, 당나귀 등의 눈은 왜 슈만의 눈과 다를까?

Q. 슈만이 떠날 때 강아지를 데리고 갔는데 왜 나중에는 강아지가
   없을까?

Q. 슈만과 강아지는 무슨 관계일까?


저는 초등학교 아이들이 만든 질문을 볼 때마다 어른들의 질문과 비교할 때 조금도 부족함이 없다는 것을 느끼게 돼요. 중요하게 생각하지 않았던 부분들이 질문으로 나오니 어떤 이야기가 나올지도 궁금해지기 시작했어요.

질문 순서에 상관없이, 자유롭게 생각 나누기를 하고 싶은 순으로 이야기를 했어요. 아직은 질문에 대한 생각 나누기를 할 때 다양한 의견들이 나오지 않았어요. 먼저 발표한 사람의 생각이 좋다고 생각되면 자신의 생각은 잘 꺼내지 않는 느낌이었지요. 그래서 대표질문을 하나 정하기 전에 질문들을 보고 간단하게 생각 나누기를 해보았어요.

Q. 개와 슈만은 무슨 관계일까?

A. 원래 떠돌이 개였는데 우연히 슈만을 만나게 되어 같이 살게 되었어요. 둘의 관계는 서로 애정 없이 같이 지내는 사이였다가 슈만이 숲에 들어간 뒤, 개는 다시 자기 길을 떠났어요.

Q. 눈 그림들의 의미는?

A1. 공장의 눈과 숲의 눈을 나타낸 것 같아요. 눈을 자세히 보면 공장에 붙어 있던 눈과 그 안에서 일하는 사람의 눈이 함께 보여요.

A2. 동물들의 눈은 다양하게 표현되었어요.

Q. 마지막에 나오는 사람으로 이야기를 만든다면?

A1. 아마 공장장의 아들일 거예요. 늘 똑같은 구두지만 모양이 살짝 들어가 있는 모양으로 신은 걸 보니 뭔가 변화를 원하는 사람 같아요.

A2. 공장장 아들이 앵무새가 떨어뜨린 구두를 보면서 개성 있는 구두를 만들기로 하고 공장에서 찍어낸 구두에 디자인하기 시작했을 것 같아요.

A3. 저는 그냥 일반인이라고 생각해요. 떨어진 구두를 보고 디자인하여 구두를 만들었는데 슈만의 구두를 그리워하던 사람들이 몰리면서 공장은 망했을 것 같아요.


아이들은 제가 생각하지도 못했던 또 다른 방향으로 생각 나누기를 했어요. 아이들과의 질문 중 투표를 해서 전체 대표질문을 뽑고 생각에 '꼬리 이어 질문하기'를 했지요. 질문하는 사람이 방향을 잘 잡아 주어야 깊이 있는 생각으로 들어갈 수 있어서 제가 아이들의 생각에 꼬리 이어 질문을 했어요.

**대표질문 : 사람들은 왜 똑같은 신발을 신었을까?**

A. 싸고 새 신발로 자주 바꿀 수 있어서 좋았을 것 같아요.

Q. 너는 슈만의 구두와 공장 구두 중 무엇이 더 좋니?

A. 저는 슈만의 구두가 그리워 수소문해서 찾아갔을 것 같아요. 공장 신발은 패스트푸드 같은 이미지이고, 슈만 구두는 명품 이미지예요.

Q. 공장 신발을 찾는 사람들처럼 남들과 똑같은 것을 사고 싶은 경우가 있니? 장난감 등등? (군중심리 관련 질문)

A. (아이들 합동으로) 휠리스(바퀴 달린 신발 브랜드명)! 위험한 부분도 있지만 그래도 갖고 싶어요. 다 신고 다니니까 더 갖고 싶은 것 같아요. 디자인도 다양하고요.

Q. 휠리스가 같은 디자인과 색깔로 나온다면?

A. 공장에서 나온 살구색 신발을 산 사람들처럼 같은 디자인과 색깔로 나와도 갖고 싶을 것 같아요.

Q. 그러면 너희는 어떤 구두가 더 좋니?

A. 슈만의 구두요! 가격이 너무 비쌀 것 같아 망설여지지만 가치 있는 구두로 소장하고 싶어요.

같은 신발을 선택했던 사람들을 보고 아이들과 '군중심리'에 대해 이야기를 나눈 것은 좋은 경험이었어요. 단순히 유행 때문에 물건을 산 경험이 있거나, 사고 싶었지만 필요 없어서 꾹 참았다는 경험들을 나누면서 유행에 따르고 싶은 우리 마음에 대해 솔직하게 이야기해 볼 수 있었어요.

다시 아이들과 군중심리에 대해 이야기한다면 '브랜드 롱 패딩'이 주제로 나오지 않을까요. 생각 나누기를 하면서 '나만의 특별한 구두'를 디자인하고 설명하는 활동도 재미있어요. 마음 따뜻한 구두, 신비로운 능력이 있는 구두, 실생활에 유용한 운동화 등 다양하고 재미있는 구두를 마음껏 상상해 볼 수 있어요.

결론이 나지 않는 생각들…. 틀에 맞는 답을 찾아야 한다는 스트레스에서 벗어나 생각나는 대로 끊임없이 바뀌는 생각들을 이야기하는 것이 하브루타의 매력이에요. '그때 그때 달라요!'라는 유행어처럼요.

엄마가 먼저 하브루타를 하고 그 책으로 아이들과 질문을 만들면서 생각 나누기를 하면 진행도 수월하고 내용이 풍성해져요. 혼자서 책을 읽으면 특별히 생각을 나눌 게 없다고 생각되지만 주변 사람들과 하브루타를 하게 되면 책에 대한 다양한 생각을 할 수 있어서 하브루타를 한 책과 하지 않은 책에는 생각보다 큰 차이가 있어요. 그리고 아이들이 질문 만들기를 얼마나 잘하는지, 또 재미있는 생각들을 얼마나 많이 이야기하는지 더 잘 느끼게 되지요. 역시 아이들과 하는 하브루타는 신선하고 또 다른 시선으로 책을 보게 해줘요.

저녁을 먹고 아이들과 느긋이 소파에 앉아 "이 책으로 여러 사람들과 하브루타를 하면서 엄마가 찾은 내용을 보여 줄까?" 하며 탐정이 된 듯 찾았던 이야기를 아이들은 어떻게 받아들일지 궁금했어요. 그래서 조금 들뜬 모습으로 작곡가 슈만의 일생 이야기와 〈숲의 정경〉 노래를 들으며 관련 악장의 제목들을 보여주었지요. 아이들은 책의 이야기 흐름과 비슷한 것을 보고 크게 흥미를 느끼며 재미있어했어요.

민재  와~ 엄마! 정말 슈만이라는 이름과 음표가 작곡가 슈만에
      서 가져온 건가 봐요.

민서  이 책에 이런 비밀이 숨어 있었다니! 재미있어요.

나    엄마도 작가를 만나 물어보기 전에는 모르지만 이렇게 찾
      아가는 과정이 무척 재미있었단다.

아이들 와! 엄마, 책에서 그런 내용을 찾아내다니 대단해요.


아이들에게 듣는 진심어린 칭찬은 참 오랜만이었어요. 그래서 너무
기분이 좋고 활력이 생겨났어요. 그 기분에서 아직도 칭찬을 듣고 싶어
하는 저를 발견했지요.

아이들도 얼마나 칭찬받고 인정받고 싶을까요? 칭찬의 힘을 받았으
니 아이들에게 더 구체적으로 칭찬을 많이 해줘야겠다는 생각이 들었어
요. 슈만의 노래를 들으며 책을 다시 읽어 보고 나니 저는 자연스럽게 아
이들과 다른 음악들도 듣고 싶어졌어요. 민서, 민재, 민규가 서로 좋아하
는 음악을 찾아 들으면서 음악에 대해 재잘거리며 이야기하는 것을 보
며 편안한 휴식이 되었지요. 좁아져 있는 시선이 넓게 바뀌는 저를 느끼
게 해준 시간이었습니다.

# '용기를 가져!'라고 외쳐서 생기는
## 용기가 아니라면: 생각 나누기로 찾게 된 용기

### 《용기 모자》

리사 데이크스트라 글 | 마크 얀센 그림 | 천미나 옮김 | 책과콩나무

겁이 많은 주인공 메이슨은 털복숭이 개가 무섭고, 날개를 푸드덕거리는 비둘기가 무섭고, 깜깜한 방의 창문을 뚫고 들어오는 빛줄기도 무섭기만 해요. 이런 메이슨에게 할아버지는 신문지로 용기 모자를 접어줍니다. 용기 모자를 쓰고 다시 바라본 무서운 것들은 여전히 무서울까요? 메이슨에게 용기를 준 것은 무엇일까요?

"너는 왜 그렇게 용기가 없어?"

아침부터 눈을 흘기며 아이를 나무라보지만 이렇게 말한다고 해서 생기는 용기가 아니라는 걸 누구보다 잘 알고 있어요. 이 한 문장에 아이에 대한 원망과 엄마의 조급한 마음을 실어 사실은 화풀이를 하고 있다는 것도요.

엄마의 달래지지 않는 마음은 옆집 엄마와 커피를 마시며 아이의 아쉬운 점들을 끊임없이 늘어놓고 나서야 조금 사그라들어요. 똑같이 반복되는 일상들…. 아이에게 없는 것이 비단 용기만은 아니겠죠. 이것도 잘했으면 좋겠고, 저것도 잘했으면 좋겠고…. 결국 모든 것을 다 잘했으면 하는 엄마의 마음, 이것이 엄마의 허황된 욕심이라는 걸 알면서도 그런 마음이에요. 우리 아이만은요.

자주 아이가 마음에 들지 않고 육아로 인한 스트레스는 점점 쌓여만

가요. 아이에게 "용기를 가져봐! 용기를 내!"라고 수천, 수만 번 외친다고 해서 용기가 생기는 것이 아니라면 어떻게 하면 좋을까요? 고심 끝에 방법을 바꿔 보았어요. 아이와 책 한 권을 골라 마주 앉은 저. 책 제목은 바로 《용기 모자》예요. 제가 평소에 실천하고 있는 독서하브루타의 시작은 질문이에요. 아이와 함께 책의 표지 그림과 제목을 천천히 둘러보며 가볍게 대화를 시작했어요.

"용기 모자가 뭐지? 용기가 필요할 때 쓰는 건가? 용기 모자를 쓰면 용기가 생겨난다는 건가? 네 생각은 어때?" 서로 이야기하다 보니 용기라는 단어가 꽤 많이 나왔어요. 저는 아이의 생각이 궁금해졌어요.

"네가 생각하는 용기란 무엇이니?" 아이는 선뜻 대답하지 못했지요. 당연한지도 몰라요. 아이에게 용기란 무엇인지 생각해 볼 기회가 있었을까요? 그런 시간을 주기나 했을까요?

잠시 머뭇거리는 아이에게 용기를 낸 경험이 있었는지 물어봤어요. 그런데 아이는 먼저 고민거리가 하나 있다고 슬며시 이야기를 꺼냈어요. 이야기를 들어 보니 학교에서 책을 많이 읽으면 학기 말에 '다독상'을 준다고 해요. 학기가 끝나갈 무렵이니 아이들 사이에서는 책을 대출해서 읽지도 않고 다시 반납하고 새로운 책을 또 대출하고 반납하고…. 그야말로 다독을 증명하기에 바쁜 사태가 벌어졌지요. 어떤 상황인지 불 보듯 뻔했어요. 그런데 저희 아이의 고민은 무엇일까요?

"사실은 저도 상을 받고 싶어요. 그래서 '나도 책을 많이 대출해서 그냥 반납할까?'라는 생각이 잠시 들었지만… 그건 옳은 방법이 아니잖아요." 아이는 속삭이듯 저에게 털어놓았어요.

"그런 생각이 들었구나…." 일단 아이의 고민을 잔소리 없이, 훈계 없이 받아주었어요. 솔직히 이야기해 준 아이에게 고마웠지요. 하지만 엄마도 어떻게 하면 좋을지 모르겠다고 솔직히 말했어요. 이것은 독서하브루타로 아이와 대화하고 서로의 생각을 인정해 주며 생긴 저의 변화예요. 큰소리치지 않고, 모든 것을 '그럴 수 있다'고 인정해 주는 것.

대화는 잠시 멈추고 아이와 일단 책을 읽기로 했어요. 주인공 메이슨은 사소하지만 누구나 어렸을 적에는 무서워했을 만한 것에 대해 할아버지에게 이야기해요. 그림자가 무섭고, 비둘기가 무섭고, 침대 밑에 사는 괴물이 무섭다는 주인공 메이슨….

"엄마도 어렸을 때 화장실 가는 게 무서웠는데 메이슨도 그렇구나. 우리 미경이는 뭐가 무서웠어?"

"잘못하면 엄마한테 혼나는 거?" 짐작하던 대답이 나왔어요.

"그럼 잘못해도 엄마가 혼내지 말아야 하나?"

"그래도 엄마가 큰소리로 혼내는 건 싫어요…."

"엄마가 혼낼 때 그렇게 큰소리쳤나? 엄마는 나름 교양 있는 엄마라고 생각하는데…."

"엄마 화낼 때 엄청 많아요."

맞아요. 사실 그런 엄마였어요. 모두 아이가 잘못했기 때문에 제가 아이를 혼내고 화를 내는 게 당연하다고 자기최면을 했던 것 같아요. 다 아이 탓이었죠. 어느 날 문득 제 육아 방법도 틀렸고 아이와의 관계도 정상이 아니라는 생각에 시작한 하브루타였기에 스스로 인정할 수밖에 없었어요.

"그럼, 엄마가 어떻게 하면 좋을까? 어떻게 하면 우리 미경이가 기분 나쁘지 않게 잘못한 걸 알 수 있을까?"

"그냥 옆집 아이가 잘못했다고 생각하세요. 엄마는 내 친구 윤서나 서현이가 잘못하면 크게 혼내지 않잖아요."

푸핫! 빵 터졌어요. 그런 좋은 방법이 있었구나! 오늘의 대화로 저는 '아이의 눈에 비친 엄마'라는 이름의 자화상을 볼 수 있었어요. 맞아요! 화를 많이 내는 엄마, 그게 바로 저였어요.

아이는 "엄마 화낼 때 엄청 많아요"라고 저에게 이야기하면서 용기가 필요했을까요? 아마 많은 아이들이 엄마에게 하고 싶은 말이 있어도 말해 봤자 혼난다는 뻔한 결말을 알고 있어서 마음속에 꾹꾹 눌러 담아 놓고 있을 거예요. 그리고 꾹꾹 눌러 담아 놓았던 엄마를 향한 말들은 아이들이 힘이 세지고 머리가 커지는 사춘기가 되면 날카로운 비수가 되어 엄마 마음에 꽂히겠죠.

주인공 메이슨이 무서운 것들에 대해 이야기했을 때, 메이슨의 할아버지가 다독이며 용기 모자를 접어주고 따뜻한 말을 건네지 않았다면 메이슨은 어떻게 되었을까요? 용기가 생겼을까요? '그런 게 뭐가 무서워?' 하고 아이의 감정에 공감해 주지 못했다면 메이슨은 어떻게 되었을까요?

Q. 용기란 무엇일까?

Q. 왜 용기를 내기 어려운 걸까?

Q. 용기와 무모한 용기의 차이점은 무엇일까?

Q. 우리 가족 중 가장 용기 있는 사람은 누구일까?

Q. 용기를 냈을 때 내 기분은 어떨까?

Q. 용기가 없다면 우리는 어떻게 될까?

Q. 용기는 어디서부터 나오는 걸까?

Q. 진정한 용기란 무엇일까?

Q. 용기가 없어서 후회했던 적이 있을까?

Q. 미움 받을 용기에는 무엇이 있을까?


책을 읽고 대화를 나눈 저는 아이와 함께 질문을 만들어 보기로 했어요.

용기는 많은 순간 저에게 말을 건네요. 그동안 용기가 없어 포기했거나 외면했던 많은 것들이 있었기에 '내 아이는 그러지 않았으면 좋겠다'라는 욕심이 있었어요. 그래서 그림책 한 권을 앞에 놓고 용기에 대해 이야기할 수 있는 이 시간이 정말 소중해요. 아이가 쓴 질문을 보고 다시한번 물어 봤어요.

"용기란 무엇일까?"

아이는 대답했어요.

"다른 사람이 쉽게 시도하지 못하는 걸 도전하는 거요."

"아, 네가 생각하는 용기는 그런 거구나."

책을 모두 읽고 다시 아이의 처음 고민으로 돌아갔어요.

"그럼, 미경이는 어떻게 하면 좋겠니?"

쉽게 할 수 없는 결정이기에 저는 아이가 대답할 때까지 천천히 기다려 주었어요. 아이가 스스로 정의한 용기에 대해 생각해 보기를 바라면서요. '용기란 다른 사람이 쉽게 시도하지 못하는 것!'

아이가 드디어 입을 열었어요.

"음… 저는 그냥 상 안 받을래요."

"그래? 상을 못 받으면 섭섭하지 않겠어?"

"조금은 섭섭하겠지만 내년엔 학기 초부터 열심히 책 많이 읽어서 고민할 필요 없이 다독상 받을 수 있도록 할게요."

아이의 고민이 저절로 풀리고 자연스레 저의 고민도 풀렸어요. 그리고 우리는 '상을 받지 않고 양심을 선택할 용기'라고 이름 붙였어요.

오늘 저는 '화내지 않는 엄마'라는 한 가지 좋은 인상을 아이에게 심어 주고 뿌듯함이 밀려왔어요. 이 한 번의 대화로 아이가 매번 용기를 내고 용기 있게 행동할 거라는 생각은 하지 않아요. 그러나 앞으로 많은 날 그림책을 읽으며 '툭하면 화내는 엄마'가 아니라 '그림책을 함께 읽으며 즐겁게 대화하고 토론하는 엄마'라는 모습으로 기억되고 싶어요.

그 뒤로 아이는 용기가 필요한 순간 '용기 모자'를 접고 있어요. '용기 모자'를 접으면서 질문을 만들며 아이와 저는 생각들을 순서대로 차근차근 정리해 나가요. '용기 모자'를 쓰는 순간, 아이는 이미 자신을 믿고 있어요. 난 할 수 있어!

# 꽃들에게 희망을! 나에게 희망을! : 하브루타가 주는 희망

## 꽃들에게 희망을

트리나 폴러스 글·그림 | 김석희 옮김 | 시공주니어

오랫동안 보금자리가 되어주었던 알을 깨고 나온 호
랑애벌레는 먹고 자라는 그 이상의 무엇인가를 찾아
떠납니다. 그러던 중 자신처럼 고민이 많은 노랑애벌
레를 만나게 되고 사랑도 하게 되지만, 그 둘은 과도
한 경쟁사회에서 느끼는 입장 차이가 있습니다.
밟고 올라가느냐, 아니면 발밑에 깔리느냐….

언제 읽었는지 생각도 나지 않지만 아련한
추억으로 남아 있는 이 한 권의 책. 아이들이 아주 어렸을 때 한 번씩 후
다닥 읽히고, 나도 이렇게 다시 보게 될 줄은 꿈에도 모른 채 이웃집 엄
마들에게 넘긴 수많은 그림책 중 한 권입니다.

이 책은 치열한 경쟁 속에 살아갈 수밖에 없는 현대인에게 과도한 경
쟁을 부추기는 것들에 대한 경각심을 느끼게 해주고, 의미 없이 다수에
끌려가는 행동에 대한 경고와 끝없이 남을 짓밟아 가면서 자신의 위치
를 굳힐 수밖에 없는 현실에 대한 비판적 메시지가 담겨 한 번쯤 읽어 볼
만하다고 생각했어요.

그런데 이 책을 시작으로 본격적으로 시작했던 하브루타 수업은 저의
생각과 행동을 엄청나게 변화시킨 혁명 그 자체가 되었습니다. 날이 갈
수록 수준과 학년이 다른 아이 셋을 두고 함께할 수 있는 일이 점점 줄어
드는 터라 엄마로서 미안하기도 하고 난감했지요. 그러다 하브루타 수

업을 들으며 중1 딸, 초등 6학년 아들, 초등 3학년 아들이 모두 즐거운 마음으로 함께할 수 있는 것이 생겼다는 사실에 감히 '혁명'이라는 말을 떠올리게 되었어요.

시간이 흘러 지금은 중3, 중2, 초등 5학년 아이들을 데리고 다시 《꽃들에게 희망을》로 하브루타를 해보았습니다. 그때 했던 독서하브루타 수업을 잠시 소개할게요.

"혜정이, 시형이, 시훈이 어때? 《꽃들에게 희망을》 많이 봤지?"

"엄마, 전 초등학교 저학년 때 읽었어요."

혜정이가 예전에 읽었다고 합니다.

"시형이, 시훈이도 생각 나?"

"읽은 것 같은데 잘 생각이 안 나요."

시형이는 잘 생각이 나지 않지만 읽었다고 하고 시훈이는 처음 읽는다고 합니다.

"오늘 우리 가족이 하브루타할 책은 《꽃들에게 희망을》이야. 엄마는 너희들 셋이 함께하기에 딱 좋은 책이란 생각이 들어."

아이들한테 우선 책을 한 페이지씩 돌아가며 읽자고 제안했습니다. 녹음까지 하며 한 페이지씩 읽었더니 40분 남짓 걸렸어요. 책을 대충 읽지 않을까 하는 노파심으로 녹음을 하며 읽게 했는데 본격적으로 하브루타 수업을 들어가기도 전에 자기 목소리들을 듣고 박장대소하며 좋아했어요.

한동안 수업진행을 못하고 자기가 듣기에는 어색한 녹음 목소리 얘기로 왁자지껄했습니다. 저도 한몫했어요.

"정말 내 목소리 같지가 않아!" 막내 시훈이는 연신 생소한 녹음 목소리에 신경이 쓰이나 봅니다.

"그렇지? 엄마도 내 목소리 같지 않아서 어색하네. 하하하. 자, 이제 본격적으로 질문 만들기를 해보자."

하브루타의 핵심이라고 할 수 있는 질문 만들기 시간은 그동안 습관적으로 답만 찾던 아이들에게 너무 낯설고 어려운 일이었을 거예요.

"아무 질문이나 괜찮아요?"

"물론이지."

"어떤 질문을 해요?"

"너희들이 책을 읽고 생각났던 질문 아무거나 다 괜찮아."

제 딴에는 아이들이 중학생이 되었으니 당연히 질문을 잘 만들 거라고 생각했는데, 의외로 질문을 어떻게 만드느냐는 질문만 하는 아이들을 보니 약간 당황스러웠지요. 하지만 애써 태연한 척 하며 예문을 들고 몇 가지 예시를 알려주었습니다.

다행히 그날 둘째가 질문의 물꼬를 텄는데 그 질문이 아직도 생생합니다. '애벌레가 나비가 되는 일이 꽃들에게 과연 희망인가?'라는 질문이었어요. 그 질문을 시작으로 여러 가지 질문들이 터져 나왔어요.

Q. 애벌레가 주인공으로 보이는데 제목은 왜 '꽃들에게 희망을' 일까?
Q. 애벌레는 자신의 몸이 고치의 과정을 겪어야만 나비가 된다는 사실을 알까?
Q. 애벌레가 위험을 무릅쓰고 애벌레 기둥을 올라가는 이유는 뭘까?
Q. 애벌레는 고치 안에 있는 동안 답답하지 않을까?

Q. 실제로 애벌레 기둥이 존재할까?

Q. 실제로 애벌레들도 인간처럼 경쟁을 할까?

Q. 노랑애벌레와 호랑애벌레가 마음이 통한 결정적인 이유는 무엇일까?

Q. 자신이 하고 있는 일이 옳은 것인지는 어느 시점에서 알 수 있을까?

Q. 수많은 시련을 겪으면서도 굳이 꼭대기까지 올라갈 필요가 있었을까?

Q. 늙은 애벌레는 어떻게 해서 고치를 만들고 나비가 되는 방법을 알았을까?

Q. 나비와 애벌레의 의사소통 방법은 같을까?

Q. 노랑나비는 다른 애벌레에게 어떤 영향을 주게 될까?

Q. 만약 내가 애벌레라면 그 경쟁 속에 뛰어 들었을까?

Q. 꼭대기에 올라가서 무슨 생각을 할까?

Q. 기둥 위 애벌레 중 노랑애벌레, 호랑애벌레처럼 생각한 애벌레들이 있었을까?

Q. 경쟁은 무조건 나쁜 것일까?

Q. 애벌레를 사람에 빗댄 것일까?

Q. 경쟁을 해야 하는 사람과 절망에 빠진 사람들이 이 책을 보고 희망을 얻을 수 있을까?

Q. 꼭대기에 올라가는 것을 경쟁이 아닌 호기심 또는 도전정신이라고 볼 수 있을까?

Q. 애벌레들의 미래에 대한 이상적 최종목표는 나비일까?

Q. 나비는 어떻게 다른 나비를 구별할까?

Q. 나비들이 경쟁을 한다면 또 무슨 경쟁이 있을까?

Q. 나비는 애벌레 시절을 기억할까?

Q. 나는 경쟁을 어떻게 받아들일까?

Q. 애벌레 기간이 얼마나 지나야 늙은 애벌레가 될까?


망설였던 아이들이 맞나 싶을 정도로 대화와 토론을 하며 활발하게 질문들이 쏟아져 나왔습니다. 아이들이 빽빽이 써 놓은 질문들을 보고 있자니 미처 생각지 못한 질문에 먼저 눈길이 갔습니다.

"모두 질문이 좋다. 참 다양하고 예리한 질문이야."

'애벌레를 사람에 빗댄 것인가'라는 질문을 만든 혜정이한테 이 질문을 왜 했는지 되물었습니다. 요즘 같으면 저학년 아이들에게도 하는 것처럼 만든 질문 중 스스로 대표질문을 뽑아서 질문하게 했을 거예요.

"예전부터 느꼈는데 많은 작가들이 사람들의 행동을 동물에 비유하여 '하고 싶은 말을 하고 있구나' 하고 느꼈거든요. 그래서 당연히 '애벌레를 사람에 비유한 것이 아닐까' 하고 생각했어요."

그 말을 들으면서 이미 확신을 가지고 만든 질문이라는 것을 느꼈어요.

"작가가 하고 싶은 말이 뭐라고 생각했는데?"

저는 작가의 생각을 혜정이가 뭐라고 말할지 또 궁금했어요.

"성공을 위해서는 물불 안 가리고 남을 짓밟는 자기 행동을 보고 반성 좀 하고 살자…, 이런 걸까요?"

혜정이가 말하는 모습을 지켜보던 동생 시훈이도 한마디했어요.

"자기가 하고 싶다고 해도 남에게 피해를 주면 안 되니까, 그렇게 하지 말라는 경고를 하고 있는 것 같아요."

"그것보다 자신을 위해 남을 짓밟는 건 무엇으로도 용서받을 수 없는 행동이니 아예 뿌리를 뽑자는 의미 아닐까요?"

누나랑 동생이 한마디씩 하자 시형이도 한마디했어요. 아이들도 경쟁 사회에서 느끼는 위압감이 무척 큰가 봅니다. 그러면서 자기가 생각하고 있는 것들을 작가가 이야기로 잘 만들어주길 바라는 것 같아요.

"처음에는 어떻게 질문을 만드는지 몰랐는데 드디어 감 잡았어요."

막내 시훈이가 중간에 툭 던진 말에 슬며시 웃음이 나왔습니다.

"혜정이, 시형이는?"

"저도 가족들과 책을 읽으면서 질문 만들기를 하니까 그게 좋아요."

중학생 딸에게서 '가족과 뭔가를 같이 하는 게 좋다'는 뜻밖의 말을 듣고는 너무 기뻤습니다.

"저도 재미있어요."

막내와 달리 조금 소극적인 큰아들의 대답이었습니다.

"특히 재미있었던 점이 뭐였어?" 시원한 대답이 나오지 않으면 계속 물어보는 습관이 저도 모르게 튀어 나왔습니다.

"재미를 느끼는 데 이유가 있나?"

시훈이가 툭 내뱉었습니다.

"그래, 재미있었다고 하니 엄마가 참 행복하다."

자연스럽게 대표질문으로 이어지는 수확까지 얻은 그날, 애벌레는 나비가 되어 꽃들에게 희망을 주었고《꽃들에게 희망을》은 저에게 나이와 수준이 모두 다른 아이들과 다 함께 하브루타를 할 수 있다는 희망과 기쁨을 주었습니다.

# 내가 너와 함께 역사 토론을 하게 될 줄이야!

: 하브루타로 역사 공부하기

## 《왕의 힘이 강해져야 해》

서해경 글 | 오동 그림 | 이수

한국사 그림책 전집 중 조선 초기 시대에 대한 책 중 하나입니다. 조선 건국 이후 이
방원이 세자로 책봉되고 조선 제3대 임금으로 등극하기까지의 과정에 대한 책이지요.
왕권과 신권의 대립을 겪으며 태종이 어떤 방식으로 왕권을 강화했으며, 어떠한 정책
을 펼쳤는지 등을 다루고 있어요.

하브루타를 적용할 수 있는 분야는 굉장히
다양해요. 사실 하브루타식 대화법을 사용할 수 없는 분야는 거의 없을
거라고 생각해요. 질문 만들기와 생각 나누기는 책을 통해서만 할 수 있
는 것이 아니니까요. 일상 자체가 하브루타의 대상이자 주제가 될 수 있
어요. 책 외에도 모든 매체들, 예를 들면 그림이나 디자인, 건축, 음악 등
모든 것을 하브루타식으로 풀어낼 수 있어요. 심지어 동아리원 한 분은
집에서 아이와 수학공부를 할 때도 하브루타식으로 한다고 해요.

그림책하브루타의 범주에서 조금씩 벗어나 그림하브루타나 음악하브
루타를 맛보기 시작하면서 역사를 하브루타식으로 풀어보면 어떨까 하
는 생각이 들었어요.

저는 역사를 참 좋아하는데 제 아이, 수아는 역사를 유달리 싫어하거
든요. 역사 관련 그림책도 역사라는 단어가 들어가면 "역사는 싫어"라
며 거들떠보지도 않았죠. 뭐든 쉽게 싫다는 말을 하는 성격이긴 하지만

그 재미있는 게 왜 싫다는 것일까, 이해가 되지 않았어요. 그리고 '4학년이 되면 정규 수업으로 역사 수업이 시작될 텐데, 무조건 저렇게 싫다고만 하면 수업이 얼마나 재미없을까, 좀 더 열린 자세를 만들어줄 방법은 없을까' 고민이 되던 참이었죠. 그래서 어느 날, 독서하브루타 품앗이 모임에서 역사 그림책으로 하브루타를 진행해 보았어요. 우리나라 한반도 역사 중에 어느 시대를 고를까 고민하다가, 조선 건국의 계기가 된 이성계의 위화도회군을 주제로 정했지요.

책을 함께 읽은 후 질문 만들기를 하자 '이성계의 선택은 옳은 것이었을까?', '나라면 정몽주처럼 고려를 지켰을까, 정도전처럼 새로운 나라를 세우려 했을까?' 등등 기대했던 질문들이 나오더라고요. 그중 '이성계의 위화도회군은 옳은 선택이었을까?'라는 질문으로 간단히 찬반토론을 했어요. 아직 역사 전체의 흐름에 대한 이해도 없고 역사를 제대로 배워보지 못한 친구들이라 제대로 된 찬반토론을 하기는 힘들었지만, 고려왕조의 멸망과 조선의 건국에 대해 알아볼 수 있었던 시간이라는 점에서 의미가 있었다고 생각해요.

수업을 하고 보니 아쉬운 점도 많았지만, 이런 식의 역사 수업이라면 아이들이 훨씬 재미있게 수업을 하고, 머리에 남는 것도 더 많겠다는 믿음이 생겼어요. 비록 일주일도 채 지나지 않아 '위화도회군'이라는 단어는 까맣게 잊어버렸을 뿐만 아니라 "조선의 1대 임금님이 누구라고 했었지?"라고 슬쩍 떠보니 그런 걸 언제 배웠느냐고 우기긴 했지만요.

아쉬움도 남고 일종의 도전의식도 생겨, 이번에는 수아와 동생 세아만 데리고 두 번째 수업을 해보았어요. 마찬가지로 역사 전집을 앞에 두고 고민하다가 지난 시간에서 이어지는 이야기로 결정했어요. 이성계가 조선을 세운 후 왕권을 강화시킨 이방원의 이야기였지요. 예전에 다뤘던 이성계와 정도전에 대해 간단히 기억을 떠올려본 후, 책을 함께 읽었어요. 역사는 싫다며 투덜거리던 수아는 책을 다 읽자마자 질문이 휘몰아치는 듯, 공책을 붙들고 쓰기 시작했지요. 졸려하는 세아를 위해서는 특별히 엄마가 대신 받아 적어줬어요.

### 수아의 질문

Q. 태종은 좋은 왕일까?

Q. 나도 왕이 되고 싶을까?

Q. 정도전은 군사를 빼앗고 나서 어떻게 하고 싶었을까?

Q. 막내 왕자가 세자로 뽑혔을 때, 이방원은 어떤 기분이었을까?

Q. 태종은 왜 자기가 다 직접 하고 싶었을까?

Q. 태종이 막냇동생과 정도전을 죽이지 않았다면 어떻게 됐을까?

Q. 세종대왕은 자신의 아버지에 대해 어떻게 생각했을까?

### 세아의 질문

Q. 태종이 자신의 뜻을 반대하는 신하들을 귀양 보낸 것은 옳은 일일까?

Q. 태종이 동생을 죽인 것은 옳은 일일까?

Q. 내가 이방원이었다면 정도전이 군사를 내놓으라고 했을 때 어떤 기분이 들었을까?

Q. 만약 이성계가 처음부터 이방원을 세자로 결정했다면 어땠을까?

Q. 만약 이방원이 동생을 죽이지 않고, 동생이 왕이 되었더라면 어떻게 됐을까?

Q. 내가 만약 왕이라면 누구를 세자로 뽑았을까?

저는 수아도 그렇지만, 1학년 꼬맹이 세아의 질문을 보고 살짝 놀랐어요. 사실 매번 아이들의 질문들을 보고 깜짝깜짝 놀라곤 해요. 교실에서도 평소엔 눈에 띄지 않던 친구가 깊은 생각을 담아 만들어낸 질문들을 보여줘서 놀라기도 하고요. 질문을 보면 그 사람의 성향도 드러나기 마련이지요.

둘의 질문들은 다른 듯 비슷하고 서로 유기적으로 얽혀 있어서, 대표질문 하나로 생각 나누기를 시작하여 이야기 흐름에 따라 다른 질문들도 연결시키면서 수아와 세아의 생각을 들어보는 식으로 진행했어요.

**엄마** 수아의 질문을 대표질문으로 시작해 보자. 태종은 좋은 왕이었을까?

**수아** 좋기도 하고 나쁘기도 한 것 같아요.

**엄마** 어떤 점에서?

**수아** 사람들이 필요로 한 것들을 도와줘서요. 그런데 잔인하게 형제들을 죽였으니까 나쁜 왕이기도 해요.

**세아** 중간이요. 나쁜 것도 있고, 착한 것도 있고, 사람들이 자기 이야기를 할 수 있게 북을 만들어 준 것은 착한데, 동생을 죽인건 잔인하고, 욕심이 좀 많은 것 같아요.

**엄마** 그럼 태종은 자기 욕심을 위해 왕이 되려고 했을까, 백성들을 위해서였을까? 어떻게 생각해?

**세아** 백성들을 위해서였던 것 같아요. 자기 욕심도 좀 있었을 것 같고요.

**수아** 자기가 왕이 되고 싶어서 동생을 죽인 것 같아요. 왕이 되면 자기 마음대로 할 수 있으니까.

**엄마** 그런데 왕이 된 후에 자기 좋은 일만 한 게 아니라, 백성들을 위해서 한 것들도 많잖아?

**수아** 그것들도 다 자기가 원해서 한 것들 같은데요? 관찰사 보낸 것도 자기가 듣고 싶어서 보내고. 신하들이 다 처리하면 심심 하니까 자기도 사람들 말을 들어보고 싶어서 북도 설치하고.

**엄마** 오, 그렇게 생각할 수도 있구나.

**세아** 난 백성들을 위해서 그런 거 같은데요? 자기 하나만을 위해 사랑하는 형제들을 죽인 건 아니었을 것 같아요. 많은 백성들 을 위해, 더 좋은 나라를 세우기 위해, 형제들을 어쩔 수 없이 죽였을 것 같아요.

**엄마** 그럼 세아의 질문으로 연결해서 물어볼게. 만약 이방원이 동 생을 죽이지 않고 동생이 왕이 되었더라면 어땠을까?

**수아** 신하들의 의견을 좀 더 존중하는 왕이 되었을 것 같아요. 신 하들의 의견까지 들어가면서 백성들을 위하는 왕이요.

**엄마** 수아는 대체적으로 태종이 좋은 왕은 아니었던 걸로 생각하 는 것 같네. 그럼 그는 형제들을 죽이고 자기가 하고 싶은 것 만 했던 왕이었을까? 우리나라를 위해서는 한 게 별로 없는?

**수아** 다른 사람들의 의견을 듣지 않아서 그렇게 좋은 왕은 아니었 던 것 같아요.

**엄마** 이 책에서 이방원이랑 정도전이 왕권과 신권에 대한 의견이 달라서 서로 싸우잖아. 수아는 누구 의견이 맞는 것 같아?

**수아** 둘을 적당히 섞어야 해요. 왕권도 중요하고, 신하들 의견도 들어주고.

참 우문현답이죠. A 또는 B 중에서 고르라고 했더니, 중도를 선택합니다. 수아와 이야기하면서 처음으로 깨달았는데, 저는 태종을 은근히 지지해 왔었나 봐요. 세종대왕의 훌륭한 업적은 태종의 노력을 발판 삼아 가능했다고 얘기해 주어도 끝끝내 태종을 신하의 의견을 묵살한 왕이라고 평가하는 수아의 이야기를 들으며, 여러 가지 생각이 들었어요. 나중에 수아도 더 공부하다 보면 생각이 바뀔 수 있고 여전히 자신만의 철학과 기준으로 저와 다른 생각을 할 수도 있을 거예요. 하지만 같은 의견을 갖게 되든 혹은 다른 의견을 갖게 되든, 그건 중요하지 않은 것 같아요. 저와 수아는 다른 사람이니까 당연히 각자의 의견을 가질 수밖에요.

다만 수아가 자신의 생각을 가지고 역사의 주제에 대해 저와 토론할 수 있다는 점이 큰 의미가 있었어요. 비록 주장을 뒷받침하는 내용이 빈약하고 감정적이라 할지라도 "난 역사가 싫어"라며 역사 그림책도 꺼내보지 않는 아이와 함께 태종의 업적에 대해 이야기 나누고, 세종대왕이 자신의 아버지에 대해 어떻게 평가할지 함께 생각해 볼 수 있는 시간을 가질 수 있다는 점, 그것이 하브루타의 힘인 것 같아요. 만약 같은 질문을 바로 던졌다면 아이들은 귀찮아하며 "몰라요" 하고 말았을 테지요. 하지만 태종이 좋은 왕이었는지, 세종은 아버지에 대해 어떻게 생각했을지를 묻는 질문들이 엄마나 책이 준 질문이 아니라 자신이 한 질문이기에, 스스로 생각을 키워나가고 싶어지는 것이지요. 질문의 주체가 아이들 자신이라서 재미가 배가 되는 거예요.

"오늘은 어땠어? 재미있었어?"라고 물으니, 세아는 망설임 없이 "재밌었어요!"라고 하는데 수아는 시큰둥하게 "몰라요!"라고 하는군요. "재미없어!"라는 대답도 각오하고 있었는데 모르겠다고 하니, 이만하면 꽤 만족스러워요.

# 아이의 눈으로 다시 보게 되는 그림책 : 책의 진가를 알게 되다

## 《일곱 마리 눈먼 생쥐》

에드 영 글·그림 | 최순희 옮김 | 시공주니어

일곱 마리의 눈먼 생쥐가 연못가에서 이상한 것을 발견합니다. 무엇인지 궁금한 생쥐들은 차례차례 알아보러 갑니다. 그런데 생쥐들이 돌아와서 하는 말이 모두 달랐어요. 빨간 생쥐는 기둥이라고 하고, 초록 생쥐는 뱀이라고 하고, 노란 생쥐는 창, 보라색 생쥐는 낭떠러지, 주황색 생쥐는 부채라고 합니다.
마지막으로 간 하얀 생쥐가 꼼꼼하게 살펴보고 답을 맞혔어요. 그것은 코끼리였지요.

정해진 시간에 가족이 모두 모여 "지금부터 가족 독서하브루타 시작!"이라고 하면 참 좋겠는데, 바쁜 일상 속에서 마음처럼 쉽지가 않더군요. 그래서 아이와 함께 집에서 하브루타를 할 때는 우연히 시작하게 되는 경우가 많아요. 제가 선정한 책으로 '하브루타 해야지' 하고 작정하고 앉아서 시작하기보다는, 그냥 편한 마음으로 책을 읽어주다가 갑자기 하브루타로 전환하게 돼요. 대개는 "엄마, 이거 질문이 막 나와"라고 해서 해보라고 했다가, 주옥같은 아이들의 질문을 급히 받아 적거나 녹음을 하면서 하브루타로 연결되곤 하는 편이에요.

《일곱 마리 눈먼 생쥐》 역시 이런 식으로 하브루타를 하게 된 책이에요. '다음 4학년 수업에 무슨 책으로 하브루타를 해볼까' 고민하며 도서관에서 책 몇 권을 빌려 쌓아두고 있었어요. 수아가 한 번씩 쓱 훑어보다가 이 책을 건네주며 "엄마, 이거 전에 읽어봤는데 재미있어요. 질문도 잘 나와요" 하더군요.

교실에서 수업할 책을 선정할 때는 여러 가지 조건들을 확인해 보는 편이에요. 재미도 있고, 작가의 철학과 주제도 엿보이고, 그림도 좋고, 결정적으로 질문도 잘 나와야 하지요. 질문 만들기를 힘들어하고 지루해 하면 독서하브루타는 재미없다는 인식이 생길까 봐 조심스러웠거든요. 아이들은 신기하게도 질문이 잘 나오는 책이 재미있다고 느끼는 경향이 있어요. 혹은 책이 재미있으면 질문이 잘 나오거나요.

그래서 수아가 질문이 잘 나온다고 추천하는 책으로 수업을 하면 실패율이 낮은 편이에요. 그렇지 않아도 이 책을 한 번 해보고 싶긴 했는데, 쉽고 간단한 듯하면서도 담고 있는 내용이 많은 책이라 어떤 식으로 풀어내야 할지 고민 중이었죠. 잘됐다 싶어 수아에게 질문을 만들어 달라고 했어요. 아래는 수아가 주르륵 쏟아 낸 질문들 중 일부입니다.

Q. 생쥐들이 눈이 멀지 않았다면 이 이야기는 어떻게 됐을까?
Q. 하얀 생쥐는 자기도 장님이면서 어떻게 답을 맞혔을까?
Q. 내가 하얀 생쥐라면 코끼리라는 것을 맞힐 수 있었을까?
Q. 왜 생쥐들은 번거롭게 모두 다른 날짜에 갔을까?
Q. 코끼리는 왜 생쥐들을 보고 아무런 반응이 없었을까?

수아의 질문 중 '하얀 생쥐는 자기도 장님이면서 어떻게 답을 맞혔을까?'라는 질문이 눈에 들어왔어요.

"수아는 이 질문에 대해서 어떻게 생각해?"

"친구들이 말한 의견들을 다 모아서, 조각조각 퍼즐처럼 맞춰봤을 것 같아요, 머릿속에서."

그 순간 제 머릿속에서도 종소리가 들리는 느낌이었어요. 저는 이 책을 여러 번 읽었지만, 이런 시각으로 본 적이 없었어요. 꽤 익숙한 스토리였기 때문에 별로 새롭게 느껴지지 않았거든요. 흔한 옛날이야기 속 주인공들은 원래 좀 잘난 편이어서 문제를 더 쉽게 해결하곤 하잖아요.

"아아, 그렇네! 그러니까, 자기 혼자서 답을 찾은 게 아니네! 오, 엄마가 그 생각은 못 했는데!" 감탄이 절로 나오더라고요.

"하얀 생쥐가 친구들의 의견을 잘 귀담아 들었구나."

"맞아요!"

"그럼 수아야, 지금 여기 나오는 일곱 마리 생쥐 중에서, 수아가 가장 닮고 싶은 생쥐는 누구야?"

"나는 하얀 생쥐."

"그렇겠지? 결국 현명하게 정답을 잘 찾아냈으니까."

"친구들의 의견을 잘 들어준 게 인상 깊었어요."

수아의 이야기를 들으니, 며칠 전 학교에서 진행한 임원수련회가 떠올랐어요. 교장선생님께서 리더십 교육을 해주셨다고 들었거든요. 3학년 2학기에 수아는 처음으로 용기를 내어 학급 부회장 선거에 나가 당선됐어요. 선거에 한 번 나가보고 싶지 않느냐고 학기 초마다 한 번씩 물어봤지만, 수아는 늘 사람들 앞에 나가서 말하는 건 무서워서 싫다고 단호하게 거부했었지요. 그러던 아이가 어떤 계기로 마음이 바뀌었는지, 처음으로 학급 임원이 된 거예요. 저는 평소 리더의 덕목에 대해 생각할 때 구성원의 의견에 대한 경청과 수용, 커뮤니케이션 기술 등에 대해 가장 먼저 떠올리곤 했었어요. 그래서 '리더'라는 주제로 연결시키면 좋겠다 싶었지요.

"지난번에 임원수련회 갔을 때 리더십 강의 들었다고 했지? 수아가 생각하기에 이 생쥐들 중에서 가장 리더다운 생쥐는 누구야?"

"당연히 하얀 생쥐!"

"하얀 생쥐가 답을 맞혀서?"

"하얀 생쥐는 친구들 말을 잘 들어줬기 때문이에요. 이야기를 잘 들었기 때문에 답을 맞힐 수도 있었고. 좋은 리더라면 이렇게 잘 들어주는 게 중요한 것 같아요."

"우와, 수아야, 찌찌뽕! 엄마도 좋은 리더는 늘 주변사람들의 이야기를 잘 들어줘야 한다고 생각해. 이야기를 잘 듣지 않는 리더는 좋은 결정을 내리기도 힘들 것 같거든. 수아가 이런 깊은 생각을 하고 있었는지 미처 몰랐네."

사실 모든 아이들이 다 리더가 될 필요는 없지요. 저는 수아가 리더가 돼야 한다고 생각한 적도 없어요. 하지만 본인이 원하거나, 리더로서의 역할을 해야 하는 상황이 됐을 때, 어떤 리더가 되는 것이 좋은지 한 번쯤 생각해 볼 기회가 있었으면 했어요. 수아처럼 위인전을 잘 읽지 않는 아이는 롤모델을 쉽게 찾기가 힘드니까요. 그런데 이번 독서하브루타를 통해 하얀 생쥐가 그런 역할을 잠시나마 해준 것 같아요.

하브루타를 한 번 하고 나면 책이 전혀 다르게 다가와요. 수아와 이야기를 나누고 책을 다시 읽어 보니, 그제야 생쥐들의 모습이 다시 보였어요. 자기 차례에 코끼리를 만져보고 돌아온 생쥐들은, 자기 생각을 이야기하고 난 후에는 더 이상 이 주제에 흥미가 없다는 듯 이미 다녀온 다른 생쥐 친구들과 수다를 떨거나 딴짓을 하고 있었어요. 그러느라 다음 생쥐 친구가 무슨 이야기를 하는지 전혀 듣지 않았지요. 자신이 경험한 내용과 친구들이 이야기해 주는 것을 함께 적용시켰다면 다른 생쥐들에게도 답을 맞힐 기회가 있었을 텐데⋯. '수아는 이 그림을 나보다 먼저 잡아냈구나' 싶었어요.

이 책의 마지막 페이지에는 참된 지혜는 전체를 보는 것에서 나온다는 '생쥐의 교훈'이 있어요. 이 책을 통해 작가가 전달하고자 하는 생각이겠지요.

책에 적힌 교훈을 살포시 가리고, 자신이 만든 교훈을 적어보자고 했더니, 수아가 꼭 하나만 적어야 하느냐고 묻더군요. 그래서 생각나는 대로 다 써보라고 했어요.


- 작게 생각하지 말고, 크고 넓게 생각하자.
- 부분도 좋지만, 전체를 보자.
- 지금 무엇을 하고 있는지 생각하자.
- 내 머릿속의 생각을 발달시키자.
- 무엇을 하든 노력하자.


수아는 다 적고 나서 정답이 뭔지 궁금한지 부리나케 책장을 뒤져보고 한마디 하더군요.

"에이, 이렇게 긴 걸 어떻게 맞히라고요?"

저는 수아가 쓴 내용을 보면서 감탄하고 있었는데, 정작 수아는 책 속

대한민국 엄마표 하브루타

교훈을 맞혀보려고 이것저것 써봤나 봐요. 짧지만 굵은 하브루타를 끝내고 수아는 부스럭부스럭 종이를 자르더니, 생쥐들의 뒷이야기를 적어보겠다고 했어요. 아빠를 닮아 아재개그가 폭발하는 글 솜씨입니다.

생쥐들은 이제 맞히는 것에 재미가 붙었어요. 물론 이제 더 잘 맞히게 됐죠.
어느 날, 파란 생쥐에게 아이디어가 떠올랐어요. 파란 생쥐가 말했죠.
"얘들아, 우리는 이제 맞히기를 잘하잖아. 그래서 말인데, 소리로 맞히기 놀이를 해볼래?"
"그게 뭔데?" 생쥐들이 말했어요.
"아, 그건 내가 만든 놀이인데, 한 마리의 생쥐가 앞으로 나와서 동물 소리를 내고, 나머지 생쥐들이 그 동물이 뭔지 맞히는 거야."
생쥐들은 모두 찬성했어요. 노란 생쥐가 먼저 앞으로 나왔어요.
"자, 이제 소리를 낼게. 음매음매개굴개굴!"
'이게 뭐지?' 다들 답을 몰랐지요.
노란 생쥐가 말했어요.
"답은 황소개구리였어."

# 나의 하브루타에서 가족의 하브루타로

## : 온 가족이 함께하는 즐거움

○

### 《이웃사촌》

클로드 부종 글·그림 | 조현실 옮김 | 물구나무

이웃에 사는 토끼 브랭과 그리주. 둘은 사이좋은 이웃이었지만, 사소한 문제로 다투기 시작하면서 점점 사이가 벌어집니다. 말싸움에서 시작해 몸싸움이 벌어지고, 둘이 화해할 기미는 조금도 보이지 않았어요. 그러던 어느 날, 여우가 나타나고 둘이 같은 구멍으로 도망치게 되면서 화해를 하고 다시 사이좋은 이웃으로 돌아갑니다. 가족과 독서하브루타를 하면서 아빠와 아들의 시선을 엿볼 수 있는 책입니다.

독서하브루타를 알게 되고 지도사 과정을 공부하며 동아리에서는 다른 학부모들, 학교에서는 학생들, 그리고 딸 친구들과 함께 끊임없이 독서하브루타를 했어요. 그렇지만 무엇보다 하브루타는 유대인 가정에서 가족과 함께하는 것으로 시작된 것이라 저 역시 누구보다 가족과 나누고 싶은 마음이 컸지요. 하지만 4인 가족이 시간을 맞춰 정기적으로 하브루타를 하는 것이 생각처럼 쉽지만은 않았어요.

딸과 둘이 하거나, 간혹 남편이 참여해 세 명이 했는데 모든 것이 시큰둥한 사춘기 아들까지 참여해서 가족이 다 함께 해본 적은 없었어요. 그러던 중 방학을 기회로 이번에는 꼭 가족 모두와 함께 하브루타를 해봐야겠다고 마음먹었어요.

나름의 사회생활(?)로 주말이 바쁜 아들이 마침 집에 있어서, 이때다 싶어 아들을 슬쩍 떠보았지요. 물론 중학생답게 '대신 절대 한 마디도 하지 않고 참관만 하겠다'는 조건을 달기는 했지만 어쨌든 함께 자리에 앉게 되었어요.

'어떤 책으로 시작을 할까' 고민하다가 무려 노벨문학상 수상자가 쓴 꿈에 대한 내용의 동화책과 크기도 작고 내용도 짧은 책 두 권을 골라 아이들에게 선택권을 주었어요. 당연히 저는 유명한 작가가 쓰고 깊게 생각할 거리가 많은 첫 번째 책으로 하고 싶었는데 두 아이 모두 자세히 책을 살펴보지도 않고 작은 책을 골랐지요. 게다가 중2 아들은 "내가 꼭 함께해야 하는 이유가 뭐죠? 다시 한번 말하지만 듣고만 있을게요"라며 투덜거리기 시작했어요.

아이들이 고른 책의 제목은 《이웃사촌》입니다. 브랭과 그리주라는 두 토끼가 각자 벌판에 구멍을 뚫고 사이좋게 살았는데 어느 날 다투게 되면서 사이가 멀어졌어요. 그러다 배고픈 여우가 나타나 토끼를 잡아먹으려고 하자 두 토끼가 같은 구멍으로 도망치다 화해하고 다시 사이좋게 지내게 된다는 단순한 내용의 책이었어요.

우선 4명이 차례대로 한 페이지씩 책을 읽고 간단히 책 내용을 살펴보았어요. 그리고 생각 나누기에 좋은 질문을 5가지 정도 만들어 본 후, 선정 이유와 함께 자신의 대표질문을 하나씩 고르기로 했지요.

### 재이

Q. 화내기 전에 브랭은 왜 그리주의 쓰레기를 계속 치웠을까?

Q. 두 토끼는 여우를 피할 때 왜 같은 굴로 들어갔을까?

Q. 왜 여우는 브랭이든 그리주든 맛이 똑같을 거라고 생각했을까?

대표질문(선정 이유: 생각 나누기에 좋고 여러 의견이 나올 것 같아서)

Q. 그리주는 자기도 브랭을 싫어했으면서 왜 담을 부쉈을까요?

Q. 두 토끼는 화해하고 난 후에는 크게 싸우지 않았을까요?

## 재원

Q. 여우는 왜 토끼를 잡아먹으려고 했을까요?

Q. 토끼는 어떻게 짧은 시간 동안 반대쪽으로 굴을 파낼 수 있었을
   까요? 대표질문(선정 이유: 굴을 파기에는 시간이 부족할 것 같아서)

Q. 브랭과 그리주는 왜 가까운 곳에서 살까요?

Q. 왜 풀밭 주변에 다른 동물들은 없을까요?

Q. 브랭과 그리주는 왜 화해했을까요?

## 아빠

Q. 브랭과 그리주는 어떤 사이인가요?

Q. 왜 토끼들은 훤히 들여다보이는 벌판 구멍에 살까요?

Q. 브랭과 그리주는 왜 같은 구멍에 들어갔을까요?

Q. 브랭과 그리주가 처음부터 사이가 좋았던 건 진심이었을까요?
   대표질문(선정 이유: 싸움 이후 사이가 안 좋아진 것 같지만 사실은
   처음부터 갈등이 있었을 것 같아서)

Q. 브랭과 그리주는 같은 종(種)일까요?

**엄마**

Q. 브랭은 그동안 참았다가 왜 화를 내게 되었을까요?

Q. 먼저 화를 낸 브랭과 쓰레기를 치우지 않은 그리주 중 누가 싸움
의 원인을 제공한 걸까요?

Q. 화해한 후에 꼭 싸워야만 할 때는 언제일까요?

Q. 긍정적인 싸움에는 무엇이 있을까요?

Q. 브랭과 그리주 외에 다른 토끼가 한 마리 더 있었다면 어떤 일이
생겼을까? 대표질문(선정 이유: 다른 토끼가 한 마리 더 있었다면 더
욱 다양한 상황이 벌어졌을 것 같아서)


각자의 대표질문과 선정 이유에 대해 이야기를 나눈 후, 투표로 '브랭
과 그리주 외에 다른 토끼가 한 마리 더 있었다면 어떤 일이 생겼을까?'
라는 질문을 가족 생각 나누기 대표질문으로 정했어요. 그리고 한 명씩
질문에 대한 생각을 이야기해 보고 다른 가족들이 그 생각에 대해 또 다
른 질문을 하면서 서로의 생각을 나누어 보았어요.

사춘기 아들은 앉아만 있겠다더니 툴툴거리면서도 책도 읽고 질문도
만들고 자신의 생각도 이야기했어요. 물론 처음이라 생각 나누기 질문
을 만드는 것에는 서툴렀지만, 대표질문에 대한 자신의 생각을 이야기
하거나 다른 사람의 생각에 질문을 할 때는 전혀 예상하지 못한 다른 시
각을 제시하기도 했어요. 이를테면 대표질문에 대해 브랭과 그리주 외
에 다른 토끼가 왔을 때 그 토끼의 성별에 따라 행동을 달리 설명하여 이
야기했는데, 사실 그 질문을 한 저는 성별에 관해서는 전혀 고려하지 않
았어요. 다른 가족들도 자연스레 자신의 입장에서만 생각했구요. 그런

데 아들은 중학교 1학년 때 반에서 여학생들이 소위 '왕따' 문제로 시끄러웠던 경험을 떠올렸어요. 그래서 친구를 대하는 태도가 성별에 따라 다를 수 있다는 생각이 들어 토끼의 성별을 구별하여 이야기했다고 해요. 참 새로운 시각이에요.

처음이니까 쉬운 책으로 가볍게 시작하는 것도 괜찮겠다 싶던 저의 예상과는 달리 대표질문에 대해 남편은 브랭과 그리주가 결국 각자의 영역에 대한 다툼이므로 새로운 토끼에 대해서는 배타적일 것 같고, 여우가 나타났을 때 브랭과 그리주는 새로 온 토끼를 희생양 삼아 여우에게 줄 수도 있을 것이라고 하면서(남편이 경쟁사회에서 너무 치열하게 일해서 그런가 봐요) 두 이웃사촌에서 사회생활의 인간관계로 이야기가 확장되어 갔지요. 더불어 아이들의 질문도 깊이를 더해 갔어요.

아들이 기존의 집단은 왜 무조건 배타적이기만 한지, 기존 집단에 동화되기 위해 왜 새로 합류하는 쪽이 더 노력해야 하느냐고 따지듯 질문하며 생각 나누기를 하고 나서는, 만약 새로 온 토끼의 입장이라면 브랭과 그리주를 어떻게 바라볼지 둘째가 다시 질문하고 생각을 나누었어요.

저는 첫 번째 가족하브루타를 마무리하면서 겉으로는 투덜대면서도 자신의 생각을 이야기해 준 아들에게 고마움을 표현했고, 둘째는 일부러 쉬워 보이는 책으로 골랐는데 생각은 어려웠다는 소감을 말했어요. 남편도 아이들의 공격적인(?) 질문이 오히려 재밌었다며 주말 저녁에 정기적으로 가족 하브루타 시간을 정하자고 제안했지요. 아들은 여전히 관심 없다는 듯 "재밌다"고 짧게 대답했지만요.

이제 시작이니 조급함은 덜고 가족이 '생활과 함께 생각도 나눈다'는 기분으로 나만의 하브루타에서 가족의 하브루타가 되어가기를 바랍니다.

## CHAPTER 4

# 아이와 함께하는
# 하브루타

생각 나누기를 하면서 친구에게 자신의 장점을 들은 아이는 입가에 미소가 번져요. 옆 친구에게
연신 고맙다는 이야기를 하며 생각 나누기를 하고 있어요. 나도 보지 못했던 나를 사랑스런 눈
으로 봐주는 친구들이 참 고마워지는 시간이에요. 마음이 따뜻해지면서 푹 꺼졌던 나의 자존감
도 서서히 채워집니다. 친구에게 자신의 장점을 들으면서 엉덩이가 간질간질했다고 얘기하는
아이들의 모습은 칭찬에 인색한 우리 엄마들을 또 한 번 생각에 잠기게 했지요.

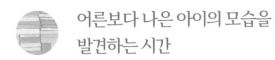

# 어른보다 나은 아이의 모습을 발견하는 시간

## 너는 누구니?: 하브루타 동아리 첫 수업

봄부터 엄마들끼리 독서하브루타를 하다가 여름방학이 되었어요. 어른들끼리 독서하브루타를 하는 것은 재미있는데, 집에서 내 아이와 일상적으로 하기가 어려우니 모두 모여 함께해 보자는 의견이 많았어요. 그래서 아이들과 함께하는 수업을 해보기로 했어요. 첫 수업이라 수업계획안도 세부적으로 마련했죠.

**1부 – 자기소개 활동**

아이들은 오늘이 첫 만남이에요. 1학년에서 4학년까지 모두 함께 모였지요. 그래서 새로 만난 친구에게 궁금한 질문을 만들어 보았어요. 친구에 대해 궁금한 것을 질문으로 만들어 보자고 하니 아이들은 처음 만드는 질문인데도 자신만만합니다.

각자 만든 질문을 가지고 전체 아이들을 홀수와 짝수로 나누어 보았어요. 홀수인 친구는 제자리에 앉아 있고, 짝수인 친구는 자기가 만든 질문지를 들고 이동하면서 질문을 합니다. 제자리에 앉아 있는 친구는 질문에 먼저 답한 후에 자신의 질문지로 바꾼 짝에게 질문하는 방법으로 생각 나누기를 합니다. 아이들은 짝을 바꿀 때마다 인사를 하면서 눈도 잘 마주치지 못합니다.

"여러분! 하브루타에서 짝 토론을 할 때는 상대방의 눈을 바라봅니다. 처음 만나 쑥스럽더라도 그 간지러움을 조금 참으면 더 쉽게 친해진답니다. 상대방의 눈을 보고 웃으면서 짝 토론을 해보도록 해요."

그간 하브루타 책에서 많이 접한 내용이라 당황하지 않고 한마디했지요. 또래끼리의 짝 토론이 주로 이뤄지는 상황이 아이들에게 더 큰 재미를 줄 거라는 기대는 어긋나지 않았어요. 여기저기서 시끌벅적한 소리가 들려와요.

"가장 좋아하는 장난감은 뭐예요?"

"뽀로로가 기차로 이동하는 장난감이요."

"아직도 뽀로로가 좋아요?"

"아뇨. 기차를 타고 여행하는 뽀로로가 좋다고요."

"나는 티라노사우루스가 기차를 타고 가면 좋겠는데."

"집이 어디예요?"

"벽산아파트요."

"어? 같은 벽산아파트인데 왜 한 번도 못 봤죠?"

(옆에 있던 친구가 끼어들며) "너희 집은 303동인데, 여긴 거기하고는 멀잖아요."

"아아~!"

"그럼 주로 어디 놀이터에서 놀아요?"

"저는 주로 집에서 놀아요. 놀이터에 나가도 친구가 한 명도 없어요."


아이들은 어른들이 듣기엔 싱거운 이런 이야기를 서로 나누며 웃음이 터져요. 다시 질문이 이어질 것 같지 않은 대화가 자연스럽게 이어지고, 아이들은 신이 나요. 평소 누군가와 시간을 내어 대화를 해보지 않은 아이들. 나에게 관심을 가져주는 옆 친구의 질문에서 사랑이 피어나고 있음을 알고 있는 표정이에요.

짝 토론이 끝나자 제가 질문했어요.

"여러분, 지금 14명이 짝 토론을 했는데 혹시 시끄러워서 짝의 이야기를 못 들은 친구 있나요?"

"아니요."

"어째서 시끄러웠는데도 짝꿍의 소리를 잘 들을 수 있었을까요?"

"친구의 질문에 집중해서요."

"맞아요! 친구의 말을 집중해서 듣는 것, 이걸 경청이라고 해요. 앞으로 짝 토론하면서도 경청할 수 있나요?"

"예~!"

이렇게 경청에 대해 설명을 하고 2부로 넘어갔어요.

꿈이란 무엇일까요? 이제까지 우리가 받았던 수업은 "여러분, 꿈은 이런 겁니다" 하고 선생님이 강의식으로 알려주는 수업이었지요. 하지만 오늘은 뭐든지 하브루타식으로 해보고 싶었어요.

꿈에 대한 정의도 선생님이 설명하는 것이 아니라 자신이 직접 규정하는 것이지요. '꿈이란 무엇일까?'에 대해 우선 각자 생각해 보는 시간을 가져 보았어요. 자신의 생각을 정리해서 스스로 꿈에 대한 정의를 만들어 보았지요.

그러고 나서는 각자 자신이 생각하는 꿈의 정의에 대해 발표했어요. 그 다음은 발표하는 내용을 듣고 스스로의 꿈에 대해 생각해 보았지요. 이후, '나'라는 글자를 크게 그리고 그 안에 가능한 한 다양하게 '나의 꿈'을 적어 보았어요.

한 가지 꿈만 이야기하라고 하면 아이들은 망설일 때가 많아요. 딱 한 가지로 꼽히는 꿈은 너무나 소중해서 쉽게 결정하면 안 될 것 같아서 그렇다고 해요. 하지만 미래에는 직업이 최소 12개 이상은 되어야 한다고 설명하니 아이들은 편안하게 자신의 꿈을 적어 내려가요.

4학년 아이들은 꿈과 직업은 일치하지 않아도 된다며 동생들에게 "네가 하고 싶은 걸 그냥 적으면 돼" 하고 조언도 해주었어요. 자신이 하고 싶은 버킷리스트와 같은 꿈을 발표하는 아이들의 꿈은 너무나 소박해요. 하루 종일 아이스크림 먹기, 수영장에서 살기, 옷 안 입고 다니기, 엄마 잔소리 없는 나라에서 살기 등 진지하게 희망사항을 적어 내려가요.

다음에는 '나의 꿈'을 짝꿍에게 이야기하는 시간을 가졌어요. 좀 전보다 훨씬 덜 어색한 모습이에요. 이후에는 짝꿍의 꿈에 대해 이야기를 들

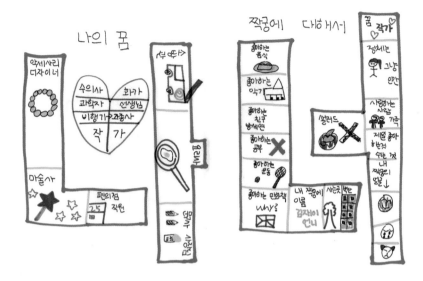

〈'나의 꿈' / '짝꿍에 대해서' 활동지〉 2016년 금북초 2학년 조예진

고 질문하는 생각 나누기 시간을 10분 정도 가져보았어요.

"저의 꿈은 액세서리 디자이너와 마술사와 편의점 직원, 화가, 선생님, 수의사, 작가, 요리사, 문구사 사장님, 그리고 과학자입니다."

"제가 좋아하는 음식은 샌드위치이고, 좋아하는 악기는 피아노, 좋아하는 친구는 방세연입니다. 테니스를 좋아하고, 《why?》 만화책을 좋아해요. 벽산아파트에 살고 있고요. 공부나 운동을 하고 남는 시간에 가장 많이 하는 것은 쉬는 것입니다. 아무것도 안 하고 그냥 있는 게 저는 가장 좋아요."

자신의 꿈을 소개하고 짝꿍에 대해 질문이 왔다 갔다 하면서 나눈 이야기들이에요. 짝의 꿈과 함께 서로에 대한 궁금증을 풀고 친해질 수 있는 시간이 된 것 같아요. 이렇게 아이들 가까이에 있는 주제로 짝 토론을 하니 아이들은 이것이 짝 토론인지 아닌지 생각할 겨를도 없이 짝 토론을 하고 있더라구요.

짝 토론 후에는 '너'라는 글자를 크게 쓰고 그 안에 짝에 대해 기록해 보는 시간을 가졌어요. 이렇게 독서하브루타 초기에는 질문을 만들어 간단히 이야기를 나눈 후에 활동지에 기록하는 방법을 이용하면 좋아요. 활동지라는 매개체를 통해 아이들은 자연스럽게 생각 나누기를 하면서 자신의 생각을 정리하고 경청하는 습관을 가지게 됩니다.

이렇듯 일상의 주제를 가지고 생각 나누기를 하는 것은 독서하브루타가 '짜잔' 하고 일상으로 들어와 재미난 이야기를 나누는 시간이 되는 순간이기도 해요. 다 적은 후에는 자신의 꿈을 발표하는 시간을 가져 보았어요. 처음 보는 친구들이지만 궁금한 것을 물어보고, 꿈에 대해 들어보고 질문하는 시간을 가지면서 서로 금세 친해지는 게 눈에 보여서 흐뭇했습니다.

### 3부 — 《내 꿈이 최고야》로 하는 독서하브루타

그림책으로 하는 독서하브루타는 첫 시간이라 짧게 진행했어요. 그림책을 읽고 내용 파악 질문을 하고, 질문을 한 가지씩만 만들어서 짝에게 질문하기를 해보았지요. 1부와 2부 내용과 연결되는 그림책으로 3부 수업을 진행한 것이라서 아이들이 수업 속에 쉽게 녹아드는 느낌이었어요.

끝으로, 오늘 수업이 어땠는지 소감을 들어 봤어요. 저학년 아이들은 4학년 누나들의 질문이 '진짜 질문'이었다면서 어려운 질문이 정말 좋았다고 하네요. 그 어려운 질문이란 '공부를 잘하면 꿈을 더 잘 이룰 수 있

2016년 금북초등학교 꿈나무터에서의 하브루타 수업 시간

을까?' 등등이었어요. 귀여운 소감이라 웃음이 절로 나요. 4학년 아이들
은 동생들의 대답이 너무 솔직해서 좋았는데, 장난을 너무 많이 쳐서 시
끄러운 점은 싫었다고 해요.

　그리고 진행자인 저한테는 '화를 정말 잘 참는다'는 평가를 해주었어
요. 다음 수업에는 "와우! 진짜 최고예요!"라는 소리를 들을 수 있는 수
업을 준비해 보렵니다.

# 남들이 바라보는 나 : 자존감을 찾아주는 하브루타

## 《나는 다른 동물이면 좋겠다》

베르너 홀츠바르트 글 | 슈테파니 예쉬케 그림 | 박여명 옮김 | 아름다운사람들

왼쪽으로 두리번
앞쪽으로 두리번
오른쪽으로 두리번
앞쪽으로 또 한 번 두리번
늘 이렇게 다른 동물들을 보던 미어캣은 항상 친구들이
부럽기만 합니다. 하지만 다른 동물들은 미어캣이 망도
잘 보고 행동이 빠르다고 부러워하지요.

내가 나의 장점을 안다는 것은 무엇을 의미 할까요? 나는 오늘 나의 장점을 몇 가지나 발견할 수 있을까요? 장점을 많이 생각해 내는 사람은 자존감이 높을까요? 이 책은 이러한 것들을 생 각해 볼 수 있는 책입니다.

독서하브루타는 질문을 만들고, 그 질문에 대한 생각 나누기를 하는 것이 일반적이에요. 하지만 이 책은 질문 만드는 시간은 짧게 하고 생각 나누기는 길게 진행해 보았어요. 만난 지 오래된 친구끼리 하브루타하 기에 딱 좋은 책이에요. 왜냐하면 서로의 장점을 찾아주며 내가 보지 못 했던 나를 정면에서 만나게 하니까요. 아이들은 책을 읽자마자 아래와 같은 질문을 만들어 냅니다.

Q. 미어캣은 왜 자꾸 다른 동물들을 부러워할까?

Q. 미어캣은 두리번거릴 때 무슨 생각을 했을까?

Q. 미어캣은 다른 동물의 좋은 점은 보면서 왜 자신의 좋은 점은 보지 못할까?

Q. 다른 동물의 장점을 볼 줄 아는 능력이 정말 있을까?

Q. 이 책의 동물들 중 나는 어떤 동물과 가장 닮았을까?

Q. 나의 장점은 무엇일까?

Q. 나의 단점은 무엇일까?

 이 책의 대표질문은 '나의 장점은 무엇인가?'라는 질문으로 정했어요. 우선 자기가 생각하는 '나의 장점'을 적어봅니다. 다른 아이들의 연필 움직이는 소리가 계속 들리는데 한 아이가 장점을 3개 적어 놓고 멍 때리고 있었어요.

 "장점을 조금 더 적어 볼까요?" 하고 말을 건네자 아이는 슬픈 표정으로 고개를 도리질합니다. 금방이라도 눈물이 쏟아질 것만 같은 표정이었지요.

 "자, 그럼 장점을 쓰는 건 뒤로 하고 행복한 기억을 많이 떠올리는 시간을 가져 봅시다" 하고는 기다려 주었어요(수업 후 엄마에게 물어보니 수업 오기 전에 일이 있어 울고 왔다고 합니다).

 하지만 독서하브루타는 부정적인 감정을 긍정적인 감정으로 승화시킬 수 있는 힘을 가지고 있어요. 진짜 빛나는 활동은 지금부터입니다. 나는 장점을 3개밖에 적지 못했는데 짝이 나의 장점을 적어 줍니다. 전체적으로 짝을 바꾸어 가면서 다른 친구들이 나의 장점을 한 가지씩 적어

주고 그 이유를 설명해 줍니다. 내가 적은 나의 장점은 3가지였는데, 짝을 바꾼 횟수만큼 나의 다양한 장점이 활동지에 기록돼요.

생각 나누기를 하면서 친구에게 자신의 장점을 들은 아이는 입가에 미소가 번져요. 옆 친구에게 연신 고맙다는 이야기를 하며 생각 나누기를 하고 있어요. 나도 보지 못했던 나를 사랑스런 눈으로 봐주는 친구들이 참 고마워지는 시간이에요. 마음이 따뜻해지면서 푹 꺼졌던 나의 자존감도 서서히 채워집니다.

아이들한테는 팽이를 잘 돌리는 것도 장점이 되고 약을 잘 올리는 것도 장점이 되나 봅니다. 왜 약을 잘 올리는 것이 장점이냐고 물으니 약을 잘 올리는 건 배워서 따라 하기가 힘든 재주라고 해요. 그 친구의 표정 때문에 약이 더 오르기 때문이라고요. 하하하.

이제 돌려가면서 적었던 활동지를 잠깐 들여다볼게요.

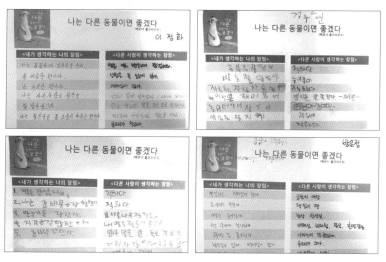

'친구의 장점 적어주며 생각 나누기' 활동지

이 활동지만으로는 당시 느꼈던 감동을 그대로 전할 수 없는 게 아쉬워요. 그 정도로 '친구의 장점 적어주며 생각 나누기' 활동은 감동적이었어요. 친구에게 자신의 장점을 들으면서 엉덩이가 간질간질했다고 얘기하는 아이들의 모습은 칭찬에 인색한 우리 엄마들을 또 한 번 생각에 잠기게 했지요.

스스로 자신의 장점을 적은 내용 중에는 '놀이터에서 잘 논다', '밥을 잘 먹는다', '잘 안 넘어진다', '귀가 잘 들린다', '밥을 빨리 먹는다' 등 아이들다운 이야기들이 적혀 있습니다. 어른들은 아이들을 칭찬할 때 구체적인 칭찬거리를 찾지 못해 칭찬을 못 한다고 하는데, 오늘도 또 아이들에게 배우게 됩니다.

한 사람씩 짝을 바꿔가며 생각 나누기를 진행한 후, 각자의 소감을 물어 보았어요.

"이 책의 주인공 미어캣은 책 끝 부분에서도 여전히 두리번거리고 있는데, 저는 장점을 찾았다는 게 뿌듯했어요."

"저에게 장점이 이렇게 많이 있는지 몰랐어요."

"친구들이 저를 사랑하고 있다는 생각을 하게 되었어요."

"작은 것도 칭찬할 수 있다는 걸 알게 되었어요."

동아리 아이들이 독서하브루타를 하는 동안 어른들도 옆에서 하브루타를 하고 있었어요. 아이들과 같은 활동지에 같은 형식으로 적어보고 어른들 소감도 들어 보았지요.

"한 사람씩 짝을 바꾸어 가며 생각 나누기를 진행하는 과정에서 다른 사람들의 눈을 통해 나의 모습을 보니 새롭고, 반갑고, 고마웠어요."

"너무 오랜만에 칭찬을 들으니 좀 어색했어요. 자주 듣고 싶네요."

동아리원들은 수업을 진행하느라 짝 토론을 하지 못하는 저를 위해 제 장점도 적어 주었어요. 독서하브루타를 한 아이처럼 행복해서 하늘로 두둥실 날아오릅니다.

# 백점빵을 먹고 싶나요? : 3학년 수업 진행

《백점빵》

배욱찬 글·그림 | 책과콩나무

아빠의 연구실에서 백점빵을 몰래 만들어 먹
은 주인공은 누구나 바라는 일을 경험하게
됩니다. 바로 백 점을 맞은 것입니다. 백점빵
을 먹으면 답이 술술 생각 나기 때문이지요.
하지만, 아빠의 연구실 책상 밑에는 주의사항
이 적혀 있는 종이가 떨어져 있었어요.

학교에서 3학년 학생들과 수업한 이야기입
니다. 우리 학교는 3~4학년 창의적 체험활동 시간에 10~12시간 독서하
브루타 수업을 진행하고 있어요. 학부모인 제가 하브루타 수업을 진행
합니다. 오늘 수업 책은 《백점빵》입니다. 먹기만 하면 백 점을 맞는 빵.
먹기만 하면 힘이 세지는 빵. 작가는 누구나 한 번쯤은 꿈꾸어 보았을 만
한 이야기를 그림책을 통해 표현해 놓았어요.

책을 펼치기 전.

"책의 앞표지를 한 번 볼까요? 무슨 내용이 있을까요?"

(표지만으로 책의 내용을 상상해 보는 단계입니다. 표지 제목은 가린 상태예요.)

"시험지에 백 점이 있는 걸 보니 공부 잘하는 방법에 대한 이야기 같
아요."

"뒤에 있는 다른 친구들이 놀라는 표정이 있는 걸 보니, 공부를 못하
던 친구가 공부를 잘하게 된 이야기 같아요."

"자, 그럼 이번에는 뒤표지를 한번 볼까요?"

"글자 모양을 먹고 있어요."

"먹고 있는 게 빵 아닌가요?"

"그럼 앞표지와 뒤표지의 이야기를 연결해 볼까요?"

"혹시 글자 모양 빵을 먹으면 백 점을 맞는 이야기 아닌가요?"

(Yes, No로 대답해 주지 않고) "자, 그럼 무슨 이야기인지 책을 함께 읽어 볼까요?"

책을 모둠별로 한 페이지씩 읽고, 저는 내용 파악 질문을 하고 아이들은 답을 합니다.

Q. 주인공 아빠의 직업은 무엇인가요?

Q. 제빵사인 아빠의 연구실은 집의 어디에 있나요?

Q. 주인공은 언제 아빠의 연구실로 내려갔나요?

Q. 주인공은 아빠의 연구실에 어떻게 내려갔나요?

Q. 백점빵 주의사항이 적힌 종이는 어디에 있었나요?

Q. 주인공은 백점빵을 만들기 위해 무엇을 준비했나요?

Q. 백점빵 덕분에 부모님께 한껏 칭찬을 받은 주인공의 기분은 어땠나요?

Q. 주인공이 백점빵을 많이 먹고 시험을 보고 있을 때 주인공의 뱃속에서는 무엇이 싸우는 것 같았나요?

Q. 백점빵을 너무 많이 먹은 주인공이 시험을 보는 도중 어떤 일이 생겼나요?

Q. 시험 도중 방귀를 뀐 주인공에게 아이들은 어떻게 놀려댔나요?

Q. 백점빵의 효과는 몇 번까지일까요?

내용 파악에 답을 하고 나서 생각 나누기 좋은 질문의 유형별로 질문을 만들어 봅니다. 이렇게 생각 나누기 질문을 만드는 시간에는 연필로 쓱쓱 답을 적어내려 가는 소리가 참 듣기 좋아요. 아이들이 생각하는 모습이 정말 예쁩니다.

3학년 아이들이 만든 질문 중에서 각 유형별로 한 가지씩 기록해 보았어요.

Q. 느낌을 묻는 질문 : 주인공은 백 점을 맞았을 때 기분이 어땠을까?

Q. 유추하는 질문 : 아들은 아빠를 닮는다고 하는데, 주인공의 아빠도 어렸을 때 공부를 못했을까?

Q. 비교하는 질문 : 선생님과 학생은 시험 보는 날, 기분이 어떻게 다를까?

Q. 가정하는 질문 : 만일 내가 주인공 입장이 된다면 백점빵을 먹고 시험을 보았을까, 아니면 그냥 열심히 공부를 해서 시험을 보았을까?

Q. 상대방의 의견을 묻는 질문 : 내 앞에 백점빵이 있다면 나는 백점빵을 먹을 것 같은데 너는 어떻게 할 거야?

Q. 적용하는 질문 : 주인공이 백 점 맞고 싶어 하는 것처럼 너도 간절히 바라는 것이 있어?

Q. 논쟁을 위한 질문 : 주인공이 백점빵을 먹은 것은 과연 옳은 행동이었을까?

Q. 분석적이고 탐구적인 질문 : 이 책의 주인공은 백점빵을 먹고 백 점을 맞았는데, 현실에서는 정말 먹고 나면 시험을 잘 볼 수 있는 무엇이 있을까?

Q. 대안을 찾는 질문 : 백점빵을 만들어 먹는 것 말고 다른 방법에는
   어떤 것이 있을까?
Q. 종합적인 질문 : 나의 꿈은 무엇일까? 꿈을 이루기 위한 방법은?

질문 중 한 가지만 뽑아서 짝과 생각 나누기를 해봅니다. 아이들이 생각 나누기 하는 것을 살짝 들여다볼게요.

"주인공은 나중에 춤을 잘 추게 만드는 빵을 만들었을까?"
"응. 나는 만들었을 것 같아."
"왜 춤을 잘 추게 만드는 빵을 만들었다고 생각해?"
"춤을 못 추는데 춤을 잘 추고 싶어서."
"그럼 왜 춤을 잘 추고 싶어 할까?"
"공부도 잘하고 인기도 얻고 싶으니까."
"왜 인기를 얻고 싶어 할까?"
"난 친구가 많은 게 좋으니까."
"결국 친구를 많이 사귀기 위해 춤을 잘 추게 만드는 빵도 필요한 거였구나. 하하. 나도 친구가 많은 게 좋아."

또 다른 모둠의 생각 나누기 모습입니다.

"주인공이 백 점 맞고 싶어 하는 것처럼 너도 간절히 바라는 것이 있어?"

"응. 나는 축구를 잘하고 싶어."

"왜?"

"내가 세상에서 제일 좋아하는 게 축구니까."

"왜 너는 축구를 제일 좋아해?"

"나는 축구할 때 가장 행복하거든. 먹을 때보다 더 행복해."

"나는 로봇 만드는 게 제일 좋은데. 나중에 축구 좀 가르쳐 줄래?"

"언제 시간되는데?"

"오늘 수업 끝나고 학원 가기 전에 한 시간 남아."

"좋아."

아이들은 생각 나누기를 하면서 친구의 바람이 무엇인지, 친구가 제일 좋아하는 것은 무엇인지 서로 알아가는 시간을 갖고 있어요. 짝과 생각 나누기를 한 후에 다시 이야기를 이어갑니다.

"선생님도 이 책의 주인공처럼 백점빵을 만들고 싶어요. 지금 자격증 시험을 준비하고 있는데 백점빵을 먹고 꼭 백 점을 맞고 싶거든요. 그래서 선생님도 지금 백점빵이 너무너무 필요해요. 그리고 하나 더 빵을 만들 수 있다면 마음이 따뜻해지는 빵을 만들고 싶어요. 마음이 따뜻한 사람은 이 세상이 언제나 아름다워 보일 것 같으니까요. 여러분은 어떤 빵을 만들고 싶나요? 선생님이 나눠 준 색종이에 자신의 소망을 담아서 만들고 싶은 빵을 적어 주세요. 뒷면에는 그 이유와 주의사항도 적어주세요."

아이들은 각자의 소망빵을 적어 봅니다. 아이들의 소망빵은 축구빵, 그림빵, 공부빵, 노래빵, 요리빵, 숙제빵, 화가빵, 순간이동빵, 분신술

빵 등 다양해요. 자신이 만들고 싶은 빵을 발표하면서 아이들은 그 순간 만큼은 빵을 손에 쥔 듯한 표정이에요. 반 친구들의 발표를 들으며 서로 친구의 소망이 이루어지기를 바라며 무척이나 진지합니다.

그런데 수업이 끝나고 집으로 돌아와 아이들의 활동지를 검토하던 저는 순간 멈칫했어요. 대부분은 자신의 희망을 담은 빵을 적었는데 한 친구가 '칼빵'을 적은 것입니다. 주의 사항에는 조각낸 칼이 들어 있어 입이 찢어질 수 있고 먹으면 죽는다는 내용이 적혀 있었어요.

독서하브루타를 하다 보면 가끔 이런 일을 만나게 됩니다. 현재 자신이 겪은 아픔을 활동지를 통해 표현하는 거예요. 예전에 《괴물들이 사는 나라》로 수업을 했을 때 아이들의 고민에 대한 이야기가 쏟아져 나왔는데 오늘은 《백점빵》을 통해 자신의 아픔을 드러내고 있었어요.

저는 그 내용을 담임선생님께 말씀드렸고, 이후 이 친구와 상담을 통해 문제를 해결했다는 말씀을 전해 듣게 되었어요. 독서하브루타 시간이 없었다면 이 친구는 고민이 해결되지 않은 채 힘들어했을 거라는 말씀도 들었지요. 아픔과 고민을 하브루타로 풀어내는 아이들이 참 기특합니다. 이런 때는 독서하브루타 수업에 대한 보람도 커집니다.

《백점빵》은 저학년 아이들과 독서하브루타를 하기에 참 좋은 책이에요. 질문 만들기, 생각 나누기를 한 후 아이폼이나 천사점토로 '내가 만들고 싶은 빵'을 만들어 보는 활동을 하면 더 좋습니다. 활동에 아이들의 생각이 고스란히 담겨지기 때문이죠. 아이들이 지금 가장 원하는 것이 무엇인지 알 수 있답니다.

## 《하퀸》

존 버닝햄 글·그림 | 안민희 옮김 | 논장

이 책은 가장 뛰어난 어린이책 작가로 인정받고 있는
작가, 존 버닝햄의 초기 작품으로 화려한 색채와 부드
러운 이야기의 흐름이 인상 깊은 책입니다.
호기심 많은 아기 여우의 이름은 하퀸입니다. 골짜기
아래는 위험하니 내려가지 말라는 부모님의 말씀을 어
긴 하퀸은 결국 사냥꾼에게 들키게 되지요. 하지만 하
퀸은 재치를 발휘하여 그들을 늪으로 빠뜨리고 결국
골짜기 아래에서 놀 수 있는 자유를 얻게 됩니다.

독서하브루타로 책을 만나다 보면 아이들
보다 저에게 교훈을 주는 책들이 많습니다. 이 책도 그랬지요. 《하퀸》
은 부모가 아이들의 호기심을 얼마나 많이 억제시켰는지 상기시킵니다.
또, 부모가 아이들의 자유를 얼마나 빼앗고 있는지 생각하게 합니다. 존
버닝햄은 책을 통해 호기심 많은 아이들의 마음을 대변하면서 책을 읽
는 부모가 뒤돌아보게 만듭니다.

책 읽는 내내 아이들은 이야기의 흐름에 빠져 쥐죽은 듯 조용합니다.
저는 주인공 여우, 하퀸이 사냥꾼에게 쫓기며 죽을 힘을 향해 달리는 장
면에서 책 읽기를 멈추었습니다.

"그 다음에는 어떤 일이 벌어질까요?"라고 아이들에게 물으니 신기
하게도 사냥꾼들이 늪으로 빠지는 다음 장면을 이야기했어요. 아이들의

상상력은 존 버닝햄의
그것과 맞먹습니다.

　책을 다 읽고 내용
파악하는 단계. 교사가
질문하려고 하자 예진
이가 손을 들어 이번에
는 학생이 문제를 내고
학생이 맞히는 방식으
로 하자고 합니다. 흔
쾌히 그렇게 합니다.

　아이들은 즉석에서
한 명이 내용 파악 질
문 1개씩을 내고 내용

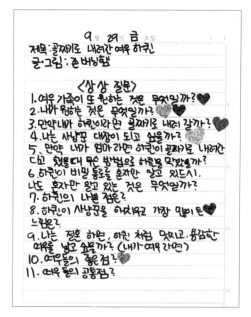

금북초 3학년 조예진, 생각 나누기 질문

맞히기를 합니다. 아이들이 선생님이 되어 진행하는 그 짧은 순간의 선
생님 놀이도 무척 재미있다는 표정입니다. 내용 파악이 끝나고 생각 나
누기 질문을 만드는 시간. 위의 활동지는 예진이가 만든 질문을 담고 있
어요.


Q. 여우 가족이 또 원하는 것은 무엇일까?

Q. 내가 원하는 것은 무엇일까?

Q. 내가 만약 하퀸이라면 골짜기로 내려갈까?

Q. 나는 사냥꾼 대장이 되고 싶을까?

Q. 내가 만약 하퀸의 엄마라면 하퀸이 골짜기로 내려간다고 했을 때 무슨 방법으로 막았을까?

Q. 하퀸이 비밀 통로를 혼자만 알고 있듯, 내가 혼자만 알고 있는 것은 무엇일까?

Q. 하퀸의 나쁜 점은 무엇일까?

Q. 하퀸이 사냥꾼을 해치우고 가장 많이 든 느낌은 무엇일까?

Q. 나는 결혼하면 하퀸처럼 멋지고 용감한 아이를 낳고 싶을까?

Q. 여우들의 좋은 점은 무엇일까?

Q. 여우들의 공통점은 무엇일까?

이제 개인의 질문노트를 오른쪽 방향으로 돌려가며 친구의 생각 나누기 좋은 질문에 하트스티커를 하나씩 붙여줍니다. 8명이 독서하브루타를 하면 7개의 스티커를 노트에 붙이게 되는 거예요. 이 중 하트스티커를 많이 받은 질문이 자연스럽게 생각 나누기에 가장 좋은 '대표질문'이 됩니다. 나와는 다른 친구의 질문을 읽으며 "아~ 정말 이것도 궁금하네!" 하기도 하고 "이건 내 질문과 같아요"라며 기뻐하기도 합니다. '하퀸이랑 사냥꾼이랑 같이 살 수 있는 방법은 없을까요?'라는 질문을 보고 "같이 사는 방법? 어떤 방법이 있을까?"라며 옆 친구의 생각을 바로 물어보기도 하지요. 이렇게 하브루타 수업은 질문 만들기를 공부하는 시간이 되기도 하고 생각의 폭이 넓어지는 시간이 되기도 해요.

이렇게 뽑힌 각자의 대표질문 중 전체의 대표질문을 뽑는 방법은 주사위 던지기, 질문 뽑기, 다시 하트스티커 붙이기, 다수결로 손들어 보기 등 여러 가지 방법이 있어요. 오늘은 하트스티커를 가장 많이 받은 질문으로 생각 나누기를 해봅니다.

대표질문은 '내가 원하는 것은 무엇일까?'입니다. 하퀸이 원하는 것은 골짜기 아래로 내려가 보고 싶은 것인데 아이들이 '과연 내가 원하는 것은 무엇일까?'라는 질문을 한 거예요. 아이들의 마음을 들여다 볼 수 있는 질문입니다.

이제 대표질문으로 생각 나누기를 합니다. 민재는 생각쟁이를 하기로 하고, 서진이는 질문쟁이를 합니다. 민재가 먼저 생각쟁이가 되어 자신의 생각을 말하고 뒤를 이어 질문쟁이 서진이가 질문합니다.

"우리 가족이 오래 사는 게 내가 가장 원하는 거야."

"가족이랑 오래 사는 게 왜 좋을 것 같아?"

"혼자 사는 건 힘드니까."

"엄마도 언젠가는 돌아가시니까 혼자 있는 걸 경험하는 것도 좋지 않을까?"

"내가 해봤는데 밥은 혼자 먹는 게 가능해. 그런데 동생 민규를 어린이집에 데려다 주는 건 힘든 것 같아."

"그럼 네가 크면 혼자 사는 건 가능할 것 같아?"

"그럼! 혼자 힘으로 살아가야지."

"그런데 네 꿈은 뭐야?"

"갑자기 물어보니까 좀 당황스럽네. 배우, 탤런트? 하하하."

"어떻게 노력해서 배우나 탤런트가 될 거야?"

"열심히 연습해서!"

"응! 너의 꿈을 응원할게."

민재가 환히 웃으며 서진이와 하이파이브를 합니다. 그러고는 대표 질문으로 다시 생각 나누기를 합니다.

이번에는 민재와 서진이가 역할을 바꿔서 서진이가 생각쟁이가 되어 자신의 생각을 말합니다. 민재는 질문쟁이입니다.

"나는 축구 선수가 되었으면 좋겠어. 학교 다니면서 축구 캠프도 경험해 보고 싶어."

"축구 말고 로봇 과학자는 어때?"

"그것도 괜찮은데 나는 축구 선수가 제일 좋아."

"넌 언제부터 축구를 좋아했어?"

"3학년 때부터."

"그 이전부터 축구했던 거 아니야?"

"아니야."

"그럼 축구 말고 좋아하는 건 뭐야?"

"최근에는 농구랑 스케이트보드 타는 거야."

"농구랑 스케이트보드 타기와 관련된 장래 희망은 없을까?"

"운동하며 TV에 출현하기도 해서 돈을 버는 것 정도일까?"

"가족이 오래 사는 것과 돈을 버는 것 중에 어느 게 더 중요해?"

"당연히 가족이 오래 사는 거지. 가족이 없으면 돈이 필요 없을지도 몰라."

"뭐야? 그럼 너랑 나랑 똑같이 가족이 오래 사는 걸 가장 바라는 거네. 하하하."

아이들의 순수한 마음이 드러나는 생각 나누기입니다. 이 과정을 통해 아이들은 친구의 생각과 나의 생각이 같음을 확인하는 즐거운 경험을 하게 돼요. 다른 생각 나누기 모습을 들여다보아도 대부분의 아이들이 바라는 것은 부자가 되어 가족과 함께 오래 사는 거라고 해요. 지금 제 마음과 별로 다르지 않습니다.

그런데 예진이가 생각 나누기 하는 것을 들어 보니 지금 바라는 것은 돈으로 살 수 없는 능력을 갖는 것이라고 합니다. 예진이가 말하는 돈으로 살 수 없는 능력이란 시간 되돌리기, 시간 멈추기, 다른 사람의 생각 들여다보기 등이라고 해요.

독서하브루타를 하다 보면 이렇게 현실적인 이야기를 하지 않고 상상의 나래를 펼치는 아이들을 자주 보게 됩니다. 독서하브루타를 하지 않는 엄마들이라면 '우리 아이가 왜 이리 뜬구름 잡는 이야기를 하지?' 하고 걱정할 수도 있어요. 하지만 아이가 더 큰 상상을 할 수 있도록 질문을 통해 아이의 생각을 열어주는 게 좋아요.

"엄마도 예진이 생각이 더 마음에 들어. 다른 사람의 생각을 들여다볼 수 있으면 돈 버는 일도 엄청 쉬워질 것 같아. 사람 관계에 대한 스트레스도 없어지고 말야. 하하하."

저는 《하퀸》을 접하고 독서하브루타 수업을 준비하면서 아이들의 꿈에 대해 들게 될 거라는 걸 예상하지 못했어요. 독서토론이라면 진행자가 원하는 방향으로 토론을 하겠지만, 하브루타에서는 모든 주제와 질문을 열어 놓고 생각 나누기를 합니다. 중심주제가 아니더라도 모두 인정하고 수업을 진행하는 거지요.

또한 아이들의 질문 중에는 '과연 하퀸은 옳을까?'도 있었는데, 이것

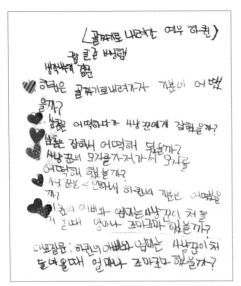

금북초 3학년 문채원, 생각 나누기 질문

은 논쟁을 위한 질문입니다. 하퀸이 사냥꾼들을 늪으로 빠뜨린 것을 재치와 지혜로만 바라보지 않고 '하퀸의 행동은 옳을까?'라는 윤리 문제로 접근한 거예요. 한쪽으로만 치우치지 않은 아이들의 생각을 더 들어보지 못한 것이 못내 아쉽게 느껴집니다. 아이들의 질문을 더 소개하지 못하는 아쉬움을 채원이의 질문 노트로 대신합니다.

# 질문? 질문! 질문으로 상상하면?

: 스스로 궁금증을 해결하는 미술하브루타

## 《빈센트 반 고흐, 세상을 노랗게 물들이다》

문희영 글 | 오승민 그림 | 사계절

가난한 목사의 아들로 태어난 고흐는 어린 나이에 화
랑에서 일하다 성직자의 길을 걷기로 합니다. 하지만
그 꿈을 이루지 못하고 사람들에게 감동을 주는 화가
가 되기로 결심해요. 10년 동안 2천 점이 넘는 그림
을 그렸지만 팔린 그림은 딱 한 작품이었지요.
하지만 지금 고흐의 그림은 세상에서 가장 비싼 그림
으로 손꼽히고 있습니다. 알아주는 이는 오직 동생밖
에 없었지만 그림에 대한 열정으로 수많은 명작과 삶
의 이야기를 남긴 고흐를 오늘을 살아가는 우리는 어
떻게 해석하고 있을까요?

늘 비슷한 방식으로 하브루타를 하다 보니
좀 색다른 시도를 하고 싶어졌어요. 하브루타에는 단어, 문장, 그림, 시,
음악, 역사 등을 다양하게 적용할 수 있어 재미있고 새로운 시도를 할 수
있는 방법들이 무궁무진하게 많습니다. 저는 그중 전공을 살려 미술하
브루타를 해보고 싶었어요. 그림에 담긴 작가의 이야기를 함께 연관 지
어 생각을 나누다 보면 그림에 대한 느낌과 이해가 달라지는 것을 주제
로 잡았어요.

그런 이야기를 가진 화가로는 고흐가 제격이에요. 고흐의 개성 있는
그림만큼 작품 속에 녹아 있는 다양한 이야기들, 동생 테오의 형에 대한

무한한 응원과 믿음, 그 시대에 인정받지 못했던 그의 수많은 그림들….
하지만 지금은 많은 사람들이 그의 그림을 사랑하고 끊임없이 재해석
하고 있어요.

사실 분량이 많고 글밥 많은 책으로 해보고 싶었지만 그러려면 어떻게
아이들이 집중할 수 있는 시간 안에 하브루타로 풀어야 할지 고민을 많
이 했어요.

'질문을 많이 만들어 보면 사실에 대한 궁금증을 해소하기 위해 책을
스스로 찾아보며 읽고 싶지 않을까?'

생각 나누기를 하면서 답이 나오지 않고 끝난 경우, 질문에 대한 여운
이 오래 갔던 경우가 있어요. 다양한 곳에서 고흐의 그림으로 생각 나누

**자화상 그림을 보며 자유롭게 질문 말하기**

기를 진행해 보았는데 모두 그런 것은 아니지만 대부분의 사람들이 궁금한 것에 대해 찾아보는 열정이 있다는 것을 알게 되었습니다.

그중 비슷한 또래인 네 가정 아이들의 '하브루타 품앗이'를 소개합니다. 각 가정이 순서대로 장소를 제공하고, 수업을 하고 싶은 엄마가 특별한 순서 없이 진행을 해요. 가끔은 아이들끼리 돌아가며 선생님이 되어서 스스로 수업을 진행하기도 하지요. 주로 3학년 아이들로 구성되어 있어 쓰기보다 말로 생각 나누기를 했습니다.

먼저 고흐의 자화상을 보고 질문 만들기를 하며 생각 열기를 했어요.


Q. 뒷쪽에 있는 그림은 무슨 그림일까요?

Q. 고흐는 귀를 잘랐다고 하던데, 그 후 어떤 모습일까요?

Q. 자화상의 배경이 된 곳은 어디일까요?

Q. 고흐는 혼자 살고 있는 걸까요?

Q. 고흐는 무슨 생각을 하며 자화상을 그렸을까요?

Q. 고흐는 왜 유명해졌을까요?

Q. 고흐는 자신의 그림 중 어떤 그림을 가장 좋아할까요?


다음은 고흐의 자화상을 보며 생각나는 대로 자유롭게 질문 만들기를 한 활동지예요. 두 명이 한 모둠이 되어 각자 선택한 고흐 그림으로 제목을 상상해서 지어보고 그림에 대한 질문 만들기를 했어요.

## 〈그림에 대해 다양한 질문 만들기〉

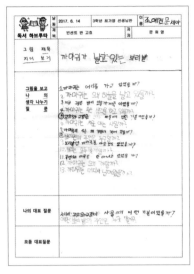

조예진, 문세아

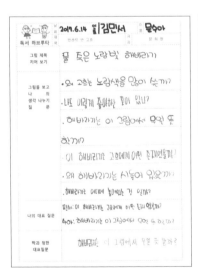

김민서, 문수아

김송민, 김수진

대한민국 엄마표 하브루타

미술하브루타 수업에 열중하는 아이들

각 모둠 대표질문을 정하여 짝과 마중물 질문(꼬리 이어 질문)을 하고, 생각 나누기를 하면서 그림의 실제 제목과 그림을 그렸을 당시 고흐의 생활을 궁금해 했어요.

그중 재미있고 다양한 상상을 하게 했던 민서와 수아의 생각 나누기를 소개할게요. 대표질문은 '해바라기는 이 그림에서 무엇을 의미할까?'예요.

**대표질문 : 해바라기는 이 그림에서 무엇을 의미할까?**

민서　고흐는 유독 해바라기를 좋아했던 것 같아. 노란색도 좋아하고. 그래서 해바라기 그림이 많은데 그중 한 작품인가봐.

수아　그런데 왜 해바라기가 시들해 보이지? 고흐는 왜 싱싱한 꽃을 그리지 않고 시든 해바라기를 그렸을까?

민서　며칠 동안 그리다 보니 시든 게 아닐까? 아니면 시든 해바라기를 좋아한 것일 수도 있어.

수아　고흐는 누구를 위해 이 그림을 그렸을까?

민서　자기가 좋아하는 사람에게 주려고 선물로 그린 것 같아. 너는 어떻게 생각해?

수아　나는 그냥 연습용으로 그린 것 같아. 이 그림을 많이 봤어. 고흐의 대표작인 것 같아.


아이들은 대표질문으로 자유롭게 상상하며 엉뚱한 이야기도 하고 책 속에서 답을 찾을 수 있는 내용들도 말하며 즐거운 수다 시간을 보냈어요. 마음껏 이야기를 나누며 그린 순서를 함께 맞춰 나열해 놓았습니다. 그리고 실제 제목이 무엇인지 말해 주면서, 그림을 그렸을 당시 고흐의 생활에 관한 질문을 던졌지요. 특히 자신이 상상질문으로 던졌던 것에 답이 있다는 것을 알고 아이들은 그 내용을 찾고 싶어 했어요.

## 〈12송이 해바라기〉(1888)

Q. 해바라기와 고흐 이름 사이에는 무슨 연관이 있을까요?

Q. 고흐는 생의 끝으로 갈수록 노란색 물감을 많이 썼는데 왜 그랬
   을까요?

Q. 왜 꽃들이 싱싱하지 않고 시든 꽃이 많을까요?(테오에게 보낸 편
   지에 힌트가 있어요.)

Q. 이 그림은 누구를 위해 그렸을까요?

## 〈붓꽃〉(1889)

Q. 이 장소는 어디일까
   요?(고흐의 명작이 많
   이 탄생한 장소예요.)
Q. 어떤 의미가 있는 그
   림일까요?
Q. 이 그림은 당시에 어떤 평가를 받았을까요?


## 〈별이 빛나는 밤에〉(1889)

Q. 밤에는 어떻게 그림을 그렸을까요?(상상해 봅시다.)
Q. 같은 제목의 그림이 있는데 느낌이 완전히 달라요. 과연 어떻게
   달라졌을까요?

**〈까마귀가 있는 밀밭〉**(1890)

Q. 이 그림을 보면 어떤 느낌이 드나요?

Q. 이곳에서 어떤 일이 일어났을까요?

Q. 고흐와 사이가 좋았던 동생 테오는 어떻게 살았을까요?

　그림을 순서대로 보며 질문을 던지니 아이들은 고흐에게 어떤 일들이 일어났는지 무척 궁금해 했어요. 그래서 고흐의 이야기와 그림에 대한 설명이 들어 있는 책《빈센트 반 고흐, 세상을 노랗게 물들이다》를 주며 모둠별로 선택했던 그림의 이야기를 찾아보게 했어요.

　호기심을 느낀 아이들이 열심히 책을 뒤지기 시작했지요. 그렇게 찾은 내용을 각 그림 순으로 발표를 하니 완전하지는 않지만 고흐의 이야기가 연결되었어요. 모둠이 많을수록 많은 그림을 연결해서 고흐의 일생을 더 자세히 알 수 있었지요. 생각 나누기가 끝났지만 아이들의 머릿속에 더 많은 질문들이 있었으면 하는 마음으로 '마무리 질문'을 하며 수업을 마쳤어요. '그림만 감상했을 때와 그림과 작가의 이야기를 함께 감상했을 때의 차이점은 무엇일까?'

# 나, 부족해도 괜찮아? : 아이들 자존감 키우기

## 《조금 부족해도 괜찮아》

베아트리체 알레마냐 글·그림 | 길미향 옮김 | 현북스

어느 날, 낯선 친구가 다섯 친구를 찾아옵니다. 모든 것이 완벽한 이 친구는 아무것도 하지 않는 다섯 친구를 보고 할 일을 찾아내라고 야단이지요. 의기소침해진 다섯 친구는 각자의 부족한 점 때문에 뭔가 해보려고 해도 잘 되지 않는다고 하소연해요. 완벽한 친구는 다섯 친구들을 비난합니다. 그러자 다섯 친구는 자신의 부족한 점들을 하나하나 곱씹어 보았어요.

하브루타를 하다 보면 누구나 의식적, 무의식적으로 자신을 들여다보게 되지요. 그러면서 주로 생각이 닿는 곳은 '자존감' 또는 '자기 이해'에 대한 질문이었는데, 이를 통해 제가 느낀 것은 바로 자신에 대한 무관심이었어요. 어느 순간, 아이를 낳고 기르면서 내 자신은 어디로 갔는지 잘 보이지 않았죠.

하브루타를 하면서 스스로에 대한 질문을 던지다 보니 객관적인 시각으로 나를 바라보게 되고, 그러다 보니 가랑비에 옷 젖듯 스스로 당당해지고 단단해진다는 생각이 들었어요. 건강한 '자존감'이 얼마나 중요한 것인지 느끼게 되면서 아이들과 '자기 이해'에 관한 주제로 생각 나누기를 더 자주 하게 되었어요.

《조금 부족해도 괜찮아》는 자존감에 대해 생각하기 좋은 책 중 하나예요. 부족하지만 개성 넘치는 캐릭터와 이야기로 아이들이 공감할 수 있는

글과 그림으로 표현하기 위해 노력한 작가의 고민이 돋보이는 책이지요.

일러스트레이터와 그림책 작가로 저명한 상을 많이 받은 작가는 한 번도 충분한 자기애를 가져 본 적이 없고 늘 스스로를 비평했으며, 원하는 수준에 도달하지 못했다고 자책하며 살았다고 해요.

자신의 경험을 표현해서 읽을수록 공감이 되고 용기를 얻게 돼요. 작가에 대해 더 알아보려고 검색하던 중에 책 내용으로 간단한 애니메이션을 만들어 놓은 동영상이 눈에 띄었어요. 아이들의 생각을 열어주기 딱 좋아 보였지요. 아이들과 영상을 보며 등장인물들의 특징에 대해 이야기를 나누어 보았는데, 아이들이 캐릭터의 특징을 잘 찾아내어 책으로 연결시키기 좋았어요.

책을 읽고 내용 파악을 위해 돌아가며 줄거리를 이어 말하고, 질문 만들기는 자유롭게 발표 형식으로 했어요. 그리고 발표자에게 긍정의 피드백을 주면서 하이파이브로 격려해 주니까 아이들은 질문을 만들기 위해 더 집중했어요.

힘들어하는 아이들을 위해 질문 만들기 좋은 페이지를 펼쳐놓고 문장을 질문으로 만들어 '질문 너머 질문' 방식으로 진행해 보니 생각 나누기에 좋은 질문들이 많이 나왔어요.

### 다섯 친구에게는 특별한 일이 별로 없었을까?

Q. 다섯 친구에게 특별한 일은 무엇이 있을까?

Q. 특별해야 좋은 건가?

Q. 특별하게 노는 건 뭐가 있을까?

그다지 하고 싶은 일도 없었을까?

Q. 하고 싶은 일이 있다면 뭘까?
Q. 꼭 하고 싶은 일이 있어야 할까?
Q. 꼭 뭔가를 해야 하나?

다섯 친구는 금방이라도 무너질 것처럼 덜컹거리는 집에 살고 있었나요?

Q. 허름해 보이는 디자인으로 만든 집은 아닐까?

누가 가장 못난이인지에 대해 입씨름을 하곤 했을까?

Q. 누가 가장 못난이였을까?
Q. 왜 입씨름을 했을까?
Q. 그러다 싸우게 되지는 않았을까?

## 그래도 즐겁기만 했을까?

Q. 서로 못난 것에 대해 이야기하는 것이 왜 재미있었을까?(대표질문)

Q. 어떻게 즐거울 수 있었을까?

Q. 다른 즐거운 놀이에는 뭐가 있을까?

이 중 대표질문을 다수결로 정해 생각 나누기를 했어요. 제가 질문쟁이가 되고 아이들이 생각쟁이가 되어 전체 꼬리물기 질문을 하면서 생각을 나누었어요.

Q. 서로 못난 것에 대해 이야기하는 것이 왜 재미있을까요?

A. 그런 이야기를 주고받는 걸 보니 서로 꽤 친한 것 같아요.

Q. 그런 이야기를 주고받으면 어떤 기분이 들까요?

A. 서로 이야기하다 보면 위로가 되었을 것 같아요.

Q. 친구와 자신의 부족한 점에 대해 이야기를 주고받은 적 있나요?

A. 그렇게 이야기해 본 적이 있어요.

Q. 그럴 때 기분이 어땠나요?

A1. 나의 부족한 점을 좋게 이야기해 줘서 기분 좋고 더 친해지는 기분이었어요.

A2. 내 약점을 놀려서 기분 나쁜 적이 있어요.

Q. 부족한 점을 받아 주었을 때와 그것을 나쁘게 이야기했을 때는 느낌이 완전히 다른 것 같아요. 주인공들은 특별한 일도 없고 낡은 집에 살았는데 어떤 모습으로 살아가는 것 같아요?

A1. 그런 걸 이야기할 수 있는 친구가 있어서 재미있었을 것 같아요.

A2. 부족한 점을 서로 이해하고 공감해서 잘 지내는 것 같아요.


아이들이 생각 나누기를 할 때 질문이나 생각이 쉽게 떠오르지 않는 경우에는 진행하는 사람이 질문쟁이를 하고 아이들이 생각쟁이를 하여 생각의 방향을 잡아주는 것이 좋아요. 아이들과 자유롭게 이야기하는 형식으로 대화를 나누니 생각 나누기가 훨씬 자연스럽게 잘 되었어요.

'서로 얼마나 못난지에 대해 이야기하는 것이 왜 재미있었을까?', '우리도 이 주인공들처럼 한번 해볼까?', '나의 부족한 점은 무엇일까?' 등등 집에서 혼자 나의 부족한 점을 생각해 보니 떠오르는 것은 많지만 정리해서 글로 쓰는 것이 쉽지 않았어요. 그래서 활동과 연결하여 표현해 보는 방식으로 진행했어요.

또, 잡지책을 나누어 주고 자신의 부족한 점을 생각하면서 연관된 단어나 그림을 오려 붙여 생각을 표현하도록 했어요. 활동 목표는 자신의 단점을 파악하는 것이 아니라 부족한 점에 대해 다양하게 떠오르는 연상을 생각해 보게 하는 것이었지요.

주제에 대해 질문을 만들거나 생각 나누기를 하고 나서 글로 정리하여 표현하는 것이 힘든 경우가 많습니다. 이때, 잡지에 있는 그림들과 단어들을 찾는 활동을 하면 손을 움직이게 되고 움직임이 있으면 '생각의 시동'을 걸기가 수월할 수 있을 것 같아 활용했더니 아이들이 집중력 있게 잘 표현해 주었어요. 잡지의 그림과 글씨를 이용해서 재미있는 표현을 한 친구들이 많았지요.

잡지를 오려 표현하는 활동

《조금 부족해도 괜찮아》를 읽으며 저는 TV 프로그램 〈무한 도전〉 멤버들이 생각났어요. 먹는 것을 좋아하는 사람, 버럭 버럭 화를 내는 사람, 정신없이 생각나는 대로 말하고 행동하는 사람 등…. 부족한 점을 자신만의 색깔로 당당하게 표현해서 많은 사람의 사랑을 받는 사람들….

'어떻게 가능했을까?', '완벽한 사람은 있을까?', '책에 나오는 완벽한 친구는 무엇이 완벽했을까?' 등등 아이들과 이야기를 나누며 '부족함'과 '완벽함'에 대해 간단하게 생각을 정리해 보는 시간을 가졌어요.

마무리 활동으로 발표가 남았는데 아이들에게 꿈나눔터에서 발표할지 운동장 단상에서 발표할지를 물었어요. 아이들은 한 치의 망설임도 없이 일제히 운동장 단상에서 발표하고 싶다고 했지요.

한 명씩 단상에 올라가서 큰소리로 자신의 부족함에 대해 쓴 것을 발표한 후, 끝에 "조금 부족해도 괜찮아!"를 외쳤을 때는 정말 가슴 찡한 감동을 느꼈어요.

활동 내용을 운동장 단상에서 발표하는 아이들 모습

　발표를 하고 내려오는 아이들을 엄마들이 사랑한다고 말하며 꼭 안아 주었는데 쑥스러워하는 친구들도 있었어요. 그런 아이들을 보면서 부쩍 컸다는 생각이 들었지요. 아이들이 커가면서 바뀌는 자신에 대해 생각해 보는 시간이 많을수록 자신에 대한 '이해'와 '자존감'도 더 건강해질 거라는 생각이 들었어요. 자신에게 부족한 점이 있어도 당당한 아이들로 자라는 데 조금이라도 도움이 되는 시간이었길 바래요.

# 함께한다는 것은? : 함께하는 즐거움

## 《거미 아난시》

제럴드 맥더멋 글·그림 | 윤인웅 옮김 | 열린어린이

아프리카의 민담 영웅인 거미 아난시와 여섯
아들들의 이야기가 있는 그림책입니다. 거미들
의 몸에 상징적 문양이 있는 것이 특징이에요.
아난시는 죽을 위기에 처했지만 여섯 아들들
이 각자의 능력으로 힘을 합해 아버지를 구합
니다. 돌아오는 길에 아난시는 숲속에서 신비스럽고 아름다운 커다란 빛 구슬을 발견
하고 자신을 구해준 아들에게 상으로 주어야겠다고 생각했지요. 여섯 아들 중 누구에
게 주어야 할지 고민하던 아난시는 만물의 신인 니아메에게 답을 구합니다. 니아메는
누구에게 빛 구슬을 주었을까요?

4차 산업혁명이 많은 화두가 되는 요즘 많
이 듣게 되는 단어 중 하나가 '파트너십(partnership)'이에요. 그래서인지
아이들이 좋아하는 로봇 만화에서도 작은 로봇들이 합체해서 슈퍼 로봇
이 되어 악당을 물리치고, 혼자서도 거뜬히 지구를 지키던 영화 속 히어
로들도 요즘은 서로 협력해서 지구를 지키고 있지요.

요즘 우리 아이들은 어떻게 협력하고 있을까요? 학원 가고 공부하느
라 하루 24시간이 빡빡한 아이들은 친구들과 신나게 뛰어 놀고 함께할
시간이 부족해요. 힘들지만 그 많은 공부를 소화해 내는 아이들이 대단
하다는 생각이 들기도 하지요.

하지만 아이들끼리 스케줄이 맞지 않아 시간을 맞춰 놀지 않는 이상
은 모두 모여서 놀기도 힘들어요. 물론 '잘 노는 것'의 중요성을 생각하

는 엄마는 학습보다는 밖에 나가 뛰어 노는 시간을 더 중요하게 생각하기도 해요. 휴우! 정말 엄마로서 가끔은 무엇이 옳은지 모르겠고, 어떤게 적당히 하는 건지도 모르겠어요.

확실히 안타깝게 느껴지는 건 교육현실에서 아이들이 배워야할 것이 늘고, 점점 더 바빠지다 보니 생각할 시간이 없어져 무엇을 위해 죽도록 공부를 해야 하는지 몰라 방황하고, 삭막한 생각을 하는 아이들이 많이 늘어난다는 거예요.

그런 마음에 특히 초등학교 아이들에게 생각의 힘을 키울 수 있게 하는 하브루타를 많이 하게 했으면 좋겠다는 생각이 들어요. 그래서 생각할 시간이 부족한 우리 아이들에 대한 교육 방향이 조금이라도 바뀌길 바라는 사명감(?)으로 하브루타를 열심히 하는 건지도 모르겠어요.

서로에 대해 생각할 시간이 부족해서일까요? 학교생활에서 친구 간의 다양한 갈등으로 힘들어하는 아이들이 점점 많아지고 있어요. 그래서 관계에 도움이 되는 방향으로 생각하다 보니 힘을 합해 서로 무언가 이루어 내는 '협력'을 주제로 한 수업을 해보고 싶었지요. 《거미 아난시》를 보는 순간, 협력을 놀이로 즐겁게 활동하며 스트레스도 푸는 방법이 무엇인지 그 답을 찾았어요.

아이들과 《거미 아난시》를 읽으며 여섯 아들 거미들의 특징에 대해 이야기를 나누어 보기도 하고, 읽는 중간에 다음 장의 내용을 다 같이 상상해 보며 책을 읽으니 아이들이 내용에 더 잘 몰입했어요.

책을 덮고 내용 파악을 할 때는 자유롭게 서로 질문을 만들어 대화처럼 주고받으니 자연스럽게 질문이 생각 나누기로 이어졌어요. 특히 능력이 있는 거미들을 보며 아이들의 질문이 많았지요. 제가 질문을 던지면 아이들이 대답하는 방식으로 대화가 오갔어요.

내용이 생각 나누기 내용으로 연결되어서 다시 질문을 던졌어요.

Q. 아난시는 어떤 능력이 있는 걸까?

A1. 몸에 그려진 뾰족한 걸 보니 공격하는 무기가 있지 않을까요?

A2. 나는 그걸 보니까 산을 넘는 능력이 있는 것 같아요.

A3. 네! 그래서 산을 넘어 먼 길을 갈 수 있었던 것 같아요.

Q. 그럼 엄마는 어디에 있을까?

A1. 아난시가 아이들 엄마가 있는 곳으로 가던 중인 것 같아요.

A2. 아빠가 아! 난시면 엄마는 아! 근시 아닐까요?

Q. 하하하. 정말 기발하다. 만약 너희들이 아난시였다면 누구에게
구슬을 주었을까?

A1. 저는 처음 본 장남에게 주었을 것 같아요. 큰아들이고 처음 발
견한 아들이니까요.

A2. 저는 아무에게도 안 줄 거예요. 다 함께했는데 한 명에게만 주
는 건 좋은 생각이 아니에요.

소중한 것을 함께 가질 수 있는 방법에 대해 더 생각해 볼 수 있게 질
문을 던졌어요.

Q. 내가 아난시고 너희는 내 아들 딸 거미들이라고 하자. 나에게 멋진 구슬이 있는데 누구에게 이 구슬을 주어야 할까?

A1. 그냥 제자리에 두고 와요.

A2. 구슬을 쪼개서 나누어 가져요.

A3. 팔아서 번 돈을 똑같이 나눠요.

A4. 다 함께 볼 수 있는 곳에 놓아둬요.

A5. 함께 돌아가며 가지고 놀아요.

A6. 시간을 나누어 돌아가면서 줘요.

Q. 정말 다양한 생각들을 가지고 있구나. 선생님은 하지 못한 생각들도 많아. 하지만 모두가 찬성한 방법이 나오지 않았으니 우리 모두를 만족시킬 수 있는 방법을 다음 시간까지 생각해 볼까?

조서진, 그림으로 표현

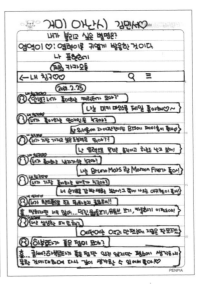

김민서, 카톡 대화로 표현

대한민국 엄마표 하브루타

"우리 모두 거미가 되어 책 속의 거미들처럼 특별한 이름을 지어 볼까요? 내가 불리고 싶은 별명을 적고 음악, 시, 만화, 그림 구분 없이 마음껏 나를 표현해 보세요."

아이들은 대부분 자기가 갖고 싶은 능력을 별명으로 지었어요.

"지금부터 우리는 거미가 되자. 별명이 이름이 되는 거야. 염력이 거미, 순간이동 거미, 예언이 거미, 무조건 잘해 거미, 싸커맨 거미들은 아난시의 6형제처럼 함께 협력해서 거미집을 지을 거야."

아이들에게 신문지를 길게 찢어 이어붙인 다음, 방 안에 거미줄처럼 이어 집을 지을 거라고 하니, 처음에는 어리둥절하며 시작했지만 곧 신나게 신문지를 찢으며 서로 도와서 멋진 거미집을 완성했어요. 완성된 거미집을 보며 아이들은 무척 즐거워했고 자기들이 만든 거대한 집에서 여기저기 기어 다니며 재미있게 놀았지요.

"함께 거미줄로 공을 만들어 비닐에 골인시켜 볼까?"

말이 떨어지기가 무섭게 아이들은 기다렸다는 듯 신문지 거미줄을 뭉쳐 비닐에 골인시키며 순식간에 정리했어요. 거미집을 지을 때보다 지

집에서 아이들과 활동한 모습

창체 시간 4학년 활동 모습

은 집을 부술 때 더 화끈하게 스트레스가 풀리는 기분이 들었다고 말하기도 했지요.

　다음에는 아이들에게 우리가 협력해서 지은 거미집에 대한 질문을 던졌어요.

　　Q. 내가 혼자서 집을 지었다면 주어진 시간에 집을 모두 지을 수
　　　 있었을까?
　　A. 아니요. 혼자서는 주어진 시간에 우리가 지은 집만큼 큰 집을
　　　 지을 수 없어요.

Q. 혼자 지었을 때와 함께 협력해서 지었을 때 기분이 어떻게 달랐을까?

A. 모두 함께해서 큰 집을 지었고, 더 재미있었어요.

Q. 하고 난 소감을 말해 볼까?

A1. 처음에는 무엇을 하는지 몰라서 '이걸 왜 하지?' 하고 생각했지만 함께 활동하면서 점점 더 재미있었고 멋진 집이 지어져서 부수기 아깝다고 생각했어요.

A2. 어떻게 치울지 걱정했는데, 집을 부술 때 스트레스가 확 풀리고 신났어요.

A3. 처음 시작할 때는 이렇게 큰 집이 될지 몰랐어요.


저는 흐뭇한 마음으로 열심히 활동해서 땀에 젖고 지친 아이들을 향해 마무리 질문을 하며 수업을 마쳤습니다.


Q. 함께한다는 것은 우리에게 어떤 의미가 있을까?

# 내가 만일 아빠라면 : 아빠 되는 법을 알려드려요

《내가 만일 아빠라면》

마거릿 파크 브릿지 글 | 케이디 맥도널드 덴튼 그림 | 이경혜 옮김 | 베틀북

주인공이 아빠에게서 받고 싶었던 모든 것을, 자기가 아빠가 되면 아들에게 모든 것을
해줄 것으로 표현하는 장면이 정말로 역설적이고도 위트 있어요.
아무도 아빠가 되는 법을 가르쳐주지 않지만 이 책을 읽으면 아빠가 되는 법을 자연스
럽게 터득하게 됩니다.

《내가 만일 아빠라면》을 하브루타 수업 책
으로 정하고 나니 저는 엄마라서 그런지 곧바로 저자의 또 다른 책, 《내
가 만일 엄마라면》 책도 읽고 싶어졌습니다.

저는 혼자서 질문 만들기를 자주 하는 편은 아니에요. 하지만 이번만
큼은 아이들과 수업 전에 질문 만들기를 해보았습니다.

Q. 엄마가 되는 자격시험이 있었다면, 나는 한 번에 통과할 수 있었
   을까?

Q. 엄마 자격의 기준은 어디에 두어야 할까?

Q. 나는 엄마가 되는 방법을 배웠던가?

Q. 엄마 자격이 없다는 말을 듣는다면 기분이 어떨까?

Q. 아이들이 '우리 엄마는 새엄마 같다'는 말을 한다면 어떤 의미
   일까?

Q. 내가 만일 엄마가 되기 이전으로 돌아가면 어떤 준비를 가장 먼

저 할까?

Q. 어렸을 때 나는 어떤 엄마를 이상형으로 생각했을까?

Q. "엄마가 좋아, 아빠가 좋아?"라는 질문에 "엄마"라는 대답을 기대하는가?

Q. 세상에 나쁜 엄마가 존재할까?

Q. 아이들이 나를 어떤 엄마로 말해 주길 바랄까?


이런저런 질문을 만들고 보니, 너무 준비 없이 엄마가 된 것은 아닌지 새삼 반성하면서 수업 시간을 맞이했습니다. 이 책은 엄마, 아빠가 아이들을 어떻게 생각하느냐가 아니라, 아이들이 엄마, 아빠를 어떻게 생각하느냐가 더 중요하다는 것을 머릿속에 각인시켜 주는 책입니다.

"와! 하브루타 선생님이다!" 교실에 들어서는데 어디선가 반갑게 저를 맞아주는 소리가 들려 왔어요.

"여러분, 무슨 좋은 일 있었어요? 다들 기분이 좋은 것 같네요. 아마 선생님을 만나서 그런가 봐요?"

저는 아이들의 밝은 모습을 보면서 하브루타 수업 시간을 많이 기다리고 있었다는 생각을 합니다.

"네~!" 우렁찬 대답에 다른 어떤 설명도 필요 없었어요.

오늘도 독서하브루타 수업을 시작하기도 전에 마음의 날씨는 아주 맑음입니다.

"오늘 선생님과 함께 수업할 책은 《내가 만일 아빠라면》이에요."

"선생님, 하지만 전 여자인데요."

"하하하. 그러니까 '만일'이잖아요. 우리 지난 시간에 가정질문 만들기에서 상대방 입장이 되어 질문 만들기도 해보았고 때로는 사물이 되어 질문 만들기도 해보았죠?"

저는 아이들이 이해하기 쉽게 부연 설명을 했습니다.

"여자라고 해도, '내가 만일 아빠라면' 하고 상상해서 질문 만들기를 하는 거야." 훈기의 말에 지민이가 고개를 끄덕였습니다. 훈기의 설명이 선생님 설명보다 훨씬 더 와 닿았나 봅니다.

먼저 짝꿍끼리 아빠와 아들이 되어 돌아가며 읽게 했습니다. 때로는 킥킥대며, 때로는 진지하게, 때로는 부럽다는 표정으로 읽어요. 아이들 모습을 보며 이런저런 생각이 듭니다.

'이 아이들도 책 속의 아들처럼 생각지도 못한 상황을 말할까?'

'아니, 생각은 해봤지만 지레 아니라고 생각하고 해줄 수 있는 것만 말할까?'

그래도 '만일'인데 뭘들 못하겠어요. 기발한 질문들이 쏟아져 나와주기를 기대했습니다.

책에서는 이런 다짐을 하지요.

내가 만일 아빠라면 아침마다 거품이 가득한 아이스크림을 바르고 아들에게 수염을 깎게 해준다고 합니다. 이는 생크림으로 닦고.
내가 만일 아빠라면 아들을 학교 수업에 빠지게 하고 낚시를 데려간다고 합니다. 잡은 물고기는 다 놔주고요.
내가 만일 아빠라면 아들보다 몸집이 큰 개를 기르게 한다고 합니다. 가게 갔다 올 때 탈 수 있게요.
내가 만일 아빠라면 아들을 회사에 데려 가서 엘리베이터 단추를 모두 다 눌러 보게 해준다고 합니다.

내가 만일 아빠라면 아들하고 보물을 찾아 나설 거라고 합니다.

내가 만일 아빠라면 야구를 보는데 아들이 텔레비전 앞을 얼쩡거려도 비키라고 소리치지 않는다고 해요. 결승전 홈런 장면을 놓친다고 해도 말이지요.

내가 만일 아빠라면 비누거품 뽀글뽀글 가득 채워서 아들을 목욕시켜 준다고 합니다.


책 읽는 내내 저는 그런 아빠가 되어줄 수 없을 거라고 생각했어요. 하지만 저도 그런 아빠가 있다면 부러울 것 같아요.

아이들에게 '내가 만일 A라면 B일까?'라는 문장이 10개 적혀 있는 활동지를 나눠주며 A는 정해주고 B를 다양하게 적어 보게 할까도 생각했어요. 그러나 이내 A를 정해주지 않으면 좀 더 다양하고 기발한 생각이 나올 뿐 아니라 되고 싶은 무언가를 마음대로 적을 수 있어 저학년 아이들이 좀 더 상상의 날개를 펴는 데 도움이 될 거라고 생각했습니다.

"자 여러분, 이번에 나눠드리는 활동지에 여러분이 해보고 싶은 것을 마음껏 써봐요. 앞으로 되고 싶은 것들도요."

지난 시간에 다른 1학년이 했던 활동지를 참고자료로 보여 주었어요.

"선생님, 10개 다 만들어야 해요?"

"네, 일단 만들어 봐요. 선생님이 '그만!'할 때까지 만드는 거예요. 혹시 더 많이 만들 수 있는 사람은 뒷면으로 넘어가도 좋아요."

Q. 내가 음식이라면 몸속에 들어가서 어떤 똥이 될까?


역시 아이들은 똥을 좋아해요. 모든 질문에 어김없이 똥이 등장하니까요.


Q. 내가 종이라면 자를 때 아프다며 울었을까?
Q. 내가 작가라면 재미있고 웃긴 말을 잘 쓸까?
Q. 내가 형이라면 동생한테 양보를 잘할 수 있을까?


등등 10개 정도 질문을 만든 것을 확인한 후, 이번에는 짝 토론을 하기 위한 대표질문을 뽑자고 했습니다.

"자신이 만든 질문 중 가장 좋다고 생각하는 질문을 뽑아보세요."

"뽑았어요."

"다음은 뽑은 질문 중 짝과 대표질문을 정하세요."

"선생님, 두 개 다 하면 안 돼요?"

"오늘은 짝과 토론을 할 거예요. 탁구경기에서 공 한 개를 가지고 왔다 갔다 하는 장면 봤죠? 대표질문이 정해지면 탁구공이 왔다 갔다 하듯 짝과 서로 대화를 나누는 거예요."

짝을 정해 질문하고 대화하는 과정에서 처음에는 대표질문으로 하다가 반복적으로 새로운 질문을 묻고 대답하고 또 새로운 질문을 묻고 대답하는 아이들을 보며 저는 탁구공을 떨어뜨리지 않고 경기가 길어지는 상황을 빗대어 설명해 주었어요.

대표질문에 대해 조금 깊이 있는 대화가 오갔으면 하는 바람이 있었기 때문이지요.

"선생님, 저 탁구공 떨어뜨리지 않고 할 수 있어요."

진짜 탁구를 잘한다는 건지 제 말을 잘 알아듣고 대화를 잘할 수 있다는 건지 알 수 없었지만 지호랑 짝인 성하를 앞으로 나오라고 했습니다.

"대표질문은 어떤 것으로 정했나요?"

"'내가 만일 선생님이라면 아이들을 혼내지 않고 잘 가르칠 수 있을까'로 정했어요."

"좋아요. 그럼 짝과의 대화 토론을 시작해 볼까요?"


지호  내가 만일 선생님이라면 화내지 않을까?

성하  '혼내지 않고 잘 가르칠 수 있을까'잖아.

지호  아, 맞다. 내가 만일 선생님이라면 아이들을 혼내지 않고 잘
      가르칠 수 있을까?

성하  응, 나는 혼내지 않을 거야.

지호  아이가 말썽을 피워도?

성하  응.

지호  그럼 수업을 할 수 없잖아?

성하  그래도.

지호  혼내지 않고 어떻게 할 건데?

성하  수업을 재미있게 할 거야.

지호  재미있게 해서 말썽 피지 않게?

성하　응. 재미있으면 딴짓을 안 해.

지호　그래도 말썽 피우면?

성하　그때는 혼낼 거야.

지호　아까 혼 안 낸다고 했잖아.

성하　말썽을 아주 많이 피우면 혼낼 거야.

지호　나는 끝까지 혼내지 않을 거야.

성하　나도 혼내지 않으려고 했는데, 그래도 너무 말썽을 피우면 어떻게 해?

지호　네가 아까 말한 것처럼 재미있게 할 건데 아주아주 재미있게 할 거야. 딴짓하지 않게.

성하　그럼 선생님이 개그맨이어야 해?

지호　응! 개그맨처럼 할 거야.

성하　재밌겠다!

지호　그렇지? 수업을 〈개그 콘서트〉처럼 할 거야.

성하　그럼 아주 재미겠다.

지호　그럼 딴짓 못 할 거야. 히힛.


"아주 잘했어요. 앞에서 나와서 짝 토론하는데도 자기 생각을 잘 말했어요."

　지호, 성하의 짝 토론을 지켜보며, 앉아 있는 다른 친구들과 저는 무척이나 흥미로웠고 계속 미소를 머금었습니다. 아이들은 친구들이 앞에 나가 짝 토론하는 모습만 봐도 실실 웃네요. 저도 아이들의 짝 토론하는 태도며 중간중간 머뭇거리면서 주위 눈치를 보는 모습이 너무 귀여워 실실 웃습니다.

　　　　　　　　　　　　　　　　　　대한민국 엄마표 하브루타

칠판 앞으로 나와 짝 토론을 할 때, 간혹 자리에서 다음에 나갈 준비를 하며 연습하는 친구들도 있었지만 대부분은 경청하는 모습을 보며 아이들에게 남의 이야기를 잘 듣는 것이 무엇보다도 중요하다고 강조했어요.

"여러분, 성하와 지호는 선생님이 되면 말썽 피우는 아이들에게 재미있게 수업을 해서 딴짓하지 않게 한다고 해요. 다른 친구들도 짝과 토론하는 시간을 줄 테니 자신의 생각을 잘 말해 보아요."

자리에 앉아 있는 친구들에게 짝 토론 시간을 주고, 저는 중간중간 돌아다니며 아이들 생각을 들었습니다. 피식피식 웃기만 하는 아이, 계속 질문만 하는 아이, 토론이 자연스럽게 잘되는 아이, 선생님한테 계속 질문만 하는 아이, 서로 얼굴만 쳐다보고 있는 아이, 고학년 못지않게 토론을 잘하는 아이 등등 제각각이에요.

머뭇거리는 아이들은 아직 어색해서 그럴 수도 있고 익숙하지 않아서일 수도 있다고 생각해요. 앞으로 아이들이 하브루타 수업을 통해 자신의 생각을 잘 표현할 수 있게 편안한 수업이 될 수 있도록 노력해야겠다는 다짐을 하게 됩니다.

오늘 하브루타 수업은 아이들과 저 모두에게 아주아주 맑음이네요.

# 《아름다운 책》은 정말 아름다운 책! : 가치에 대한 토론

## 《아름다운 책》

클로드 부종 글·그림 | 최윤정 옮김 | (주)비룡소

어느 날, 토끼 에르네스트는 책 한 권을 발견하고 집으로 가져 옵니다. 책이라고는 한 번도 본 적이 없는 동생 빅토르에게 책은 조심해서 다뤄야 하고 글씨를 모르면 그림을 보는 거라고 알려줍니다. 한 장 한 장 넘겨가며 상상의 나래를 펼치는 동생에게 현실은 그렇지 못하다고, 꿈에서 깨어나라고 어른 같은 이야기도 들려준답니다. 이들 형제들은 다소 엉뚱한 데서 책의 쓸모를 느끼지만, 그것이 책이 주는 아름다움일 수도 있지요.

하브루타 수업을 할 때 가장 많이 하는 고민은 '어떤 책을 가지고 수업을 할까'예요. 잘 고른 책 한 권은 인지도 높은 다른 100권의 책이 안 부럽기 때문이죠. 오늘 제가 독서하브루타를 할 책은 《아름다운 책》입니다.

도서관 선생님들과 그림책 읽기 동아리 모임을 만들어 하루도 빠지지 않고 열심히 했는데 그때 만난 《아름다운 책》은 바닷속 깊은 곳에서 오랫동안 잠들어 있던 보물을 발견한 것과 같은 큰 감동을 주었어요.

언제나 수업은 아이들과 어떻게 지냈는지 짧게 이야기를 나누며 시작합니다.

"여러분, 한 주 동안 잘 지냈어요?"

"네!!!"

아이들의 우렁찬 목소리는 엄마 선생님인 저에게 더욱 힘을 줍니다.

자신감을 팍팍 불어 넣어주지요.

"선생님은 어떻게 지냈을까요?"

"바빴을 것 같아요", "푹 쉬셨을 것 같아요", "여행 다녀오신 것 같아요", "하브루타 수업 준비하셨을 것 같아요" 등등 여러 가지 의견을 냅니다.

"어머, 선생님이 주말 동안 많은 일을 한 걸 어떻게 알았지요?"

"안 봐도 다 알아요."

그 말을 들으며 저는 독서하브루타를 통해 어느새 아이들과 떼려야 뗄 수 없는 끈끈한 정이 들었음을 느꼈어요.

"그래요. 선생님은 여러분이 말한 것처럼 푹 쉬기도 하다가, 벌떡 일어나 집안일도 하다가, 잠시 바람 쐬러 근교로 나갔다가, 저녁에는 하브루타 수업 준비도 했어요. 말 그대로 진짜 바쁜 한 주였네요."

"선생님, 오늘 책은 뭐예요?" 안나가 물었어요.

"음, 《아름다운 책》!"

"하하하, 아름다운 책이래."

단아랑 효연이가 서로 마주 보고 웃었지요.

"얼마나 아름다운데요?"

병은이의 돌발질문에 잠시 머뭇거렸어요. 몇 달 전, 《아름다운 책》을 다시 집어 들고 예전에는 생각하지 못했던 질문이 떠올랐어요. 저 역시 '아름다운 책이 왜 아름다운 책일까?' 하고 제목에 대한 궁금증이 있었거든요. 이후 여러 번 더 읽고 '역시 아름다운 책이 맞았네' 하며 이 책에서 느꼈던 감동을 고스란히 아이들에게 전해주리라 굳은 다짐까지 했건만, 본론으로 넘어가기도 전에 한 아이의 예리한 질문에 말문이 딱 막히고 말았습니다.

"좋은 질문이네요. 그럼 우리 이 책을 읽어보고, 책 제목이 왜《아름다운 책》인지 생각해 보기로 해요."

순간 꼭 답변을 해줘야 한다는 발동을 잠시 거뒀습니다. 그것은 하브루타의 힘이었지요.

'그래, 내가 끊임없이 뭔가를 찾아주고 답해 줘야 한다는 강박관념, 책임의식에서 벗어나자! 아이들이 한 질문에 대해 스스로 답을 찾도록 해주자! 나 또한 스스로 묻고 스스로 찾지 않았던가?'

책은 어느 날, 에르네스트가 책 한 권을 발견하고 집으로 가져오면서 이야기가 시작됩니다. 책이라고는 한 번도 본 적이 없는 동생은 궁금해서 달려들었지만 형은 여러 가지 이유를 들어가며 책을 읽을 때 주의사항을 자신의 시각으로 말해 줍니다. '형의 잔소리 같은 주의사항이 동생의 거침없는 상상력을 막고 있구나' 싶으면서도 위험에 싸여 있는 주변 환경으로부터 동생을 보호해 주려는 마음이 한 권의 책을 설명하면서 고스란히 드러나 짠한 마음이 들기도 합니다.

어젯밤, 책 내용을 앞 뒤 한 장으로 타이핑하고 프린트를 뽑아 코팅했어요. 그것을 짝끼리 하나씩 나눠 주고는 속으로 읽는 시간을 짧게 주었죠. 그런 다음 선생님이 읽어주는 시간(3~5분)을 가졌어요. 프린트물을 계속 보는 친구들도 있었지만 대부분의 아이들이 책을 들고 있는 저를 주시하고 있었지요.

기대에 찬 얼굴들을 하나하나 잠시 응시하고, 속으로 《아름다운 책》을 읽어줄 때, 목소리는 물론 주인공의 행동을 실감나게 표현해야겠다'는 다짐을 했어요.

책을 번쩍 들고 온 힘을 다해 머리통을 내리치는 장면에서는 저도 있는 힘을 다해 교실 한 바퀴를 달려갔다 돌아오며 책상 위를 있는 힘껏 '쾅' 하고 내리쳤어요. 아이들은 "아이고, 깜짝이야" 하며 동시에 깔깔거렸지요. 마치 자기가 여우를 물리치기나 한 것처럼 통쾌한 마음을 감추지 못했습니다. "선생님, 깜짝 놀랐잖아요" 하면서도 연신 웃어댔지요.

아마 진짜 여우였더라도 버텨낼 힘은 없었을 거예요. 정신을 반쯤 잃고 주둥이가 다물어지지 않은 틈을 타 책을 주둥이에 쑤셔 박는 장면에서도 저는 그 순간 여우가 되었습니다. 직접 제 입에 책을 '쿡' 쑤셔 넣었지요.

아이들이 너무너무 재미있어하는 모습을 보면서 '아이들에게는 나의 과장된 행동이 수업을 주목하게 하는 한 가지 방법이 될 수 있구나' 하고 깨달았지요. 책 읽기를 마칠 때쯤에는 아이들도 어느새 그림책에 푹 빠져 있었어요. 이 책의 에르네스트와 빅토르처럼요.

"자, 이제 이 책으로 질문 만들기를 해볼까요?"

"선생님, 저는 '왜 제목이 아름다운 책일까?'를 쓸래요."

"네네, 좋아요."

"에르네스트와 동생 빅토르가 꼭 저와 제 동생 같아요."

"그럼 한서가 질문으로 만들어 볼까요?"

한서는 《아름다운 책》을 읽으며 자기 동생이 생각났는데 동생은 모르는 게 많고 궁금한 게 많아 조금 귀찮게 한다며 '휴~' 하고 한숨을 내쉬었어요. 한서의 모습을 보며 에르네스트의 모습이 떠오르기도 했지요.

Q. 형과 동생은 싸우지 않고 잘 지내는 사이일까?

Q. 아름다움은 무엇일까?

Q. 동생이 질문을 많이 하면 어떻게 할까?

Q. 나라면 동생에게 책을 어떻게 설명해 줄까?

Q. 여우는 이에 꽉 긴 책을 어떻게 했을까?

Q. 내가 여우를 만났을 때 책을 이용했을까?

Q. 에르네스트와 빅토르는 독서광이 되었을까?


활동지에 열심히 질문을 만들어 쓰는 아이도 있지만, 열심히 생각나는 대로 말하는 아이도 있었고, 질문을 만들다가 습관처럼 대답하는 아이도 간혹 있었어요. 10분 동안 여러 개의 질문 만들기가 끝난 후 4명씩 모둠 토론 시간을 가졌습니다.

지난 시간에 가졌던 짝과의 대화 시간도 어느 정도 잘 이루어져서 오늘은 모둠별 대화 나누기를 하기로 했어요. 모둠 친구들이 만든 질문 중 몇 가지 대표 질문을 뽑아 10분 동안 서로의 생각을 나누도록 했습니다.

"에르네스트는 어떤 토끼라고 생각해?"

먼저 윤기가 마중 질문을 해주었어요.

"선생님 같은 토끼 같아" 하고 성윤이가 말하자 "나는 사실만 믿는 토끼 같아"라고 시호가 말했습니다.

"책이 쓸모가 많다고 생각하는 토끼 같아."

평소 조용조용하고 말이 없던 호준이도 마음속에 있던 생각을 말하니 너무 대견하고 흐뭇했어요.

"현실로 일어날 수 있는 일이 아니면 절대 안 믿는 토끼 같아."

질문을 던졌던 운기도 자신의 생각을 말했지요.

동생은 여우가 당근자루를 가져오는 장면에서 위험은 생각하지 않고 자기한테 줄 거라고 믿으며 즐거운 상상의 날개를 펼칠 때, 토끼는 여우 한테서 도망을 가야한다고, 그것은 절대 변할 수 없는 법칙이라고 말하는 형이 참 현실적이라는 생각이 들었어요.

바로 이런 점이 현실로 일어날 수 있는 일이 아니면 믿지 않는 토끼 같다는 운기의 부연 설명을 들으며, 꽤 분석적인 아이들의 상상력과 추리력에 놀랐습니다.

"에르네스트는 너무 동생을 가르치려 드는 것 같아. 그렇지?"

"그래도 동생한테 잘 설명해 주니까 좋은 형이잖아."

"그래, 그런 것 같아."

아이들이 잠시 조용해졌습니다. 아마 다음에 이어갈 말을 고민하는 것이겠지요. 잠시 주춤하다가 성윤이가 말을 이어갔어요.

"아름다움은 어디서 나와? 아니, 아름다움이 뭐라고 생각해?"

"아름다움에는 기준이 없는 것 같아. 똑같은 사람도 어떤 사람은 못생겼다고 생각하고 어떤 사람은 예쁘다고 생각하잖아."

운기는 상당히 고학년스런 말투로 아름다움에는 기준이 없다며 보는 관점에 따라 달라지는 거라고 말했어요.

"뭔가 특별한 게 있거나 남과는 좀 다른 게 아닐까?"

시호의 생각입니다.

"뭔가 감동적이면서 마지막에는 재미있게 끝나는 거." 호준이가 시호의 차례를 기다리기나 한 듯 말했어요.

호준이의 말을 들으며, 그 순간 《아름다운 책》에서 생겼던 의문점이

저절로 풀렸습니다. '뭔가 감동적이면서 마지막에는 재미있게 끝나는 거…'

그래, 맞다! 형이 생각하는 책, 동생이 생각하는 책, 생각이 조금씩 다를 수는 있어도 그 생각들이 다름으로써 아름다울 수 있고, 책의 유용함을 다소 엉뚱한 데서 찾아도 아름다울 수 있는 것이구나! 나에게도 궁금했던 책 제목인데 아이들의 모둠 자유토론 시간에 해답을 찾게 될 줄이야! 아름다움에 대해 조금 더 이야기가 오갈 줄 알았는데 아이들은 이내 몇 가지 질문들을 더하며 대화를 이어갔습니다.

Q. 책이란 무엇인가?
Q. 동생 빅토르는 어떤 토끼였나?
Q. 형제들의 부모는 어디에 있을까?
Q. 형제들은 나이가 몇 살일까?

'형 에르네스트가 동생한테 하는 행동은 괜찮은가?'라는 선택형 논제가 나왔을 때쯤 주어진 시간이 많이 흘러가고 있었습니다. 그럴수록 아이들의 생각을 더 듣고 싶었어요. 내가 수업을 이끌어 갔다면 마지막에 나온 질문으로 토론해 보았을 거라는 생각도 들었어요. 그러나 벌써 마무리를 해야 할 시간이네요.

"여러분, 오늘 클로드 부종의 《아름다운 책》으로 많은 이야기를 나누었는데 어땠나요?"

"재미있었어요."

"웃겼어요."

역시 아이들 입에서 가장 많이 나오는 말입니다.

"오늘은 아름다움에 대한 생각, 또 주인공들에 대한 각자의 생각들을 나누었어요. 여러분의 다양한 생각들을 들어 보니 선생님도 어떤 생각을 갖고 있었는지 정리해 보게 되네요. 다음 시간에는 《종이봉지》라는 책으로 수업을 할 거예요. 그럼 다음 시간에 만나요."

이렇게 하브루타 수업은 마무리가 됩니다. 늘 그렇듯 수업이 끝나면 '이럴 때는 이렇게 했어야 했는데!', '아이고~ 꼭 해주고 싶은 말을 하지 못하고 끝났네!', '아이들에게는 생각할 시간이 너무 부족할 수도 있었겠다' 등등 아쉬움이 남아요.

아이들이 툭툭 던지는 말 속에, 머뭇거리다 하는 말 속에, 마치 기다렸다는 듯 튀어나오는 말 속에 아이들의 생각이 읽힐 때면 하브루타 선생님으로서 보람을 느낍니다. 가끔 아이들이 했던 활동지나 이야기가 떠올라 혼자 실실 웃을 때도 있어요. 그런 흐뭇한 미소가 어디에서도 얻을 수 없는 소중한 것임을 이제는 잘 알게 되었어요.

# 옳다고 믿는 것을 지켜내다 : 인권과 용기에 대한 토론

○

## 《사라, 버스를 타다》

윌리엄 밀러 글 | 존 워드 그림 | 박찬석 옮김 | 사계절

로사 팍스의 어린 시절 실화를 바탕으로 쓴 이 이야기
는 '사라'라는 어린아이가 버스에서 인종차별을 받고 그
에 대한 부당함에 맞서 싸운 이야기예요. 어린 소녀임에
도 흑인은 버스 자리조차 자신이 원하는 데 앉을 수 없
음에 의구심을 품고 용감하게 대처함으로써 결국 법까
지 바꾸는 훌륭한 일을 하게 됩니다.

"어린 시절에 나는 옳은 것을 주장하는 것
이 얼마나 중요한지를 아주 일찍부터 배웠습니다."

미국 흑인인권 운동의 선구자인 로사 팍스(Rosa Parks)가 한 말입니다.
저학년 아이들에게 인권 이야기를 한다는 것은 꽤 어렵지만, 인권이란
태어나면서부터 인간으로서 갖게 되는 당연한 권리이기에 어릴 때부터
함께 이야기하고 서로의 의견을 나눠 보는 것이 정말 중요하다고 생각
했어요.

막연하게 '아이들이 고학년이 되면 무거운 주제의 이야기를 저절로,
쉽게, 당연히, 잘하겠지' 생각하는 것은 마치 먹지도 않은 포도를 신 포
도라고 단정 짓는 것과 같은 위험이 따를 수 있다고 생각해서, 저는 한
번이라도 수업을 더 해보고 싶었어요.

그래서 하브루타 시간을 통해 《사라, 버스를 타다》라는 책으로 저학년 아이들과 인권에 대해 많은 이야기를 나눌 수 있는 귀한 기회를 또 가졌지요. 저는 인권에 대해 좀 더 많은 부분을 할애하고 싶었지만 질문들을 통해, 아이들은 인권보다 용기에 관심이 더 많다는 것을 느끼게 되었습니다.

자신이 옳다고 생각하는 일에 인종과 나이에 상관 없이 당당하고 거침없던 그 용기가 부러움과 선망의 대상이 된다는 것도 알게 되었어요. 아이들은 당시 흑인이라는 이유로 차별받는 상황에서도 정당한 권리를 주장했던 '사라의 용기'를 놓치지 않고 수업 시간에 집중적으로 많은 질문을 쏟아냈기 때문입니다.

"오늘 하브루타 시간에는…."

"사라 버스인가 뭔가를 타는 거죠?"

개구쟁이 영인이가 제 말을 가로채며 말했습니다.

"《사라, 버스를 타다》예요."

영인이가 수업 시간에 일찍 오더니 오늘 하브루타 수업 책을 미리 눈여겨보았나 봐요. 저는 아이들에게 책 제목을 마저 알려주었습니다.

"선생님, 주인공이 사라예요?"

"네, 맞아요. 어떻게 알았어요?"

"당연히 알죠. 책 표지에 얼굴도 나오고 이름도 나왔잖아요!"

종원이가 뿌듯하게 대답을 하는데 가만히 보니 주인공이 사라냐고 묻던 아이가 바로 종원이였어요. 종원이는 언제나 저에게 말을 툭툭 내뱉어요. 저는 그런 종원이가 너무 귀여워요. 수업을 잘 안 듣는 척 하면서도 다른 친구들보다 일찍 오고 가끔 엉뚱한 질문을 자주 건네거든요.

"자, 이제 생각 나누기 좋은 질문을 만들어 볼까요?"

어김없이 책을 읽고 질문 만들기 시간을 주면서 "느낌을 묻는 질문도 좋고, 가정하는 질문도 좋고, 유추하는 질문도 좋고, 비교하는 질문도 다 좋아요"라고 덧붙였습니다.

질문을 만들 때 어떻게 할지 모르겠으면 책 속의 주인공이나 내용을 떠올리며 대표적으로 느낌을 묻는 질문, 가정하는 질문, 유추하는 질문, 비교하는 질문을 하라고 가르쳐 주었어요.

그러자 아이들이 '유추'가 뭐냐고 묻습니다. 저는 추측해서 생각한 것을 질문으로 만들어 보면 된다고 대답했어요. "《토끼와 거북》에서 토끼는 자기가 이길 것을 뻔히 알면서도 경주를 신청한 것이 미안해서, 앞서 가다가 잠시 기다려 주려다 잠들게 된 것이 아닐까?"라고 유추의 예를 들어 주었더니 어디선가 "에이~ 백 퍼센트 아니라고 생각해요"라는 대답이 돌아왔습니다.

"그러니까 책에는 나와 있지 않지만 추측해 본 거지요."

저의 부연 설명을 듣고서야 아이들은 고개를 끄덕였어요.

"선생님, 가정하는 질문은 집에서 일어나는 것을 질문하는 거예요?"

이번에는 생각보다 많은 아이들이 '가정하는 질문'에 대해서 '가정'이 뭐냐고 물었습니다.

"여러분 질문이 '우리 아빠는 엄마를 잘 도와주는 가정적인 남자일까?' 이런 가정을 말하는 거예요?"

"네, 네."

아이들은 눈높이에 맞춰 되묻는 저의 질문에 가정하는 질문을 그렇게 생각하면서도 내심 아닐 것 같은지 실실 웃으며 대답했어요.

한 친구가 "아니면서 그런 척하는 질문 같은 거 아니에요?"라고 말하기에 "네, 그래요. 만약~, ~라면, ~까? 하는 문장이 대표적이에요" 하고 설명해 주었어요.

며칠 전 한 개구쟁이 친구가 "내가 만약~라면이라면?" 하고 질문을 만들어서 그날 교실이 웃음소리로 가득 찼던 이야기를 잠시 해주었더니 또 한 번 웃음바다가 되었습니다. 질문 만들기를 마저 해볼까요?

Q. 사라는 왜 용기 있는 일을 해야 한다고 마음먹었을까요?
Q. 사라처럼 용기를 내야 할 때, 잘할 수 있을까요?
Q. 기자들은 사라의 용기 있는 행동을 과연 사실대로 썼을까요?
Q. 누가 사라에게 용기를 주었을까요?
Q. 흑인들이 뒷좌석에 앉도록 만든 것은 누구였을까요?
Q. 경찰은 왜 사라보다 정의로운 용기가 없었을까요?
Q. 나도 안 좋은 법은 사라처럼 고칠 수 있을까요?
Q. 흑인들을 왜 차별하나요?
Q. 사라는 어떻게 자신의 의견을 용기 내어 말했을까요?
Q. 다 같은 인간인데 왜 얼굴 색깔이 다를까요?
Q. 용기는 배우는 것일까요?
Q. 용기는 언제 가장 잘 발휘될까요?
Q. 버스를 타지 않았다면 흑인인권 운동은 시작되지 않았을까요?
Q. 기자들은 사라에 대해 어떤 기사를 쓸까요?
Q. 오바바 전 대통령도 용기 있는 사라를 알고 있을까요?
Q. 내가 차별을 받으면 어떻게 할까요?

아이들이 만든 질문을 보면서 한 권의 책으로 인해 이렇게 다양하게 생각할 수 있고 또, 아이들이 이야기하고 싶은 부분이 선생님과 조금 다를 수 있다는 것을 다시 한 번 깨달았어요. 그래서 곧바로 인권에 대한 이야기보다 용기에 대해 더 많은 이야기를 나눌 수 있도록 방향을 바꿨어요.

"오늘 활동지에는 사라에게 하고 싶은 말을 쓰기로 해요. 여러분이 사라에게 궁금하거나 묻고 싶은 것은 모두 좋아요."

다음은 저학년 아이들이 질문을 만든 후 자신의 생각을 나누고 활동지에 사라에게 하고 싶은 말을 적은 것입니다.

<책의 주인공에게 하고 싶은 말 쓰기>

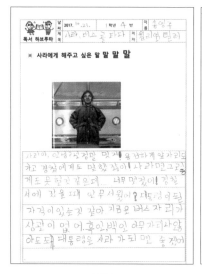

송영주

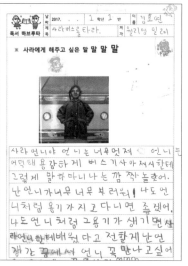

김효연

**하브루타 수업 시간**

토론 활동지를 보면서 아이들이 사라의 용기 있는 행동을 보고 부러워하며 자기도 용기 있는 사람이 될 수 있을까를 걱정하고 희망하는 메시지를 확인하게 되었습니다. 어른이라고 해서 어린아이의 거침없는 용기가 어찌 부럽지 않을까요.

불현듯 저는 중학생 시절, '평화의 댐'이 생각났어요. 그때 북한이 우리를 공격하기 위해 금강산댐의 물길을 방류하려는 것에 맞선다는 움직임이 있었어요. 평화의 댐 건설을 하겠다면서 모금을 하고 학교에서까지 어린 학생들에게 1,000원 이상의 돈을 의무적으로 걷었지요. 그런 상황에서 우리 학교 몇몇 학생들과 임원회의에서는 용기 있게 반대한다고 밝히고 행동했어요.

어른이 되어가면서 나도 모르게 점점 사회의 부조리에 타협하는 일이 생길 때는 평화의 댐 기금 마련에 반대하는 입장으로 당당히 맞섰던 중학 시절의 용기를 떠올려 봅니다.

그러면서 '어른으로서, 과연 언제 어디서나 옳다고 믿는 일에 용기 있게 행동하는 모습을 보여줄 수 있는 최소한의 용기는 있는가. 아직은 어렸던 중학생 때, 그런 일을 주도할 수 있었던 용기가 도대체 어디에서 나왔던가. 지금의 나는 어떤가?' 하는 반성의 질문을 스스로에게 던져 봅니다.

# 팡팡 터져라, 질문아! : 아이 안의 우주 튀어 나오기

## 《7은 많을까요?》
안체 담 글·그림 | 이미옥 옮김 | 북비

"지구는 없어지지 않고 늘 있을까요?", "우리는
왜 배울까요?", "우리의 삶은 처음부터 정해져
있을까요?", "전쟁은 왜 하는 걸까요?", "하늘의
끝은 어디일까요?" 등등 아이들의 철학적 호기
심을 자극하는 44가지 질문들로 구성된 그림책
입니다. 가벼운 질문에서부터 존재론적, 미학적
질문들까지 다양하게 훑다 보면 질문과 상상의 재미를 느끼게 해줍니다.

　　　　　　　　'도서관'이라는 단어를 들으면 대학 시절 몹
시 좋아했던 거대한 중앙도서관부터 떠올라요. 그곳 4층 어느 구석, 뉘
엿뉘엿 저물어가는 캠퍼스 전경을 내려다보며 책을 읽던 추억 때문이
죠. 그런데 요즘 제 삶에서 '도서관'은 금호도서관뿐이에요. 엄마가 되기
전에는 미처 몰랐던 동네 도서관의 세계가 새롭게 펼쳐진 것입니다.

　이제는 성인 열람실이 아니라 주로 2층 어린이 열람실에서 시간을 보
내요. 아이들이 좀 더 어렸을 때는 유아실과 800번 대의 그림책, 900번
대의 옛날이야기 등을 주로 훑었는데, 요즘 제가 좋아하는 섹션은 000
번 대의 총류예요. 그중에서도 철학 쪽 그림책들은 참 좋은 책들이 많아
요. 한 권씩 천천히 제목을 보고, 어쩐지 '땡긴다' 싶은 책들을 꺼내 들어
훑어보죠.

　《7은 많을까요?》라는 책은 그렇게 우연히 만나게 됐어요. 이 책의 부

제는 '다양한 답을 위한 44가지 질문'이에요. 작가는 독일의 건축가이자 두 딸의 아빠지요. 어쩐지 아이들이 썼을 것 같은 '나무들도 잠을 자나요?'처럼 귀여운 질문에서부터 '우리의 삶은 처음부터 정해져 있는 것일까요?', '우리는 왜 배울까요?', '누구나 다 예쁠까요?', '우리는 왜 이토록 다를까요?'와 같은 간단하지만 몹시 철학적인 질문들이 44개나 이어져 있어요.

처음 제목을 접할 때부터 무조건 반사적으로 질문에 대한 답을 찾게 되더군요. 7은 많을까요? 이 책에서 묻는 질문들의 답은 다양해요. 그럴 수도 있고, 아닐 수도 있지요. 아이들에게 처음 책을 읽어줬을 때의 반응도 한결 같았어요. 순식간에 반 전체가 시끄러워지죠. 페이지를 한 장 한 장 넘길 때마다 종알거리고 싶은 말들이 어찌나 많은지, 이야기할 기회를 주지 않고 그냥 넘어갈 때는 탄식 어린 "어우~!" 소리를 지르더군요. 할 얘기가 많은데, 생각을 물어보지 않고 그냥 넘긴다는 불만이에요. 저도 하나하나 다 들어보고 싶은데, 44가지 질문 전부에 대해 생각 나누기를 하기에는 수업 시간이 너무 짧기만 해요.

평소에 하브루타를 하다 보면 자존감이 낮거나, 부모님과의 관계가 매끄럽지 못한 것 같은 친구들이 눈에 금방 띄는 편이에요. 그럴 경우, 연관 주제로 풀어낼 수 있는 책을 골라 하브루타를 하기도 하는데 이 책은 무척 다양한 질문이 있다 보니, 일종의 패키지 같은 느낌이 들어요. 책을 읽어주다가 한 번씩 친구들의 생각을 물어보죠.

"모든 어머니는 자식을 사랑할까요?"

평소에도 종종 자신이 그다지 사랑받지 못하고 있다는 듯한 표현을 하던 1학년 남자친구가 아니라고 답했어요. 그 친구를 제외한 나머지 친구들은 모두 그렇다고 하는데 이 친구만 극구 아니라고 했지요. 급기야 "모든 엄마가 다 자식을 사랑하는 건 아니지!"라며 버럭하더라고요. 개인적으로 그 의견에 동의하긴 하지만, 아직은 순진하고 사랑스러운 8살 아이가 엄마의 절대사랑에 대해 부정하는 모습을 보니 마음이 편하지는 않았어요.

"지환(가명) 님은 왜 그렇게 생각해요?"

"저희 엄마는 저를 별로 사랑하는 것 같지 않아서요."

"왜 그렇게 생각해요?"

"엄마는 동생들 얘기는 잘 들어주는데 제 얘기는 잘 안 들어줘요. 맨날 동생들만 예뻐해요."

엄마는 더 어린 동생들을 챙기느라 바빠, 상대적으로 아기 티를 벗은 이 아이는 그만큼 관심을 덜 받고 있는 게 아닐까 생각했어요. 사실 아이에게 "엄마가 사랑하는 마음을 잘 표현할 시간이 없으신지도 몰라요. 그렇다고 사랑하지 않는 건 아닐 거예요"라고 아무리 얘기해 줘도 해결되지 않을 갈증이겠지요. 아이의 마음에 생긴 엄마의 공백은 엄마가 채워줄 수 있다고 생각해요. "선생님은 엄마가 지환 님을 사랑하지 않아서 그런 건 아니라고 생각하는데, 집에 가서 엄마랑 이 질문에 대해 함께 얘기해 보는 건 어때요?"

지환이가 집에 가서 엄마와 이야기를 나눴을지는 잘 모르겠어요. 엄마에게 질문하고 서로의 생각을 나누고, 엄마가 지환이를 사랑하고 있다는 걸 표현하는 시간을 가졌기를 진심으로 바래요.

독서하브루타는 가정에서부터 시작되어야 해요. 아이와 함께 질문을 나누고 생각을 나누는 시간이 5분이라도 있다면, 내 아이의 깊은 내면 세계에 대해 한 번씩 알 수 있는 황금 같은 기회를 얻게 되지요. 교실에서 수업을 하다 보면, 늘 독서하브루타 선생님으로서 내가 할 수 있는 것보다 엄마로서 할 수 있는 게 훨씬 많음을 느끼게 돼요.

친구들의 재기발랄한 생각들을 두루두루 엿볼 수 있는 것 역시 독서하브루타 교사들의 특권이에요. 이 책 속에 등장하는 질문들 중 하나를 뽑아, 관련 질문을 더 만들어보고 생각 나누기를 하면 많은 이야기를 나눌 수 있어요. 이번 4학년 교실에서는 학생들에게 '내가 작가라면 어떤 질문을 추가하고 싶은가?'라는 미션을 주었어요. 저자의 질문은 저리 가라고 할 정도로 굉장히 철학적인 질문들이 쏟아지더군요. 생각 나누기를 할 때는 늘 게임 이야기에서 게임 이야기로 끝났던 남학생들도 이번에는 진지하게 적기 시작했어요.

Q. 마음이 존재할까?

Q. 태초부터 사람은 이기적인 생각을 갖고 있었을까?

Q. 친구는 있어야 할까?

Q. 운명은 정해져 있을까?

Q. 취향은 왜 다른 것일까?

Q. 왜 사람은 거짓말을 할까?

Q. 화가 나는 것을 통제할 방법이 있을까?

Q. 사람들은 전부 재능을 가지고 있을까?

Q. 우리는 왜 다른 사람의 생각을 알 수 없을까?

Q. 나쁜 사람은 왜 있을까?

Q. 사람들은 왜 똑똑한 것을 좋아할까?

Q. 왜 어린이는 어른의 말을 듣고 따라야 할까?

Q. 친구들은 왜 나와 다를까?

Q. 사람은 왜 기본적으로 자신이 맞다고 생각할까?

Q. 저 사람은 무슨 생각을 하고 있을까?

Q. 나는 왜 현서일까?

관심 분야가 두드러지게 보이는 친구들도 보여요.

Q. 사람보다 진화된 동물은 왜 없을까?

Q. 사람의 체온은 왜 36.5도일까?

Q. 인간은 왜 뇌를 100퍼센트 쓰지 못할까?

Q. 사람은 왜 계속 무엇인가를 발명하려고 할까?

어른들이 고민해야 할 질문들도 빠지지 않고요.

Q. 어른들은 왜 한숨을 쉴까?

Q. 엄마는 왜 잔소리를 할까?

Q. 아빠는 왜 게으를까?

Q. 학교는 왜 가야 할까? 그리고 무조건 학교에 가야 할까?

그리고 자신에 대한 의문이나 낮은 자존감이 드러나 보이는 질문들을 볼 때면 응원해 주고 싶어져요.


Q. 나는 잘하는 것이 무엇일까?

Q. 나는 왜 꿈이 없을까?

Q. 인생은 왜 마음대로 풀리지 않을까?

Q. 나는 왜 아무것도 하기 싫을까?

Q. 왜 나는 머릿속에 웃긴 생각만 가득할까?


"인생이 마음대로 풀리지 않는다고 생각하는군요. 삶에는 여러 가지 행운과 불행이 있는데, 그것들은 노력과 상관없이 일어나기도 한대요. 하지만 노력은 결코 배신하지 않을 거예요. OO 님이 원하는 삶을 위해, 파이팅!"

아이들의 활동지에 한 자 한 자 마음을 담아 글을 남겼어요. 저는 비록 짧게 스쳐 지나갈 뿐이지만, 이 친구들에게 제가 전하는 진심이 어떤 방식으로든 좋은 힘을 건네줄 수 있기를 바라면서요.

수업에 들어갈 때는 아이들에게 뭔가 도움이 되기를 진심으로 바라며 독서하브루타를 해요. 대부분의 아이들은 재미있어서 독서하브루타를 좋아하지요. 아이들이 재미있다고 할 때, 참 행복합니다. 그리고 무엇보다 저를 뿌듯하게 하는 순간은 아이들이 서로의 다름을 발견하고, 깨닫고, 인정하는 과정이에요. 평소에 대화 한 번 나눠보지 않았던 반 친구의 질문에 깜짝 놀라며 '저 친구가 저런 생각을 하고, 저렇게 좋은 질문을

책의 구성처럼 질문과 그림을 표현한 활동

하네!'라는 순간의 깨달음이, 교실 안에서 서로를 인정하고 존중하는 첫 걸음이 될 거라고 생각해요.

### 수업 후 느낀 점

- 상상질문을 만드니 생각을 더 잘할 수 있게 된 것 같다.
- 재미있고, 더 하고 싶다.
- 친구들의 질문이 재미있고 웃겼다.
- 짝이 질문을 참 잘 만든다. 재미있는 수업이었다.
- 친구들이 다양한 질문을 만들어서 재미있다.
- 평소에 궁금한 것이 많았는데 다 쓸 수 있어서 좋았다.
- 질문은 어디서든 나온다.

# 지혜의 길에 등불처럼 길잡이가 되어주기를

: 사람에 대한 이해 폭 넓히기

## 《길 아저씨 손 아저씨》

권정생 글 | 김용철 그림 | 국민서관

손 아저씨는 장님이고, 길 아저씨는 앉은뱅이
에요. 장애로 인해 타인과 교류를 하지 못하고
집안에서만 지내던 두 사람이 만나, 서로의 눈
과 다리가 되어 더불어 살아가게 되는 이야기
입니다. 장애인에 대해 한 번쯤 생각해 볼 수
있을 뿐 아니라 약자에 대한 배려의 마음도 자연스럽게 나눌 수 있어요.

　　　　　　　　　　　독서하브루타를 할 때 스스로 가장 조심하
는 부분은 '가르치려 들지 말자'는 거예요. 저는 워낙 오지랖도 넓고 뭔
가를 가르치려 드는 성격이라, 툭하면 아이들과의 대화가 교훈적으로
흐르는 경향이 있어요. 그러지 말자고 매번 다짐을 하지만 타고난 기질
을 바꾸기가 쉽지 않더라고요.

　'아, 너는 그렇게 생각하는구나'라고 아이들의 이야기를 있는 그대로
들어주고, 그의 감정과 생각을 인정해 주는 것이 독서하브루타의 핵심이
에요. 아이들의 이야기에 계속 반대 의견을 낸다거나 그 생각이 잘못됐
다고 교정하려 든다면, 아이들은 당연히 입을 닫아버리겠지요. 반면에
자신의 이야기를 누군가가 잘 들어주고 있다고 생각할 때 아이들은 재잘
거리는 입을 다물지 못해요. 한 친구는 교실에서 "누가 내 이야기를 들어
주는 게 이렇게 기분 좋은 일인 줄 몰랐어요"라고 말한 적도 있어요.

하지만 엄마로서의 욕심도 무시하기 힘들었죠. 기왕 독서하브루타를 할 바에는 뭔가 배우고 느끼고 얻는 게 있으면 좋겠다 싶어서, 너무 빤하지는 않더라도 은근슬쩍 교훈적인 이야기는 한 번쯤 다뤄보고 싶어졌어요. 그래서 하브루타 품앗이 모임 수업으로 우리 학교 1학년 인증도서인 《길 아저씨 손 아저씨》를 골라봤어요. 눈이 보이지 않는 손 아저씨와 걷지 못하는 길 아저씨에 대한 이야기인데, 몸이 불편한 사회적 약자를 주제로 이야기 나누기 좋은 그림책이에요. 두 아저씨가 어렸을 때는 부모님이 안고 바깥나들이를 시켜줬는데, 부모님이 돌아가신 후로는 계속 집안에만 있게 돼요. 그러다 길 아저씨가 우연히 손 아저씨에 대한 이야기를 듣고 손 아저씨를 찾아가, 서로의 눈과 다리가 되어 외출도 할 수 있게 되고 물건도 만들어 팔면서 경제적으로 자립하게 되지요.

그림책을 돌아가며 한 페이지씩 읽은 후, 바로 질문 만들기를 했어요. 늘 가지고 다니는 질문노트에 생각나는 대로 주르륵 질문들을 적었지요. 그리고 질문노트를 옆으로 돌리면서, 생각 나누기에 가장 좋다고 생각하는 친구의 질문에 별표를 해줬어요. 질문노트가 한 바퀴 돌고 다시 돌아오면, 가장 투표를 많이 받은 질문이 선별되죠. 자신이 생각한 대표질문과 가장 많은 별표를 받은 질문이 일치하지 않을 수도 있지만, '친구들이 나의 이런 질문을 마음에 들어하는구나'를 알 수 있어요. 또, 별표를 주는 과정에서 친구들의 질문들을 다 살펴보고 서로 배울 수 있다는 장점도 있지요.

다음은 이렇게 선정한 아이들의 대표질문들이에요. 벌써 독서하브루타 품앗이 모임이 1년을 넘어서다 보니, 설렁설렁 쓰는 것 같아 보여도 질문들이 일정 수준 이상의 깊이를 보여줍니다.

Q. 내가 장애인이 되면 기분이 어떨까?

Q. 나라면 어떤 방법으로 서로 힘을 합칠까?

Q. 장애가 있다고 무시하는 것은 옳은 것일까?

Q. 우리는 장애인을 어떻게 대해야 할까?

Q. 장애인은 안 좋은 걸까?

Q. 우리는 왜 장애인을 싫어할까?

Q. 내가 생각하는 친구의 정의는 무엇일까?

이번 생각 나누기는 두 조로 나눠 종이에 적어보면서 진행했어요. 세아, 민서, 서진이, 송민이가 한 조이고 수아, 예진이, 민재가 한 조가 되었어요. 각자 대표질문을 가장 위에 적고, 자신의 질문에 대한 나의 답을 적은 다음, 한 방향으로 돌려가면서 친구들의 질문에 대한 자신의 생각을 적어요. 생각을 글로 적으면 그냥 말로 생각 나누기를 할 때보다 조금 더 정리해서 결과물을 만들어 내게 돼요. 그리고 한 바퀴가 다 돌아서 다시 내 질문이 앞에 오면, 친구들이 내 질문에 대해 어떻게 답했는지 한눈에 볼 수 있어요.

의도했던 것처럼, 신체적 약자에 대한 여러 가지 생각들이 나왔어요. 자신이 원해서 장애를 가지고 태어난 것도 아니고, 이미 장애로 인한 마음의 상처가 있는 장애인들을 무시하는 것은 옳지 않다는 의견이 많아요. 장애인은 우리와 다 같은 사람들이고 단지 조금 다를 뿐이니 싫어할 이유가 없다고도 했고요. 그렇기 때문에 장애인의 불편한 부분을 도와주고 친절하게 대해주어야 한다는 이야기까지 나왔어요. 특히 '내가 장

두 조로 나눠 종이를 돌려가며 자신의 생각을 적어 본 내용

애인이 된다면 기분이 어떨까?'라는 질문에 대해 '속상하고 모두 포기하고 싶어질 것 같다', '울고 싶을 것 같다'라며 장애인의 입장에 대해 생각해 보는 시간도 가졌어요. 우리나라의 장애인 중에는 선천적인 장애를 가진 사람들보다 후천적인 병이나 사고로 장애를 갖게 되는 사람들이 더 많다고 알려주었더니, 아이들의 눈빛이 더 진지해지더군요.

그중에서 제 눈길을 끈 질문은 '우리는 왜 장애인을 싫어할까?'라는 질문이었어요. 장애인을 싫어한다는 가정 하에 나온 질문이지요. 5학년답게 민서가 현명하게 답을 썼어요. "장애인도 우리와 같고 인권이 있기 때문에 장애인을 싫어해야 할 이유는 없다고 생각한다. 장애인을 싫어한다면 그건 편견이라고 생각한다. 그래서 나는 이 질문에 반대한다"라고요. 그런데 서진이는 "장애인이 우리와 다르기 때문에 싫어하는 것 같다"고 답을 했어요.

저는 이 대답에서 서진이가 참 통찰력이 있다고 생각했어요. 제가 평소에 생각하던 문제이기도 했고요. 우리 사회 갈등의 대부분은 나와 다른 것을 이해하고 받아들이지 않기 때문에 생겨나는 게 아닐까요. 나와 생김이 다르거나 생각하는 것이 다르기 때문에, 이질감을 느끼고 거부하면서 '상대는 틀리고 나는 맞다'고 여기면서요. 그리고 그 과정 안에는 타인에 대한 배려가 결여되어 있지요.

며칠 전에 한 엄마와 이야기를 하며, 남자아이들의 운동장 사용에 대한 고민을 들었어요. 축구를 잘하는 한 친구가 축구공을 가지고 와서 축구를 하는데, 자신과 친하거나 축구를 잘하는 친구는 경기에 끼워주고, 별로 친하지 않거나 못하는 친구는 끼워주지 않는다는 것이었지요. 워낙 존재감이 큰 친구라, 그 의견에 맞서는 친구들도 없었고요. 서진이는 우리 학교 운동왕이라 언제든지 원하면 축구경기에 초대받을 수 있는 입장이었고 그래서 거절당하는 친구들 입장은 잘 모를 것 같았어요. 저는 서진이의 답을 축구경기와 연관시켜 질문해 보았어요.

"그럼 서진아, 나와 다르다고 해서 싫어하는 것은 옳다고 생각해?"

"아뇨, 다르다고 싫어하는 건 당연히 잘못됐죠."

"그렇지. 선생님도 그렇게 생각해. 다른 건 그냥 다른 거지, 다르다고 싫어하는 건 아닌 것 같아. 그럼, 다른 예를 들어볼게. 우리 학교 운동장에서 축구를 잘하는 친구들이, 축구 못하는 친구들한테 '너는 축구를 못하니까 우리 게임에 못 끼워줘'라고 하는 건 맞다고 생각해, 틀리다고 생각해?"

그러자 옆에서 듣고 있던 송민이가 급하게 한마디 하더군요.

"어? 저도 그래서 축구하고 싶은데 같이 못 했어요!"

서진이는 별 망설임 없이 대답했어요.

"맞다고 생각해요. 축구를 못하면 같이 게임하기 힘들어요."

"음…. 그럴 수도 있겠다. 그런데 방금 서진이는 다르다고 싫어하는 건 잘못된 생각이라고 했잖아. 축구를 못하는 건 그 친구들이 서진이랑 조금 달라서, 운동을 조금 못하는 것뿐이지 않을까?"

"네, 그런 것 같아요."

"그럼 그 친구들한테 축구를 못하니까 같이 못하겠다고 하는 건 옳은 걸까?"

"음…. 아뇨, 같이 하는 게 맞을 것 같아요."

고민과 갈등이 엿보이는 듯하던 서진이의 눈빛이 정리된 느낌이었어요. '내가 또 뭔가를 가르치려 들었구나' 싶어서 순간 후회가 되긴 했지만, 밝아지는 서진이의 표정에 저까지 기분이 좋아졌어요.

장애인을 주제로 이야기를 하다가 잠시 축구 이야기로 빠지긴 했지만, 아이들 간의 갈등에 대해 어떻게 하면 자연스럽게 문제 제기를 해줄 수 있을까 하던 고민이 조금은 해소된 것 같아 마음이 가벼웠어요.

서진이가 주축이 되어 그 분위기를 바꿀 수 있을지는 모르겠어요. 하지만 지금까지 문제라고 여겨보지 못한 부분에 대해 한 번 고민해 본 것만으로도 큰 소득이었다고 생각해요.

평소에는 생각하지 못했던 문제들이 알고 보면 나와 관련되어 있을 수 있다는 깨달음을 얻을 수 있는 것도 독서하브루타의 매력입니다. 여기에서 한 발 더 나아가, 아이들이 문제 해결을 위해 뭔가를 시도해 볼 수 있게 길잡이 노릇을 하는 것은 저의 몫이 되겠지요.

열심히 생각 키우기를 했으니, 이번에는 몸으로도 놀아 봐야지요. 둘씩 짝을 지어서 한 명은 손 아저씨가 되고, 한 명은 길 아저씨가 되어, 안대를 하고 친구를 업은 상태로 젤리 찾기 시합을 했어요. 가위바위보로 짝을 지었는데 커플이 된 예진이와 서진이는 누가 쌍둥이 아니랄까 봐 엄청난 팀워크를 보여주며 압도적인 차이로 우승을 했지요. 짧은 게임 하나로 아이들은 다들 너무 신이 났어요. 매번 아랫집에는 죄송한 마음이지만요.

# 그래서 토끼와 거북이는 어떻게 되었을까?

: 같은 책, 다른 시선

## 《슈퍼 거북》

유설화 글·그림 | 책 읽는곰

우리가 흔히 알고 있는 《이솝우화》의 《토끼와 거북이》 뒷이야기라고나 할까요? 경주에서 승리한 꾸물이는 '슈퍼 거북'이라고 불리게 되었지만, 이웃들이 자신의 본 모습을 알고 실망할까 봐 걱정이 됩니다. 그래서 이웃들의 기대를 저버리지 않기 위해 진짜 슈퍼 거북이 되기로 마음먹고 열심히 노력했어요. 그렇게 해서 진짜 슈퍼 거북이 되었지요. 그런데 꾸물이는 하나도 행복하지 않습니다. 딱 하루만이라도 느긋하게 자고 느긋하게 먹고 싶습니다. 무엇보다도 예전처럼 천천히 걷고 싶습니다. 그러다 다시 토끼와 재경주를 하게 되고 꾸물이는 경주에서 지고 말아요. 하지만 꾸물이는 그 어느 때보다 편안하게 잠자리에 듭니다.

함께 독서하브루타 지도사 과정도 공부하고, 같은 동아리도 하는 민서 엄마와 저는 자주 만나요. 어느 날 저는 이제 막 사춘기에 접어든 딸 재이(5학년)와 대화하는 게 어렵다고 투덜거리다가 문득 '민서 엄마와 일주일에 한 번씩 품앗이로 서로의 아이들과 독서하브루타 시간을 가져 보는 건 어떨까' 하고 생각하게 되었어요. 마침 아이들도 같은 나이라 마음이 맞는 다른 친구 한 명을 더 설득해서 재이, 민서, 성현 세 아이들과의 하브루타를 시작하게 되었지요.

2주 연속 민서 엄마가 하브루타를 하고 이번에는 제 차례가 되었어요. 언제나 고민사항인 책 선정을 위해 이 책 저 책 뒤적거리다가 재미난 책이 눈에 띄었어요. 저자가 《이솝우화》의 《토끼와 거북이》를 읽고 '그래서 그 뒤에 거북이와 토끼는 어떻게 되었을까?'라는 질문을 떠올리며 쓰게 된 책이라고 짐작되는 《슈퍼 거북》을 골랐지요.

작년인가 도서관의 신간코너에서 우연히 제목이 재밌어서 골랐는데 내용이 참 신선하다고 느꼈어요. 그때는 그저 참신한 아이디어라고만 생각했는데, 독서하브루타를 하고 나서 다시 읽어 보니 정말 저자가 하브루타를 하고 만든 질문에 대해 스스로 답을 찾아가면서 쓴 책처럼 느껴졌어요.

마침 우리동네에서 작은도서관과 함께하는 카페를 발견해서 매번 집에서만 했던 아이들에게 분위기 전환도 해줄 겸 아이스 초콜릿도 한 잔씩 시켜주면서 하브루타를 시작했지요.

"선생님이 얼마 전에 조승연 작가의 강연을 들었는데, 책을 읽을 때되도록 많이 과장해서 읽으라고 하더라고. 마치 자기가 저자인 것처럼 자기만의 감정을 담아 글을 읽으면서 내용을 상상해 보는 거래. 그러니까 우리 오늘은 오글거림을 조금 참고 마음껏 과장되게 읽어 보자."

재이와 민서는 이 책을 전에 한 번씩 읽어 보았다고 해서 다른 방법(?)으로 다시 읽어 보자고 이야기해 주었어요. 세 아이들과 저는 민망함을 참고 킥킥거리며 마지막 페이지(경주에서 진 꾸물이 이야기가 나오는 부분)전까지 읽고 제가 먼저 아이들에게 질문을 했어요.

"토끼와 재경주에서 진 꾸물이는 어떻게 했을까?"

성현  잠을 자다 경주에서 진 것이 부끄러워서 다시 재도전했을 것
      같아요.

재이  원래대로 느린 거북이의 생활로 다시 돌아갔을 것 같아요. 사
      실, 뒤의 내용이 기억나요.

민서  저는 경주를 다시 하지 않는 것에 대해 기쁘게 생각할 것 같아요.

원래의 느린 꾸물이로 돌아간 마지막 페이지를 읽고 나서는 세 아이
들 모두 꾸물이의 마지막 모습이 정말로 편안해 보인다고 했어요. 이후,
각자 생각 나누기 질문을 만들고 친구들과 생각 나누고 싶은 질문도 하
나씩 골라보았어요.

**성현의 질문**

Q. 토끼는 왜 거북이에게 재도전장을 내밀었을까?

Q. 거북이는 토끼가 첫 경주에서 낮잠을 자서 졌다는 걸 알면서도
   왜 경주 중에 쉬어가기로 했을까? (대표질문)

Q. 동물들은 왜 거북이가 횡단보고를 건널 때 느리다고 수근거렸을까?

**민서의 질문**

Q. 너구리는 왜 거북이를 싫어할까?

Q. 거북이는 실제로도 느릴까?

Q. 내가 꾸물이었다면 훈련을 했을까?

Q. 왜 거북이를 응원하던 사람들의 마음이 바뀌었을까?

Q. 거북이는 경주를 위해 훈련해 놓고 왜 막상 경주를 하겠다고 하니까 무서워했을까? (대표질문)


## 재이의 질문

Q. 이미 가능성이 슈퍼 거북에게 기울었는데 왜 너구리는 토끼만 응원했을까?

Q. 거북이는 태어날 때부터 원래 느린 것일까?

Q. 거북이는 자기가 원해서 빨라지려고 노력했는데 왜 정작 빨라졌을 때는 경주의 'ㄱ'자도 듣기 싫다고 했을까?

Q. 거북이가 빨라지려고 노력하고 있었을 때, 토끼는 무엇을 하고 있었을까? (대표질문)

Q. 거북이는 예전에 토끼가 잠을 자다 졌다는 것을 알면서도 왜 잠을 잤을까?

Q. 거북이는 그 뒤에 다시는 경주에 참가하지 않았을까?

Q. 거북이는 왜 천 년쯤 늙은 모습이 되어서야 빨라지려는 노력을 멈추려고 했을까?


서로의 대표질문으로 생각 나누기를 하던 아이들이 민서의 대표질문인 '거북이는 경주를 위해 훈련해 놓고 왜 막상 경주를 하겠다고 하니까 무서워했을까?'에 대해 주위의 시선이 걱정 되어서라고 대답했고 재이

역시 경기에 지는 것보다 주변의 반응이 더 걱정된다고 답을 해서 제가 질문을 해보았지요.

"그럼 너희들도 주변의 시선이 그렇게 걱정되었던 적이 있었니?"

**재이** 저는 발표했을 때 '쟤는 저런 쉬운 것을 틀리네?' 하고 친구들이 생각할까 봐 완벽하게 자신 있을 때만 발표해요.

**성현** 영어 학원에서 단어 맞히기 게임을 했을 때 내가 지는 건 괜찮은데 저 때문에 팀원들에게 방해가 될까 봐 걱정이 되었어요.

**민서** 저도 영어 학원에서 글 읽을 때, 실수하거나 틀리면 친구들이 놀릴까 봐 걱정이 돼요.

아이들은 생각보다 자신의 실수나 잘못한 일에 대한 주변의 반응, 더 콕 집어 말하면 평가에 대해 걱정을 많이 했어요. 그러면서도 "그럼 반대로 친구들이 영어 학원에서나 학교에서 발표를 할 때 실수하면 너희는 어떻게 반응하는데?" 하고 물었더니 "잘 몰라서 틀리는 친구는 괜찮지만 다 아는 것처럼 잘난 척 하던 친구가 틀리면 쌤통이라고 생각해요"라고 솔직히 대답했어요. 친구의 실수나 잘못은 이해하고 배려하면서 오히려 자신의 실수는 더 크게 느끼는 우리 아이들을 보고 '어릴 때부터 너무 많은 평가를 받으면서 컸구나. 그래서 그렇게 주위를 의식하면서 생활하는구나' 하는 생각이 들어 안쓰러웠어요.

그래서 "너희들이 잘못하는 친구를 이해하는 것처럼 다른 친구들도 너희들이 실수할 때 이해해 주지 않을까? 잘난 척만 하지 않는다면…"

대한민국 엄마표 하브루타

하고 다시 질문을 했는데 아이들의 반응은 좀 시큰둥했지요. 그러면서 책의 삽화를 보다가 다른 동물들은 경주에서 이긴 꾸물이를 환호하고, 꾸물이의 거북 등딱지도 쓰고, 꾸물이를 슈퍼 거북으로 부르면서 동상도 만드는데, 책 페이지마다 한쪽 구석에서 '느림보 거북이'라는 팻말을 들고 있는 너구리에게 관심을 가졌어요. 그래서 자연스레 재이의 너구리에 대한 질문으로 생각 나누기를 이어가 보았어요.

재이  왜 너구리는 이미 가능성이 슈퍼 거북에게 기울었는데 토끼만 응원했을까?

민서  혹시 너구리가 토끼의 남자친구가 아닐까? 히히. 아니면 너구리가 좀 독특한 성격이어서 혼자만 좋아하고 싶어서인 것 같기도 하고.

성현  너구리를 뺀 다른 동물들은 마음이 좀 가벼운 것 같아. 경기 결과에 따라 너무 쉽게 토끼를 좋아했다가 꾸물이를 좋아했다가 그러잖아.

재이  나도 경기 결과에 따라 이랬다저랬다 하는 걸 보면 다른 동물 친구들은 토끼나 꾸물이가 아닌 그냥 잘하는 사람(동물)을 좋아하는 것 같아.

하브루타를 마무리하면서, 마치 내가 저자가 되어 '그래서 그 뒤에 거북이와 토끼는 어떻게 되었을까?'라는 질문을 하고 '너무 열심히 노력하지 않아도 괜찮아'라는 답으로 책을 쓴 것처럼 저의 감정을 담아 읽었다고 이야기해 주었어요. 그리고 아이들에게 어떤 감정으로 읽었는지 들

**민서** 저는 사람들의 눈치를 보지 말자고 생각했어요. 거북이는 사람들 눈치를 보고 자신을 망치면서까지 훈련을 했으니까요. 그건 아닌 것 같아요.

**재이** 저는 모든 것은 변화될 수 있다는 것을 느꼈어요. 거북이도 원래는 느렸지만 마음을 먹으니까 빨라졌고 좀 다른 변화지만 사람들도 경주 결과에 따라 변화하니까요.

**성현** 저는 상황이 바뀌면 주변의 반응이 바뀔 수 있다는 생각이 들었어요. 거북이를 대하는 동물들이 상황에 따라 다른 반응을 보였으니까요.

어보았어요.

이리저리 줏대 없이 마음을 옮기는 친구와 한 명만 끝까지 좋아하는 친구, 잘못을 해도 맹목적으로 지지해 주는 친구 등에 대해 엄마랑 가족들과 이야기해 보자며, 세 아이와 함께하는 또 하나의 하브루타를 오늘도 즐겁게 마쳤답니다.

# 난 내가 좋아!: 질문을 만들며 찾아가는 자존감

《난 내가 좋아!》

낸시 칼슨 글·그림 | 신형건 옮김 | 보물창고

즐겁게 취미생활을 즐기며 가장 좋은 친구는 바로
'나'라고 자신 있게 말하는 주인공이 있어요. 자신
을 돌보고 가꾸며, 자신을 사랑하는 이 책의 주인
공은 바로 돼지입니다.
남들이 보기에는 그저 못생기고 뚱뚱한 돼지일 수
도 있지만 항상 자신을 사랑하며 긍정적으로 생활
하는 주인공의 비결은 무엇일까요? 언제 어디서
든 '나는 나'이며, '난 내가 좋아!'라고 힘차게 외치는 주인공의 일상으로 함께 들어가
보아요.

집에서 그림책은 주로 누가 읽나요? 이제는
아이들도 다 컸으니 처분해야겠다고 생각한 그림책들을 다시 펼쳐 천천
히 읽어 보고 있어요. 그런데 가만히 관찰해 보니 제가 읽고 있던 그림책
들은 유독 자존감에 관한 책들이 많았어요.

여느 때처럼 그림책을 읽던 중 문득 떠오른 질문 하나가 '왜 나는 수많
은 그림책 중에 유독 자존감에 관한 책에 눈길이 갈까?'였어요.

제가 어릴 적에는 자존감이 뭔지, 자존감이 왜 중요한지도 모르고 컸
죠. 스트레스가 많은 이 시대를 살면서 가장 먼저 회복되어야 하는 것이
바로 자존감이 아닐까 하는 생각이 들어요. 나를 사랑하고 존중하는 마
음, 자존감. 그런데 자기 자신을 사랑하는 일이 저에게는 왜 그리 어려웠
을까요.

그림책 앞표지에 초록색 드레스를 입고 두 팔 활짝 벌려 "난 내가 좋아!"라고 외치는 돼지의 모습에 전 동의할 수 없었어요. 일반적으로 돼지는 뚱뚱해서 누군가의 놀림거리가 된다거나 먹을 것에 집착하는 부정적인 캐릭터니까 돼지는 숨고 싶고 감추고 싶은 마음을 가지고 있을 거라는 생각이 들었어요.

'왜? 도대체 왜? 뭐가 그렇게 좋아? 돼지인데…. 날씬하고 예쁘지도 않잖아. 오히려 남들의 놀림거리가 되기 쉬운데….'

이 그림책을 읽으며 저는 생각해 보았어요.


Q. 난 내가 좋은가?
Q. 내가 좋지 않다면 이유는 무엇일까?
Q. 나는 누구인가?
Q. 나에 대해 가장 잘 알고 있는 사람은 누구일까?
Q. 나는 왜 이럴까?


책을 보면서 점차 자신을 가꿀 줄 아는 돼지의 아름다움, 자신을 사랑할 줄 아는 돼지의 마음가짐, 자신의 인생을 즐길 줄 아는 돼지의 여유로움, 문제를 긍정적으로 바라보는 돼지의 시선이 부러워졌어요.

학창시절, 일기장 첫 문장을 장식했던 질문은 늘 '나는 왜 이럴까?'였어요. 수많은 시간을 질문하며 고민했지만 풀리지 않았던 수수께끼였지요. 제가 일기장 속에서 '질문'이라고 생각하고, 항상 고민해 왔던 문제는 사실 질문을 가장한 자신을 향한 비난이었다는 것을 하브루타를 통해 깨닫게 되었지요.

그렇다면 제 딸들, 제가 가르치는 학생들에게는 좀 더 빨리 이 사실을 깨닫게 해주고 싶었어요. 아이들은 이 책을 읽고 어떻게 느끼는지 아이들과의 수업을 통해 알아보고 싶었어요. 아이들에게 책 제목을 가리고 표지만 보며 책 제목을 맞혀 보자고 했어요. 신기하게도 아이들은 몇 번의 질문 속에서 책 제목을 쉽게 알아맞혔어요.

수업을 시작하며 "나를 가장 잘 아는 사람은 누구일까?"라는 질문을 던져 보았어요. 엄마라는 대답도 많이 나왔고, 자기 자신이라고 대답한 아이들도 많았어요.

다음 질문을 이어갔어요. "자기 자신은 어떤 사람인지 이야기해 볼 수 있을까?" 아이들은 손을 들고 스스로에 대해 표현하기 시작했어요. 그러나 자신에 대한 좋은 이미지보다는 '무엇을 잘하지 못하는 나'라고 표현했어요. 장점보다는 단점을 말하는 아이들이 더 많았지요. 아이들과 좀 더 대화해 보고 싶어졌어요.

나　　애들아, 선생님이 너희들에게 물어보고 싶은 게 있어. 선생님 학창시절 일기의 첫 문장을 장식했던 '나는 왜 이럴까?'는 질문일까, 아닐까?

아이들　'왜'가 들어갔으니까 질문이죠. 물음표도 들어갔잖아요.

나　　그러면 다시 물어볼게. 선생님이 초등학교 2학년 때 받아쓰기 20점을 맞아서 부모님께 혼나고 이렇게 일기를 썼어. '나는 왜 이럴까?' 이건 질문일까, 아닐까?

아이들　그건 자기를 비난하고 푸념하는 거예요. 그리고 자기를 바보라고 생각하는 것 같아요.

| 나 | 그럼, 어떻게 질문으로 바꿀 수 있을까? |
|---|---|
| 아이들 | 받아쓰기 20점을 맞은 이유는 무엇일까? 어떻게 하면 100점을 맞을 수 있을까? 받아쓰기는 왜 중요할까? |
| 나 | 아! 그렇게 바꿀 수 있구나. 선생님은 그걸 깨닫기까지 너무 오랜 시간이 걸렸는데 우리 친구들은 벌써 알고 있었구나. 참 대단하다. 그럼 이제 '나'를 주제로 질문을 만들어 볼까? |

아이들은 사뭇 진지하게 질문을 만들어 갔어요.

Q. 나의 진짜 성격은?

Q. 난 행복해질 수 있을까?

Q. 나는 왜 이렇게 모든 걸 못할까?

Q. 내가 얻고 싶은 것은 무엇일까?

Q. 나는 나를 사랑할까?

Q. 내 인생은 어떻게 될까?

Q. 내 꿈을 위해 어떻게 해야 할까?

Q. 대학은 꼭 가야 할까?

Q. 나는 나를 믿을 수 있을까?

Q. 내가 죽으면 가족들은 어떻게 될까?

Q. 나는 무슨 목적으로 살고 있는 걸까?

Q. 나는 내 꿈을 이룰 수 있을까?

아이들은 평균 10개 이상의 질문들을 쏟아냈어요. 아이들은 부모가 걱정하듯 아무 생각이 없는 게 아니라는 걸 또 한 번 깨달았지요. 다만 부모의 급한 마음에, 확인하고 체크하는 질문 속에 자신의 생각을, 마음을, 표현할 기회가 없었던 것은 아닐까요. 어떤 아이는 질문을 만들며 '나를 다 쓸어버리는 느낌'이 들었다고 했어요.

수많은 질문 중에 '나는 내 꿈을 이룰 수 있을까?'가 있었지요. 그래서 그 아이에게 "왜 이런 질문을 만들었어?"라고 물으니, 자신의 꿈은 요리사인데 4차 산업혁명에 대한 영상을 보고 미래에는 요리사라는 직업이 없어질 수도 있다는 사실을 알았다고 해요.

우리 아이가 지금 이런 생각을 하고 있는지 우리 부모들은 알고 있을까요? 이런 대화가 지금까지 불가능했던 이유는 무엇일까요? 저는 스스로 던진 나에 대한 잘못된 질문 때문에 오랜 세월 마음 아파하며 살아왔어요. 그런데 그림책을 읽으며 그 속에서 해답을 찾았어요.

사랑이 엄마, 아이들은 자신에 대해 어떻게 생각하고 있을까요? 아이들의 생각을 알기 위한 가장 좋은 방법은 '대화'입니다. 그림책을 읽고 아이와 대화해 보세요. 아이의 이야기를 들어주세요. 질문을 만들고 대화하며 서로의 생각도 나눠 보세요.

저는 아이들과의 수업에서 질문하고 대화하고 책을 읽으며 자신을 사랑해야 하는 이유와, 자신을 사랑하는 방법과, 있는 그대로의 자신을 사랑하는 것이 왜 중요한지 깨달았어요. 그리고 아이들과 함께하며 정작 깨달음을 얻은 것은 바로 저였어요.

이런 깨달음들이 생활을 바꾸고, 마음을 바꾸고, 아이들을 양육하며 교육하는 태도를 바꿀 거라고 확신해요.

특별해서가 아니라, 잘나서가 아니라, 뛰어나서가 아니라, 나는 그냥 '나' 자체로 사랑하고 사랑받는 존재니까요.

남들보다 뛰어나기를…
남들보다 잘나기를…
남들보다 특별하기를…
아이들에게 강요하지 않을 거예요.

제가 소망하는 한 가지는 아이들이 있는 그대로의 자신을 존중하고 사랑하는 방법을 잘 배워나가는 거예요. 그래서 저는 또 질문을 시작해요. 스스로에게 질문해요. 하브루타를 통한 나를 향한 질문들이 삶의 방향에 대한 물음에 답해 줄 거라고 믿기 때문이지요. 아이들 또한 스스로 질문을 만들고 해결해 가는 과정을 통해 훌쩍 성장하리라 믿어요.

Q. 나는 내가 좋은가?
Q. 내가 나를 좋아하지 않는 이유는 무엇일까?
Q. 남과 비교하는 이유는 무엇일까?
Q. 나를 사랑하는 방법은 무엇일까?
Q. 나는 무엇을 할 때 기분이 좋은가?
Q. 내가 하고 싶은 것은 무엇일까?
Q. 내가 제일 싫어하는 것은 무엇일까?
Q. 나는 어떻게 살고 싶은가?
Q. 나는 어떤 사람으로 기억되기를 원하는가?

# 어린 음악대의 〈동물의 사육제〉

: C. 생상스 〈동물의 사육제〉, 음악하브루타 맛보기

큰아이의 입학과 함께 학부모 연수로 만난 하브루타를 알아가면서 시작된 독서하브루타. 독서하브루타를 하면서 만나게 된 독서하브루타 동아리 모임의 아이들…. 이렇게 우리의 만남은 계속 깊어지고 있었어요. 엄마들이 한 주씩 돌아가면서 아이들과 독서하브루타를 시작하게 되었죠.

저도 책으로 하브루타를 준비하고 질문도 만들고 학습계획도 잡아 보았어요. 그런데 한 주 한 주 수업 준비를 하면서 슬슬 한계가 오기 시작했지요. 사실, 내가 이야기하고 싶은 내용을 담고 있는 책을 찾는 것도 어려웠어요. 책을 찾느라 매번 추천을 받을 수도 없는 노릇이고 잘 준비되지 않은 수업을 듣는 아이들에게 미안한 마음이 들기 시작했지요. 겨우 책 읽기가 좋아졌는데, 다시 책 읽기를 억지로 시키는 것 같은 압박이 느껴지고 있었어요.

그래서 저는 '나에게 준비되어 있는 것은 무엇일까?', '내가 경험한 음악은 무엇이었나?', '내가 지금 아이들에게 해주고 싶은 이야기는 무엇일까?'를 생각해 보았어요.

피아노 치는 방법, 노래를 잘하는 방법, 리코더를 잘 부는 방법 등은 많은 곳에서 알려 줍니다. 하지만 음악을 즐기는 방법, 음악이 주는 느낌, 음악의 의미, 음악을 들으면서 어떤 부분이 나에게 와 닿았는지에 대해 이야기를 나누는 곳은 좀처럼 찾아보기 힘들더군요. 학습으로, 기술로, 지나가는 소리로만 기억되는 음악 말고 느낌을 말하고, 의미를 나누

고, 표현을 하는 음악으로 우리 친구들과 꼭 이야기해 보고 싶었어요. 음악이 하브루타와 만나게 된 저의 이야기, 한번 들어 보실래요?

### 〈동물의 사육제〉는요

1886년 오스트리아의 잘츠부르크에서 개최된 한 카니발에서 연주하기 위해 작곡된 것으로 알려져 있어요. 그해 그곳에서 초연되었지요. 생상스(Saint Saens) 생전에는 〈백조〉만 출판되어 연주되다가 그가 죽은 후, 1922년 2월 25일 콜론느 콘서트 오케스트라에 의해 공개적으로 전곡이 초연되었어요. 동물들의 특징을 잘 살린 14곡(1악장-서주와 사자왕의 행진, 2악장-암탉과 수탉, 3악장-야생 당나귀, 4악장-거북이, 5악장-코끼리, 6악장-캥거루, 7악장-수족관, 8악장-귀가 긴 등장인물, 9악장-숲 속의 뻐꾸기, 10악장-커다란 새장, 11악장-피아니스트, 12악장-화석, 13악장-백조, 14악장-피날레)으로 이루어져 있어요. 이 가운데 〈백조〉가 가장 많이 알려져 있고, 첼로 독주용으로 자주 연주돼요. 각 악장의 악기들은 관현악곡으로 연주하는 경우와 실내악으로 연주하는 경우에 따라 조금씩 다르게 편성돼요.

첫 음악하브루타 수업은 우리가 음악을 듣는 것에 그치지 않고 구체적으로 어떤 느낌이 드는지, 어떤 부분이 마음에 들었는지, 왜 마음에 들었는지에 대해 이야기를 나누어 보고 각자가 가진 도구로 자신이 생각한 동물을 표현해 보는 방법으로 준비했어요.

'기술 말고 음악을 즐기는 다른 방법에는 무엇이 있나?'

'가장 접근이 쉬운 음악에는 무엇이 있을까?'

고민을 거듭하던 중 준비한 음악하브루타의 첫 음악은 생상스의 〈동물의 사육제〉였어요. 악장마다 주는 느낌과 악기들이 주는 재미있는 효과들을 우리 아이들과 함께 나눠 보기에 정말 좋은 음악이었기 때문이죠.

수업을 시작하기 전에 먼저 저에게 '음악을 들으면서 내가 받은 느낌은 무엇일까?' 질문해 보고 느낌을 적어 보았어요.

1악장 〈서주와 사자왕의 행진〉 피아노와 첼로 파트와 바이올린의 교차등장으로 위풍당당한 사자왕의 입장을 멋지게 표현해 주는 듯 했어요.

2악장 〈암탉과 수탉〉 피아노의 시작 소리에서 '땡!땡' 하는 소리가 암탉과 수탉이 콕콕 땅을 쪼는 모습을 연상시켜요.

3악장 〈야생 당나귀〉 피아노의 유려한 스케일이 야생 당나귀가 끝없이 달리는 모습을 떠올리게 합니다.

4악장 〈거북이〉 의뭉스러운 피아노 선율과 천천히 움직이는 현악기의 옥타브 진행이 여유 있게 바다를 향해 걸어가는 커다란 거북이가 생각 나게 했어요.

5악장 〈코끼리〉 피아노 반주의 '쿵' 소리부터 코끼리의 발자국 소리가 들리는 것 같지 않나요. 더블베이스의 둔탁한 소리도 코끼리의 둔한 움직임을 잘 표현해 주는 것 같았어요.

6악장 〈캥거루〉 꾸밈음으로 진행하는 피아노 선율 속에 깡충깡충 뛰는 캥거루가 보이는 듯 했어요.

7악장 〈수족관〉 여러분도 유리 가까이에 바짝 붙어서 수족관을 들여다본 적 있죠? 그때 본 수족관 유리 속 비밀스럽고 신비스러운 세계가 떠올랐어요. 각각의 악기들이 주는 신비스러운 효과들이 나를 수족관 물속에 있는 듯한 느낌이 들게 했어요.

8악장 〈귀가 긴 등장인물〉 당나귀의 울음소리를 표현한 걸까요? 이 곡에서 주는 당나귀의 느낌은 뭔가 바보스럽기도 하고 익살스러운 장난스러움으로 가득한 장난꾸러기 같기도 합니다. 알쏭달쏭 재미있는 곡이에요.

9악장 〈숲 속의 뻐꾸기〉 고요한 숲속에 '뻐꾹! 뻐꾹!' 숲과 뻐꾸기가 대화를 하는 것 같은 느낌이 들어요. 생상스는 어떤 장면을 보고 이 곡을 쓰게 되었을까요? 너무 아름다운 느낌이에요.

10악장 〈커다란 새장〉 플루트와 피아노가 함께 진행되어 커다란 새장 안에서 이리저리 움직이는 큰 새와 작은 새들을 생각나게 해주어요.

11악장 〈피아니스트〉 피아니스트가 되고 싶지만 미완성인 친구를 위로해 주려고 쓴 곡일까요? 서툰 실력의 피아니스트를 오케스트라가 너무 멋지게 완성시켜 주었죠. 하지만 왜 〈동물의 사육제〉에 피아니스트를 넣은 걸까요? 타임머신이 있다면 생상스를 만나 꼭 물어보고 싶어요.

12악장 〈화석〉 주제와 주제 사이의 명곡들을 편곡해서 집어넣었어요. 그래서 〈작은 별〉 노래도 들리고. 오페라 〈세빌리아의 이발사〉, 〈로지나의 아리아〉도 들려요. 세월에 겹치고 겹쳐 화석이 된 모습을 음악으로 표현하면 이렇게 되는 걸까요? 개인적으로 정말 재미있는 곡이에요.

13악장 〈백조〉 이 곡을 듣고 있으면 잔잔한 물과 백조 춤을 추고 있는 발레리나가 생각나요. 눈을 감고 들으면 제 몸도 발레리나가 된 듯 저절로 움직이는 것 같아요.

14악장 〈피날레〉 지금까지 나왔던 테마들로 시작 부분을 멋지게 해주고 각각 인상적으로 등장시키면서 각각의 매력을 뽐내고 있어요. 그러면서 전체를 완성합니다. 감탄이 절로 나오죠. 생상스는 정말 천재예요. 우리 아이들은 이 곡을 듣고 어떤 느낌을 받을지 너무너무 궁금해졌어요.

드디어 첫 수업 시간. 긴장되고 떨리는 마음으로 조용히 음악을 틀었어요. 제목을 말해 주고 "친구들, 오늘은 OOO에 대해 말해 볼 거예요"라고 말하는 것보다 아무 정보가 없는 상태에서 음악을 접하는 것이 아이들을 더 생각하게 하고 또 음악을 들은 느낌을 가감 없이 말할 수 있을 것 같았어요. 그래서 아무 정보도 주지 않고 음악을 먼저 들려주었어요. 그러자 아이들이 귀를 더 쫑긋하면서 '이건 뭐지' 하는 눈빛으로 음악에 집중해 주었어요.

아이들은 스피커로 울려 퍼지는 음악에 집중하며 하나둘씩 모이기 시작해 음악을 듣고는 바로 "〈백조〉!"라고 외쳤어요.

"이 음악이 왜 〈백조〉인 것 같아?"

"예전에 다니던 어린이집에서도 들어 봤고요. 집에서 엄마가 틀어 주셨어요."

"그렇구나. 그럼 이 음악 속 백조는 무엇을 하고 있는 모습일까?"

"백조가 춤을 추고 있어요."

"먹이를 먹고 있는 것 같아요."

"물 위에 있는 것 같아요."

아이들의 재미있고 다양한 답변이 나오기 시작했어요.

"우와, 정말 백조가 그렇게 하고 있는 것 같아."

"그렇다면 〈백조〉를 연주하고 있는 악기들은 무엇일까?"

"첼로? 바이올린?"

"첼로 맞았어요! 또 무슨 악기가 있는지 다시 듣고 맞춰 보자."

그러고는 음악을 다시 들어 보았어요.

"아! 피아노, 피아노예요!"

"오, 정말 대단해! 그럼 우리 이 곡에서 피아노는 어떤 느낌을 주는지 생각해 볼까?"

아이들은 당황한 표정으로 어떻게 답해야 할지 모르겠다는 표정을 지었어요. 음악을 다시 틀어 반복되는 패턴의 피아노 반주에 집중해 보게 했어요.

아이들도 다시 〈백조〉에서 피아노 반주를 들으며 다양한 이야기를 나누어 보았어요.

"물이 천천히 흐르는 것 같아요."

"백조가 물 밑에서 열심히 발을 젓는 모습이 떠올라요."

이제 서서히 이 음악이 들려주는 이야기를 알아보기 시작해요.

그 다음으로 동물의 사육제 12번째 곡인 〈화석〉을 들려주었어요.

"자, 이번 곡은 어떤 것 같아?"

"너무 재미있어요. 처음에 나오는 딩동딩동 소리가 너무 웃겨요."

"춤추는 것 같아요."

"파티를 하나?"

"뚝딱뚝딱 부딪히는 소리가 나요."

아이들과 음악에 대해서 하하하, 호호호 이야기를 나누었어요.

이번에는 〈동물의 사육제〉를 처음부터 끝까지 모두 들어 보면서, 어떤 동물인지 맞춰 보고 왜 그렇게 생각했는지 생각 나누기를 했어요. 이제는 아이들이 먼저 몸으로 표현해 주기도 하고 손을 들어 악기에 대한 이야기도 먼저 말해 주었어요.

이번에는 하브루타 후 활동으로, 우리만의 〈동물의 사육제〉를 만들어 보는 것을 기획해 보았어요. 아이들은 각자 집에서 가져온 소리 나는 물건(플라스틱 통, 국자, 스테인레스 통, 젓가락, 숟가락, 우유갑 등등)을 가지고 2명씩 짝을 지어 동물을 표현해 보는 활동을 해보았습니다.

"뚜구뚜구 탱탱탱 탁탁탁~ 탱탱타다닥 뚜구뚜구 탕! 탕!"

"이건 뭐야?"

"상어를 만나서 깜짝 놀라 도망가는 물고기요."

"우와! 정말 멋지다."

"딩~댕 탁탁 딩~댕 톡톡."

"선생님, 이건 이리저리 오르락내리락 하는 고양이에요."

"톡~톡~ 톡톡~ 톡톡~ 톡톡톡톡."

"전 천천히 뛰다가 점점 빠르게 뛰는 타조예요. 헤헤."

"툭툭 사락사락 툭툭 사락사락."

"모래를 걸어 다니는 거북이에요."

상어를 만나 깜짝 놀란 물고기들, 천천히 뛰다가 점점 빠르게 뛰는 타조, 이리저리 오르락내리락 하는 고양이, 느리게 걷는 거북이 등등 아이들이 재미있는 음악을 자유롭게 만들어 주었어요.

그저 두드리기만 해서 재미를 느끼는 것이 아니라 두드림에 의미를 넣어 보고 이유를 붙이고 이유를 설명하게 해주니 아이들은 더욱 자기 소리에 집중하게 되었어요. 하브루타를 만나면 가능한 일이죠. 그것을 보는 저도 같이 공감하고 집중하면서 아이들이 보여준 움직임에 크게 감동을 받았어요.

'땡땡땡 톡톡톡', 우리 아이들은 의미 없는 소리가 모이고 생각을 담으면 그것은 바로 현실이 되는 마법 연필과 같다는 것을 알았을까요?

이번에는 아이들이 다 함께 만든 소리들로 합주를 해보았어요. 제가 손으로 사인을 주면 아이들이 기다렸다가 연주해 보기도 하고 모두 다 함께 자기가 가진 소리를 내면서 우리만의 〈동물의 사육제〉를 연주해 보았어요. 제 손끝만 바라보며 자기 차례를 기다리는 아이들의 초롱초롱한 눈망울이 아직도 눈에 선해요.

"선생님, 너무 재미있어요! 또 할래요."

"하하하, 그래요. 또 해 봐요."

"다음에는 더 좋은 악기를 준비해 볼래요."

"난 뭘 가지고 오지?"

"난 다음에 사자를 해 볼 거야!"

"난 호랑이."

"난 코끼리."

다음에 또 수업을 하게 되면 아이들은 어떤 소리를 들려줄까요? 재료는 무엇이 될까요?

아이들이 보여주는 이 움직임이 제 심장을 힘차게 뛰게 해요.

다음 시간에는 어떤 이야기를 준비했느냐고요?

저를 따라와 보세요!

# 〈반짝반짝 작은 별〉은 변신 중

: A. W. 모차르트 〈12variations K.265〉, 느낌 자유롭게 표현하기

12 Variation 주제

　　　　　　　　　　"반짝반짝 작은 별 아름답게 비치네. 동쪽 하늘에서도 서쪽하늘에서도 반짝반짝 작은 별 아름답게 비치네."

　이 곡은 아주 대중적이기도 하지만 우리집 아이들이 피아노로 동요를 쳐 달라고 조를 때 가장 먼저 들려주는 노래예요.

　'내가 좋아하는 이 노래를 우리 아이들도 흥얼거리고 즐기게 해줄 수 있을까?' 고민하던 중에 같은 곡을 들려줘도 조금만 변화를 주면 '까르르' 웃어 주는 우리 아이들을 보며 '변주에 따라 음악이 어떻게 변할 수 있을까에 대해 이야기하면 좋겠다'는 생각이 떠올랐어요.

　가장 먼저 떠오른 질문은 '모차르트는 어떤 방법으로 주제를 변주했나?' 그리고 '나만의 변주 방법은 무엇이 있을까?'였어요.

　그 다음으로는 모차르트가 이 곡을 언제 작곡했는지와 이 노래의 배경 이야기를 찾아보았어요. 모차르트는 이 곡을 22살 프랑스 여행 중에 작곡했어요. 프랑스 민요인 〈아, 어머님께 말씀드리죠(Ah, vous dirai-je maman)〉라는 구전 동요를 12개의 변주곡으로 작곡한 거예요. 이 가사는 사춘기에 접어든 소녀가 사랑하는 사람이 있다고 고백하는 내용이에요. 그리고 이 곡이 후에 영국으로 건너가 제인 테일러(Jane Taylor)라는 가수에 의해 "twinkle, twinkle little star~" 이렇게 불리면서 우리가 부르고 있는 〈반짝반짝 작은 별〉이 되었어요.

우선 곡을 들어보면서 모차르트가 전해주는 다양한 변주가 무엇이 있는지 파악해 보았습니다. 주로 리듬의 변화가 두드러지고 오른손 왼손의 교차 연주가 반복되는 패턴으로 진행되는 것을 볼 수 있었어요.

변주곡 1, 2, 3, 4의 첫 부분

우리 친구들과 전곡을 다 듣기에는 집중의 한계가 있을 것 같아 음악의 속도와 소리의 크기, 음의 높낮이, 다른 조성에 의해 다른 느낌으로 전달된다는 것을 우리 친구들과 이야기해 보는 것으로 수업 방향을 잡고 구상해 보았어요.

곡을 들으면서 악보를 다시 보고 가만히 피아노 앞에 앉아 모방도 해

보고 악보대로가 아닌 제 생각대로 옥타브 변화와 빠르기의 변화를 주기도 했어요.

높은음 장조로, 낮은음 장조로, 작게, 크게, 점점 크게, 점점 작게, 점점 빠르게, 점점 느리게, 또 단조로, 꾸밈음으로 한번 연주를 마치고 수업을 어떻게 진행할지에 대한 청사진을 그려 보았어요.

이제 동아리 친구들을 만나는 시간이 되었어요. 아이들과 피아노 앞에 앉아서 "반짝반짝 작은 별~" 하면서 같이 노래도 불러보고 연주도 들려주었어요. 먼저 제가 질문을 던졌습니다.

"내가 생각한 '반짝반짝'은 어떤 음에 가까울까? 높은음? 낮은음? 가운데음?"

"높은음이요."

"낮은음이요."

"그럼 높은음에서 세게 치는 것과 여리게 치는 것 중 어떤 것이 우리 친구가 생각한 '반짝반짝'에 가까워?" 하면서 두 가지를 모두 들려주었어요. 높은음에서 세게, 그리고 높은음에서 여리게. 아이들은 '반짝반짝'에 대한 이미지를 스스로 그려 보기 시작했어요.

"높은음에서 여리게 치는 게 제가 생각한 '반짝반짝'이랑 같은 것 같아요."

"그래? 그럼 낮은음에서 세게 그리고 여리게 치는 건 어떨까?"

"'반짝반짝'보다는 큰 별이 움직이는 것 같아요."

"호호호. 맞아, 그런 것 같아. 그럼 이제 빠르기를 조금 다르게 해보면 어떨까?"

"하하하, 선생님 더 빠르게 쳐 주시면 안 돼요?"

"별들이 서로 장난치는 것 같아요."

"이번에는 슬픈 별을 한번 연주해 볼까요?" 하면서 단조로 피아노를 연주했어요. 아이들 눈이 동그랗게 되면서 또 다른 느낌으로 다가오는 곡을 잘 들어 주었지요.

"정말 작은 별이 슬퍼하는 것 같아요."

"선생님이 하나씩 연주해 준 〈반짝반짝 작은 별〉에 다시 제목을 붙인다면 뭐라고 할까?"

"낮고 천천히 움직이는 건 뚱뚱한 별이요."

"빠르게 움직이는 건 별들의 전쟁이요."

별에 대한 이야기를 나누며 마인드맵을 그려보면서 '별 – 큰 별 – 작은 별 – 달 – 하늘 – 우주 – 혹성탈출'까지 이야기해 보았어요.

"우리 그럼, 〈혹성탈출〉을 한번 연주해 볼까요?"

"와~! 좋아요."

"자, 선생님은 낮은음에서 〈반짝반짝 작은 별〉을 연주해 볼게요. 높은음에서 〈혹성탈출〉을 연주해 줄 친구?"

손을 번쩍 든 두 친구가 나와서 우리만의 〈반짝반짝 작은 별〉을 멋지게 함께 연주했어요.

"쿵쾅쿵쾅 퉁퉁퉁."

아이들이 〈혹성탈출〉에 나오는 전쟁 장면을 아주 훌륭하게 피아노 건반으로 연주해 주었어요.

"또 〈혹성탈출〉 연주해 보고 싶은 친구?"

"저요! 저요!"

"퉁퉁퉁퉁 쾅쾅쾅."

"이번에는 선생님이 흑성에 침범해 볼게요."

"퉁퉁 딩딩딩딩 쾅쾅쾅 짠 짠짠짠."

오른손으로 아이들이 연주하고 있는 높은 음의 건반을 마구 침범해 주었어요. 아이들의 입은 귀까지 걸리며 정말 재미있어했어요. 변주까지는 아니지만 6손의 〈반짝반짝 작은 별〉을 같이 연주해 보니 아이들의 눈은 새로운 세상을 만난 듯 반짝거렸고요.

격동적인 〈흑성탈출〉 연주

"답은 없어요. 같이 연주하고 싶은 대로 움직이기만 하면 돼요. 너무 매력적이지 않나요?"

이야기 진행을 다 하고 음악활동으로는 아이들과 같이 멜로디언, 리코더, 리듬스틱, 쌀 보틀 등등 가지고 온 악기로 같이 〈작은 별〉 곡을 연주해 보았어요.

악보를 그리는 것이 가능한 아이들이라면 변주 기법을 만들고 함께 같이 연주해 보는 활동 방법도 생각해 보았어요.

"내가 맨 처음 해볼 테니까 너는 다음 마디를 연주해 봐."

"우리가 연주해 보니까 내가 먼저 나오는 것보다 네가 먼저 나오는 게 더 좋을 것 같아."

"우리 한 마디씩 연주하고 맨 끝에는 같이 연주해 볼까?"

"아니면 두 마디씩은 어때?"

서로 들어주고 끌어주고 의견을 조율하는 우리 아이들! 자연스럽게 생각 나누기를 하고 있어요. 악보에서 마디마다 악기가 변하는 재미난 연주가 시작되고 있네요.

변신! 〈반짝반짝 작은 별〉!

# 음악에 질문을 던져 보아요

: F. P. 슈베르트 〈마왕〉, 악보 보고 질문 만들기

'어떻게 하면 내가 공부했던 가곡들을 우리 아이들에게 친숙하게 다가오게 할까?' 하는 고민과 함께 음악사 책을 쭉 둘러보던 중 슈베르트의 가곡 안에 있는 재미있는 음악적 요소들이 저의 마음을 이끌었어요.

〈마왕〉을 들어본 적 있나요? 저는 슈베르트의 가곡을 중·고등학교 때 글로 배운 기억이 나요. '슈베르트 – 가곡의 왕, 대표곡 – 〈숭어〉, 〈마왕〉' 이렇게요. 그 뒤 대학교에서 처음으로 악보와 노래로 슈베르트를 다시 만났죠. 글로 배운 슈베르트와는 전혀 다른 이야기로 저에게 다가왔어요. 〈물레 감는 그레첸〉의 물레 감는 피아노 소리가, 〈숭어〉의 물고기들이 튀어 올라오는 모습들이 떠올랐어요. 눈을 감아도 그 모습이 그려지는 음악이 되어 다가온 슈베르트의 가곡들은 저에게 신선한 감동을 주었어요. 이렇게 멋진 슈베르트의 음악을 글로만 알게 하고 싶진 않았죠.

아이들이 질문 만들기를 하면서, 음악이 건네는 이야기와 질문을 글자가 아닌 느낌으로 받아들일 수 있게 되지요.

Q. 아이들이 악보를 보고 질문을 만들어 보면 어떨까?

Q. 슈베르트의 음악은 무엇일까?

Q. 노래 속 주인공은 무슨 이야기를 하는 걸까?

Q. 왜 이 이야기를 하는 걸까?

음악에게 질문을 던지는 것 자체가 음악하브루타의 시작이니까요. 음악에게 질문을 하면서 음악의 깊이는 더 깊어지겠죠?

자, 여러분은 이 악보를 보면 어떤 질문이 떠오르나요?

〈마왕〉의 맨 앞 부분

함께 질문 한 번 만들어 볼까요? 처음에는 잘 안 되기 일쑤죠. 처음 악보를 받아든 모두 약간의 멘붕 상태에 빠져요. '이거 뭐지?' 하는 표정으로 악보를 바라만 보게 됩니다.

하지만 아이들은 "네!" 하면서 씩씩하게 질문을 하나씩 적어 내려갔어요. 우리 아이들이 만든 질문을 소개합니다. 아이들에게는 작곡가 슈베르트도, 이 곡의 제목인 〈마왕〉에 대한 정보도 아직 알려주지 않은 상태예요.

Q. 이 곡을 작곡한 사람은 누구일까?

Q. 이 곡의 제목은 무엇일까?

Q. 어느 나라 말로 되어 있을까? 이 곡을 작곡한 사람은 어느 나라 사람일까?

Q. 오른손은 왜 이렇게 그려져 있을까?

Q. 왜 이 곡을 작곡했을까?

Q. 어떤 악기로 연주될까?

Q. 이것을 악기로 연주하면 어떤 소리가 날까?

곡도 들어 보지 않은 채로 아이들이 만들어준 질문은 어떤가요? 정말 멋진 질문이죠? 자, 이 질문의 답을 하나씩 풀어 볼게요.

슈베르트는 200여 곡에 달하는 가곡의 음악적 소리를 통해 감정과 분위기를 나타내주는 음악의 회화적 기법을 사용해서 음악을 더욱 풍부하고 감성적으로 작곡하고 있어요.

아이들에게는 '회화적 기법'이라는 어려운 용어보다 음악의 분위기나 표현하는 방법을 파악하고 그것에 대해 이야기하는 것에 초점을 두고 이야기를 나누어 보았어요.

〈마왕〉의 반주 첫 부분

　　〈마왕〉의 첫 부분인 피아노로 시작되는 반주 부분은 아주 인상적인데 오른손의 빠른 템포 완전 8도로 이루어진 셋잇단음표가 연속으로 시작돼요. 이 부분은 말발굽 소리 또는 성급한 마음을 표현하고 있어요. 그리고 왼손 파트의 움직임은 어떤 느낌이 드나요? 온 몸이 싸늘해지는 기분이 느껴지나요? 이 부분을 듣고 어떻게 이야기했을까요?

　　이번에는 음악을 함께 들어 보았어요. 첫 반주소리가 들리자 아이들은 눈이 휘둥그레져서 느낌을 마구 쏟아내요. 그러고는 "강렬해요", "빨라요", "어둠이 빛을 삼키는 것 같아요" 등등 음악의 분위기에 자연스레 몸을 맡겼어요.

　　이제 저도 아이들과 함께 선율에 몸을 실어 이야기를 해야겠죠?

　　"우와~ 정말 음악을 잘 파악하고 있어. 그럼 이 곡의 제목은 뭔지 함께 맞춰볼까?" 하면서 질문을 시작했어요.

　　"이 곡은 밝은 느낌이야? 어두운 느낌이야?"

"어두운 느낌이에요."

"맞아. 어두운 느낌이야. 아까 민규가 어둠이 빛을 삼키는 것 같다고 말해 주었는데, 어둠이 빛을 삼키는 사람을 뭐라고 하지?"

그러자 아이들은 자기가 아는 〈울트라 X 세이버〉의 000, 케라토, 〈파워 레인저〉의 악당들 이름을 좔좔 읊었어요. 아이들의 깜찍한 상상력이란!

"이 곡은 〈마왕〉이라는 곡이에요. 〈마왕〉은 슈베르트라는 작곡가가 작곡했어요. 여러분은 슈베르트에 대해 들어본 적 있나요?"

"네, 들어 봤어요. 피아노 학원에서요."

"우와~ 우리 동규는 정말 음악에 관심이 많구나. 우리 그럼 슈베르트라는 작곡가가 〈마왕〉을 어떻게 이야기하고 있는지 한번 들여다볼까?"

다시 음악 속으로 들어 가 아이들의 눈이 더 말똥말똥해졌어요.

"여러분, 빠른 리듬 속에서 다르게 들리는 이 부분, 들리나요?"

〈마왕〉 왼손 반주의 첫 소절

"네, 들려요."

"이건 어떤 느낌이에요?"

"뭔가 쫓아오는 것 같은 느낌이 들어요."

"바람 같아요."

"무서워요."

"오, 정말 우리 친구들은 음악에 대한 감각이 너무 훌륭해요. 여러분이 생각한 것이 다 맞아요. 선생님은 이게 바람이라고 생각했는데, 뭔가 쫓아오는 느낌이 들었다니 선생님보다 더 깊이 있게 생각했네요. 그렇다면 이 음악을 듣고 머릿속으로 어떤 그림이 그려지나요?"

"마왕이 막 쫓아오는 것 같은 그림이 생각나요. 그리고 도망가는 모습도요. 선생님 그러면 누가 도망가는 거예요?"

"정말 멋져요! 우리 그 수수께끼는 또 들으면서 한 번 볼까요?"

이번에는 음악을 듣고 나서 질문 만들기를 다시 해보았어요.

Q. 무슨 내용일까?

Q. 마왕은 왜 쫓아가는 걸까?

Q. 반주들이 왜 조금씩 달라질까?

Q. 이 곡은 왜 이렇게 길까?

Q. 마지막은 왜 조금 다를까?

Q. 왜 이렇게 빠를까?

Q. 피아노는 어떻게 연주할까? 어떻게 노래 부를까?

Q. 피아노 말고 다른 악기로 연주하면 어떤 느낌이 들까?

"자, 우리가 음악을 끝까지 들어봤는데 선생님이 들을 때는 한 사람이 노래를 부르지만 느낌이 조금씩 달랐어요. 여러분은 어땠어요?"

"다르기도 한 것 같고, 아닌 것도 같아요."

"잘 모르겠어요."

"다시 들었으면 좋겠어요."

"이제는 노래하는 사람의 느낌이 조금씩 다른 것 같은 느낌이 들면 손을 들어 표시해 주세요."

아이들은 귀를 쫑긋 세우며 다른 느낌이 드는 곳에서 손을 번쩍번쩍 들었어요. 완전히 듣는 것에 집중하며 손을 드는 모습이 참 귀엽습니다.

"여러분, 손을 들어 우리가 다른 느낌이 드는 것을 표시했지요. 다른 느낌이 몇 가지 정도 나왔나요?"

"두 가지요."

"세 가지요."

"여러분, 두 가지 느낌이 다른 것은 확실하게 느꼈네요."

"어두운 부분의 느낌이 확실히 마왕인 것 같아요. 또 누구지? 모르겠 어요."

"슈베르트는 괴테의 〈마왕〉이라는 시를 보고 이 곡을 작곡했어요. 자, 〈마왕〉 시를 보고 이 곡에 나오는 주인공이 누구누구일지 한번 말해 볼 친구 있나요?"

"마왕, 아버지, 아들, 해설자요."

"우와! 정말 대단해요. 선생님은 마왕, 아버지, 아들 이렇게만 말할 줄 알았는데 해설자까지 맞히다니! 어디서 해설자 느낌이 났어요?"

"여기 상황을 설명해 주는 부분이 해설자 같았어요."

"그랬구나, 정말 완벽하게 이야기해 주었어요."

"아~ 그러면 마왕이 아버지와 아들을 막 쫓아가는 모습을 이야기하 는 거네요."

"맞아요. 우리 악보 안에서 등장인물을 한번 살펴볼까요? 해설자는 평 범하게 등장하고 있어요."

해설자 첫 시작 부분

"아버지는 낮은 목소리로 'mein son~' 이렇게 말하면서 '아들아, 침착하렴' 하고 말해 주고 있죠."

'아버지' 첫 소절

"또 아들은 'mein vater' 하면서 높고 조금 빠른 목소리로 '아버지, 무서워요. 마왕이 나를 잡아 가려고 해요' 이렇게 말하고 있어요."

'아들' 절정 부분

"마왕은 약간 다른 리듬을 사용해서 '아가야, 나랑 같이 가자. 좋은 곳으로 나랑 가자' 하고 말해요."

마왕 부분

"자, 마왕은 어떤 마왕인 것 같은 느낌이 들어요? 마왕 부분의 리듬을 한번 잘 들어봐요. 조금 다르죠? 여러분은 어떤 마왕이 생각나요? 무섭고 힘 센 마왕? 아니면 교활한 마왕?"

"교활한 마왕이요."

"맞아요. 이 부분에서 마왕은 빠르게 진행되는 부분과는 다르게 조금은 부드러우면서 교활하게 아들을 데리고 가려는 자기 모습을 숨기고 있어요. 여러분, 어떤가요? 각각 다른 부분이 잘 느껴지나요? 마왕이 쫓아다닌 아들은 어떻게 됐을까요?"

"살았어요."

"죽었을 것 같아요."

"음악을 들으면서 우리 다시 이야기해 볼까요? 어떻게 된 것 같아요?"

"죽은 것 같은 느낌이 들어요."

"네, 맞아요. 마지막 부분에 피아노 반주가 느려지면서 멈추고 해설자가 '그의 품속에서 아이는 이미 죽어 있었다'라고 말해요. 그리고 나서 피아노 반주가 아주 강렬하게 끝맺음을 해주고 이 음악은 끝이 나요."

곡의 마지막 부분

"자, 그리고 피아노 반주는 어떤가요? 노래만 내용이 있는 것이 아니라 반주도 바람이나 빠르게 달리는 말발굽 소리처럼 피아노도 같이 노래하고 있지요? 이렇게 슈베르트는 가곡을 작곡할 때, 피아노를 노래에 대한 반주 역할에 그치지 않고 같이 연주하게 해주어 그 역할을 크게 확대시켰어요."

"선생님, 그런데 이 〈마왕〉은 왜 괴테의 시를 보고 작곡한 거예요? 그리고 왜 아빠를 잡아가지 않고 아들을 잡아갔을까요?"

"오! 정말 좋은 질문을 해주었어요. 슈베르트가 살았던 시대는 낭만 시대라는 때죠. 이때는 사람의 감정을 음악 속에 담아내는 것을 고민하기 시작한 때였는데, 슈베르트는 소설 《파우스트》로 유명한 괴테라는 작가의 소설이나 시에서 나온 내용으로 감정을 표현하고 음악을 만들었어요. 왜 아빠를 잡아가지 않고 아들을 잡아갔을까? 선생님도 그건 궁금해요."

"아들이 힘이 약해서 그런 거 아닐까요?"

"그럴 수도 있겠네요."

"선생님, 괴테는 이 음악을 듣고 좋아했을까요?"

"여러분은 어땠을 것 같아요?"

"안 좋아했을 것 같아요."

"자자~ 여러분! 진정하고, 괴테의 이야기를 들려줄게요. 괴테는 이 음악을 듣고 아주 마음에 들어 하지 않았대요. '이건 내 시에 곡을 붙인 게 아니야. 내 시를 훔친 거야' 하면서요. 왜 그랬을까요? 음악에 대한 생각이 달라서였을까요? 선생님도 괴테에게 물어보고 싶네요."

"지금은 괴테가 슈베르트에게 아주 고마워할지도 모르겠어요."

"그러네요. 하하하."

"여러분 오늘 〈마왕〉을 들으면서 어땠나요? 선생님과 나눈 내용들이 다시 음악을 들었을 때 잘 들렸나요? 처음에는 몰랐지만 계속 들어보고 이야기 나눠보면서 슈베르트의 〈마왕〉에 대한 그림이 여러분 머릿속에 잘 그려졌나요?"

"네, 선생님."

"선생님, 이거 어떻게 연주해요?"

"이렇게 빠른데 어떻게 연주하지?"

"이 남자는 어떻게 노래를 부를까?"(아아아~)

"아빠는 아들이 죽어서 너무 슬플 것 같아."

"난 아들이 너무 불쌍해."

"정말 닭살 돋았어. 마지막 부분이 너무 무서워."

처음에는 귀만 열려 있을 뿐, 초점 없는 눈으로 '이건 뭐지' 하던 아이들이 손가락으로 연타를 두드려 보기도 하고 연주해 달라고 이야기하며 〈마왕〉에 푹 빠졌어요.

수수께끼를 하듯이 하나하나 풀어본 가곡 〈마왕〉!

이제 "가곡 한번 들어 볼까?" 하면 우리 아이들이 어떤 반응을 보일지 무척 기대됩니다.

# 음표야! 나랑 같이 놀자 : 음악의 기본요소 파악하기

음악에는 가장 기본이 되는 3요소가 있어요. 리듬, 멜로디, 화성이죠. 리듬은 음악이 일정한 규칙으로 흐를 수 있게 중심을 잡아주는 뼈대 역할을 해요. 음표로 약속된 길이에 따라 연주하는 거예요. 멜로디는 리듬에 살을 붙여 높은음과 낮은음을 이용해 가락을 만들어요. 화성은 멜로디에 있는 음과 동시에 연주되는 다른 음으로 멜로디를 더욱 풍부하게 해주거나 전체적인 분위기를 만들어 주는 역할을 해요. 건물을 짓는 것으로 예를 들면 리듬은 철근을 쌓고 음표는 시멘트를 붓고 화성은 색칠을 하는 과정이라고 할까요.

우선 스스로 질문을 던져 봅니다.

Q. 음악의 가장 기본은 무엇일까?

Q. 리듬은 무엇으로 이루어져 있을까?

Q. 음표와 리듬을 가지고 친구들과 어떻게 이야기를 풀어볼까?

예전에 제가 개인 레슨을 할 때 가르쳤던 아이들에게 가장 큰 숙제가 된 것은 '모방을 넘어 서는 것'이었어요. 선생님이 치는 그대로 치는 것이 아닌 악보를 보면서 자기의 느낌을 표현하는 것을 중시했지요.

"선생님, 피아노 먼저 쳐 주세요."

물론 모방이 음악의 큰 흐름을 잘 알게 해주는 장점도 있지만, 모방에만 의존하는 아이들도 적지 않거든요. 악보를 볼 줄 모르지만 피아노는

칠 수 있는 경우라고 할까요? 피아노를 잘 치는 방법만 익히게 되면 음악을 배우는 초기일 때는 가능하지만 점점 단계가 높아지면 한계가 오기 마련입니다.

그래서 우리 아이들과 음악의 기본에 대해 이야기해 보고 싶은 마음이 항상 있었어요.

'모방을 넘어 서게 하기 위해서는 어떻게 해야 할까?'

저는 그것이 기본을 알고 질문을 던져 보는 거라고 생각했어요. 리듬, 음표, 박자표…. 그래서 아이들과 앉아서 음표로 이야기를 시작했어요.

Q. ○, ♩., ♩, ♩, ♪이 뭔지 우리 친구들은 알고 있나요?

A. 음표예요. 온음표, 점 2분음표, 2분음표, 4분음표, 8분음표요.

Q. 잘했어요! 그럼 음표의 박자도 다 알고 있겠네요?

A. 네. 온음표는 4박, 점 2분음표는 3박, 2분음표는 2박, 4분음표는 1박, 8분음표는 반박이에요.

| ○ | 온음표 | 4박 |
|---|---|---|
| ♩. | 점 2분음표 | 3박 |
| ♩ | 2분음표 | 2박 |
| ♩ | 4분음표 | 1박 |
| ♪ | 8분음표 | 반박 |

〈음표의 종류〉 음표의 길이는 4분음표를 한 박으로 할 때를 기준으로 하고 있어요.

Q. 그럼 온음표는 2분음표 몇 개와 같을까요?

A. 온음표는 2분음표 2개요. 4분음표는 4개와 같아요.

Q. 오! 아주 좋아요. 그럼 8분음표 2개는 어떤 음표와 같을까요?

A. 4분음표! 8분음표가 꼬리가 붙어서 ♫이 모양이 돼요.

Q. 자, 그럼 4분의 4박자는 뭘까요? 이거 본 적 있나요?

A1. 음악 시간에 봤어요.

A2. 피아노 시간에 봤어요.

A3. 잘 모르겠어요.

A4. 아! 4분음표? 4분음표가 들어

가요.

Q. 4개? 음표가 4개 들어가는 걸까? 그럼 어떤 음표가 4개 들어가

는 거예요?

A. 음… 4분음표가 4개?

Q. 오! 맞아요. 4분의 4박자는 4분음표를 한 박으로 하고 그 4분음

표가 한 마디에 4개가 들어가는 거예요. 그럼 한 마디가 몇 박이

되는 걸까요?

A. 아! 그렇구나. 한 마디가 4박이 돼요!


"이렇게 아래에 있는 숫자 4는 ♩를 나타내고 위의 숫자 4는 4분음표의

개수를 말해 줘요."

"그럼 4분음표가 3개 들어가면 4분의 3박자가 되겠네요."

"2개가 들어가면 4분의 2박자가 돼요."

"하하하, 맞아요. 그럼 박자표가 어떻게 되는지 알았으니 4분의 4박자

를 가지고 리듬을 한번 만들어 볼까요?"

대한민국 엄마표 하브루타

"이렇게 마디를 나누고 한 마디 안에 4박자를 만들어 주는 거예요."

"그런 다음 마디마다 음표를 넣어 보는데 4박을 4분음표만 넣는 것은 한 번만 넣어 보고, 다른 마디에는 다른 음표를 써서 만들어 보아요."

"으~, 너무 어려워요. 잘 모르겠어요."

다행히 옆에 있던 엄마들이 아이들과 같이 이야기를 나누면서 미션을 완성하고 있어요.

"선생님! 다 만들었어요."

"오, 그래요? 그럼 마디를 더 만들어서 더 길게 해도 돼요."

"선생님, 4분의 3박자로 만들어서 해도 돼요?"

"네, 좋아요. 4분의 3박자도 한번 만들어 봐요."

"전 4분의 2박자할래요."

"자, 다 한 친구들 리듬 한번 들어볼까요?"

"우리 음표에 별명을 한번 붙여 볼게요. 8분음표는 '따', 4분음표는 '딴', 2분음표는 '따안', 점 2분음표는 '따아안', 온음표는 '따아아안' 이렇게요."

"선생님, 이건 별명이 아니고 그냥 이렇게 쓰는 거예요. 피아노 학원에서도 이렇게 써요."

"맞아요. 선생님도 알고 있어요. 우리는 여기서 별명이라도 붙이고 이렇게 리듬을 말해 보기로 해요."

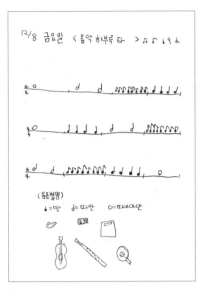

금북초 3학년 문혜원

따아아안 따안따안 따따따
따따따따따 딴딴딴딴
따아아안 딴딴딴딴 따안따
안 따따따따따따따따
따안따안 따따따따따따따따
딴딴딴딴 따아아안.

"자, 우리가 만든 리듬을 가
지고 별명을 붙여 보았죠?"
"그 다음엔 별명 말고 자유
롭게 제목을 지어 가사를 붙
여 볼까요?"

### 〈일기〉

오늘은 하 브~~루타~~~
를~~갔 다~~~
근~~데 음악~하브루타를
했다~~
근~데~ 우~~~ 현이네에
서했다~ 그~~래 서~~~ 내
가이~~~ 걸쓰고~
있~~는 것이다. 재밌~~다
~~~~

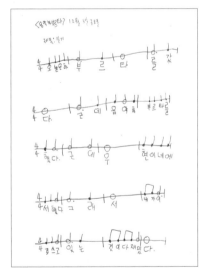

금북초 3학년 문채원

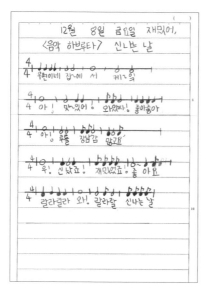

**〈신나는 날〉**

우현이네 집~에~서~~~케

~이크~

아!~~~ 맛~있어 아앗싸~

조아조아

아~~~ 루~룰 장난감~~

많고~요

우~~~ 신났~죠 재미있죠

좋~~아요

랄랄랄랄 와~~~~ 랄~라

랄 신 나는 날

금북초 3학년 조예진

"선생님, 이거 랩 같아요."

"하하하! 맞아, 랩 같아. 진짜 재미있다. 그렇지?"

"선생님, 여기에 음만 갖다 붙이면 노래가 되는 거예요?"

"맞아요. 여기에 '도레미파솔라시도'를 붙이면 노래가 돼요."

아이들은 자기가 한 것을 발표해 보기도 했고 부끄럽지만 자기가 그려본 음표들이 어떤지 들어 보고 싶은 아이들을 위해서는 제가 불러 주기도 했어요.

음악하브루타 시간이 끝나고 같이 이야기하고 도움을 준 엄마들에게 물었어요.

"오늘 내용 어땠어요?"

"난 12년 동안 배웠는데 음악이 이렇게 가깝게 느껴지기는 처음이야."

"난 〈마왕〉 시간이 더 재미있었던 것 같아."

"오늘은 악보들이 나에게 말을 거는 느낌이었어."

"나도 음악하브루타를 몇 번 하면 작곡할 수 있을 것 같아."

그때, 조용히 민재가 질문했어요.

"선생님, 이건 뭐예요?"

"오, 민재야! 음표가 나에게 어떤 말을 거는지 다음 시간에 또 우리 함께 이야기해 볼까?"